早期中国研究丛书

展望永恒帝国

战国时代的中国政治思想

[以]尤锐 著　孙英刚 译　王宇 校

上海古籍出版社

丛 书 序

　　"早期中国"是西方汉学(Sinology)研究长期形成的一个学术范畴,指汉代灭亡之前(公元 220 年)的中国研究,或是佛教传入之前的中国研究,此一时期的研究资料和研究方法都自成体系。以吉德炜(David Keightley)教授于 1975 年创办 *Early China* 杂志为标志,"早期中国"这个学术范畴基本确定。哥伦比亚大学近年设置的一个常年汉学讲座也以"早期中国"命名。

　　"早期中国"不仅是西方汉学研究长期实践中形成的一种实用分类,而且是探求中国传统文化之源的重要的实质性概念。

　　从最初的聚落发展到广大地域内的统一的中央集权专制主义的秦帝国建立,并且在汉代走上农业文明之路、确立起帝国社会的价值观体系、完善科层选拔官僚制度及其考核标准,早期中国经历了从文明起源到文化初步成型的成长过程,这个过程实际上也就是中华民族的形成过程。可以说,早期中国不仅奠定了中华文明的基础,也孕育、塑造了此后长期延续的传统中国文化的基本性格:编户齐民自给自足的小农经济长期稳定维系;商人的社会地位始终低下;北方游牧民族入主中原基本都被汉化,帝国疆域的扩张主要不是军事征服而是文化同化的结果;各种宗教基本不影响政治,世俗的伦理道德教化远胜超验的宗教情感;儒家思想主导的价值观体系以及由此造就并共同作用的强大的官僚制度成为传统中国社会的决定性力量，等等。追源这类基本性格形成伊始的历史选择形态（动因与轨迹），对于重新审视与厘清中华文明的发生发展历程，乃至重新建构现代中国的价值观体系，无疑具有至关重要的作用。

早期中国研究不仅是西方汉学界的研究重心，长期以来，也是中国学术研究中取得巨大进展的重要方面。早期中国研究在中西学术交流的大背景下，形成了独特的研究风格和研究方法。这就是：扩充研究资料、丰富研究工具、创新研究技术，多学科协同不断探索新问题。

1916 年，王国维以甲骨卜辞中所见殷代先公先王的名称、世系与《史记·殷本纪》所记殷代先公先王的名称、世系一一对照，发现《殷本纪》所记殷代先公先王之名，绝大部分出现在卜辞中。王国维把这种用"纸上材料"和"地下新材料"互证的研究方法称为"二重证据法"："吾辈生于今日，幸于纸上之材料外更得地下之新材料。由此种材料，我辈固得据以补正纸上之材料，亦得证明古书之某部分全为实录，即百家不雅驯之言亦不无表示一面之事实。此二重证据法惟在今日始得为之。"

出土文献资料在现代的早期中国研究中显示出越益重要的作用。殷墟甲骨 100 年来约出土 15 万片，其中考古发掘出土的刻辞甲骨有 34 844 片。青铜器铭文，1937 年罗振玉编《三代吉金文存》，著录金文总数 4 831 件，其中绝大部分为传世器。《殷周金文集成》著录资料到 1988 年止，共著录了金文 11 983 件。此后到2000 年，又有约 1 350 件铭文出土发表。最近二三十年，简帛文献资料如银雀山简、马王堆帛书、定州简、阜阳简、郭店简、上博简等都以包含大量古书而深受关注。

严格地说，王国维所说的地下材料，殷墟甲骨、商周金文都还是文字资料,这些发现当时还不是考古发掘的结果,研究也不是从考古学的角度去研究。真正的考古学提供的是另外一种证据。傅斯年提倡"重建"古史,他主张结合文献考证与文物考证,扩充研究"材料"、革新研究"工具"。1928 年,傅斯年创立中央研究院历史语言研究所,并立刻开始发掘殷墟。傅斯年在申请发掘殷墟的报告中说:"此次初步试探,指示吾人向何处工作,及地下所含无限知识,实不在文字也。"从 1928 年 10 月开始一直到 1937 年夏,"中央"研究院历史语言研究所在殷墟共进行了 15 次发掘,发掘地点共 11 处,总面积 46 000 余平方米,这 15 次发掘收获巨大:在小屯北地发掘了 53 座宫殿基址。在宫殿基址附近还发现了大量甲骨。在小屯村北约 1 公里处的武官村、侯家庄北地发现了商代王陵区,发掘了 10 座大墓及一千多座祭祀坑。在小屯村东南约 1 公里处的高楼庄后岗,发掘出了叠压的仰韶、龙山和殷三种文化层关系,解决了华北地区这三种古文化的相对年代。在后岗还发掘了殷代大墓。在殷墟其他地区,如大司空村等地还发掘了一批殷代墓葬。殷墟王陵的科学发掘举世震惊。中国考古学也从开创之初就确立了鲜明的为历史的特色和风格。为历史的中国考古学根植于这块土地上悠久传承的丰富文化和历史知识的积淀,强烈的活的民族情感和民族精神始终支撑着中国考古学家的工作。近 50 年来,中国考古学取得了无比巨大的成就,无论是新石器时代城址还是商周墓葬的发掘,都是早期中国文明具体直观的展示。

　　不同来源的资料相互检核,不同属性的资料相互印证,提供我们关于早期中国更加确切更加丰富的信息,能够不断地解决旧问题提出新问题,又因为不断提出的新问题而探寻无限更多的资料,而使我们对早期中国的认识不断深入愈益全面。开放的多学科协同的综合研究使早期中国研究取得了辉煌的成绩。对其他历史研究和学术研究来说,早期中国研究的这种研究风格和研究方法或许也有其可资借鉴的意义。

王国维、傅斯年等人是近现代西方科学思想和知识的接受者、传播者,他们的古史研究是现代化的科学研究,他们开创了中国历史学和中国学术的新时代。现代中国学术的进步始终是与西方学术界新观念、新技术、新方法的传播紧密相联的。西方早期中国研究中一些重要的研究课题、重要的研究方法,比如文明起源研究、官僚制度研究、文本批评研究等等,启发带动着中国同行的研究。事实上,开放的现代学术研究也就是在不同文化知识背景学者的不断交流、对话中进步。我们举最近的一例。夏商周断代工程断代的一个重要基准点是确认周懿王元年为公元前 899 年,这是用现代天文学研究解释《竹书纪年》"天再旦于郑"天象资料的一项成果。这项成果的发明权归属韩国学者,在断代工程之前西方学界已确认了这个结论。将"天再旦"解释成日出前发生的一次日全食形成的现象的假说是中国学者刘朝阳在 1944 年提出的,他和随后的董作宾先生分别推算这是公元前 926 年 3 月 21 日或公元前 966 年 5 月 12 日的日食。1975 年韩国学者方善柱据此假说并参考 Oppolzer 的《日月食典》,首次论证"天再旦"记录的是公元前 899 年 4 月 21 日的日环食(《大陆杂志》51 卷第 1 期)。此后,1988 年美籍学者彭瓞钧、邱锦程、周鸿翔不仅也认定"天再旦"所记是公元前 899 年的日环食,并对此次日食在"郑"(今陕西省华县,$\lambda = 109.8°E$,$\varphi = 34.5°N$)引起"天再旦"现象必须满足的天文条件,第一次做了详尽理论分析和计算,并假设食甚发生在日出之时,计算得出了表示地球自转变化的相应的 ΔT 为(5.8 ± 0.15) h,将"天再旦"的研究又向前推进了一步。夏商周断代工程再次确认了"天再旦"这一成果,并为此于 1997 年 3 月 9 日在新疆北部布网实地观测验证。

本丛书不仅是介绍西方学者一些具体的早期中国研究的成

果，引进一些新的概念、技术、思想、方法，而且更希望搭建一个开放性的不断探索前沿课题的学术交流对话的平台。这就算是我们寄望于《早期中国研究》丛书的又一个意义。

　　只有孤寂的求真之路才能通往独立精神、自由思想之境。值此焦躁不安的文化等待时刻，愿《早期中国研究》丛书能够坚定地走出自己的路。我们欢迎所有建立在丰富材料缜密分析基础上、富有独立思考探索成果的早期中国研究著作。

　　著述和出版是长久的事业，我们只要求自己尽力做得更好一些。希望大家来襄助。

朱渊清

2006/12/2

写于学无知室

目 录

第一编 君主

第三编　民

中文版序言

　　我是从上世纪 90 年代开始研究中国思想史的,然而曾有个问题长期困扰着我,那就是我的学术专业到底是什么。我出生在苏联,之后移民到以色列,尽管严格来说我并不属于欧美学术系统,但在以色列,学术气氛跟欧美非常接近,学术交流及研究成果的发表也主要是用英文,因此欧美的学术思维对我的影响还是最重要的。但先秦思想史在西方学术界基本属于"中国哲学"的范围,主要是从西方哲学的角度进行分析;可由于我本身对西方哲学并不太感兴趣,所以也不愿意自称是研究"中国哲学史"的。由于我在欧美学术范围内无法确定自己的专业属性,这曾让我疑惑自己的学术前景。当时以色列和中国的交往不多,我对中国学术界也很陌生。1994 年我刚获得硕士学位,就有机会去南开大学留学深造并准备我的博士论文。在南开大学见到刘泽华先生及其弟子,这才第一次听说还有"中国政治思想史"这个题目,这对我而言具有极大的启发性。从此以后我明确了自己的定位和研究方向,即成为研究中国政治思想史的学者,研究议题主要是中国先秦的君权理论和实践、君臣关系及中华帝国是如何达到空前的延续性等三大方面。前两个题目是我受到刘泽华先生及其"学派"的影响后提出的,后一个则是在以色列已故的著名社会科学家艾森思塔特教授(Shmuel Noah Eisenstadt)的启发下提出的。

从 1996 年起,我曾在美国洛杉矶加州大学留学,此后参加了在欧美举行的许多学术会议,同欧美的老师们、同事们有密切的交往,并在研究方法等方面受到他们的熏陶。然而,我也发现大部分美国同事的研究议题与我的很不一样,他们中大多对中国政治思想史不感兴趣,甚至"中国传统政治思想"(traditional Chinese political thought)、"中国传统政治文化"(traditional Chinese political culture) 这些概念在欧美学术界都是极为罕见的。让人遗憾的是,在研究中国古代思想史方面,欧美和中国学术系统之间存在很大的差异,而对话则不够。我本人既受到了中国学术的影响,本身又是欧美学术界的产物(还有一些苏联及中东的因素),而我最大的愿望就是增强中国和欧美双方的学术交流及对话,让西方学者能更多关注中国学者的研究议题,让中国学者也能更了解欧美学者的研究方法。但因为语言等原因限制了双方的交流和对话,因此尽管中国和欧美的学术交流比过去要多,但还存在着明显的不足。这次上海古籍出版社将一些西方学者的著作译为汉语,我非常高兴,因为这是把西方的学术成就介绍给中国学界的最重要的途径。而《展望永恒帝国:战国时代的中国政治思想》一书的入选,也让我倍感荣幸。有了中译本就能让更多中国的读者阅读到我的书,并提出指正意见,这让我非常兴奋。

该书完成于本世纪初,但早在上世纪 90 年代我于南开大学留学期间就产生了写作这本书的念头,即创新性地改写先秦政治思想史,并把它介绍给西方的学术界。因此可以说,这本书实现了我一个多年的梦想。对这本书影响最大的是我在南开大学的老师及同事,即刘泽华先生及其弟子:葛荃、张分田和我的老朋友张荣明。借此机会我对他们表达我深深的敬意和感激之情。

其次,我还要感谢许多西方的同事,他们读了该书的英文版或其中部分后，提出了许多重要的指正意见，或是送给我尚未公开发表的资料，对该书的写作和完成都有巨大的贡献。我特别要感谢（按英文姓名顺序依次为）Michal Biran（彭晓燕），Erica Brindley，Miranda Brown（董慕达），Nicola Di Cosmo（狄宇宙），Patricia Crone，Lothar von Falkenhausen（罗泰），Carol Gluck，Paul R. Goldin（金鹏程），Martin Kern（柯马丁），Michael Nylan（戴梅可），Andrew Plaks（普安迪），Charles Sanft and Gideon Shelach（吉迪）。

本书的完成得到了以色列科学基金会（Israeli Science Foundation），以及 Michael William Lipson Chair in Chinese Studies 的支持。我还要特别感谢普林斯顿高级研究院 Agnes Gund 和 Daniel Shapiro Membership 的资助，普林斯顿高级研究院的学术气氛使我受益匪浅。

翻译本来就是非常不容易的工作，而将西方汉学作品译成中文则需要面对更艰巨的挑战。我特别要感谢本书的译者孙英刚教授，他为本书的翻译投入了无法估量的时间和精力，正是他的艰苦工作使得本书的出版成为可能！还有张祥明学兄，感谢他仔细阅读了译稿并提出宝贵意见。我还要感谢我的妻子王宇在本书的写作过程中对我的帮助和支持，及对译文所作的仔细的校对。

最后，感谢阅读本书的中国同事和朋友们，请不吝指正！

展望永恒帝国：

战国时代的中国政治思想

导　论

一、内容提要

公元前221年在人类政治史上非同寻常，它是一个具有里程碑意义的起点。这一年，经过旷日持久的系列战争，位于西北的秦国的国君终于将中国世界①——对他而言也就是整个文明世界，即"天下"——归于一统。大功告成之后，这个国君在礼制、行政体系，以及宗教方面都进行了一系列创新，并给自己加上更为尊崇的"皇帝"头衔，②取代之前的"王"号，以此来昭示自己取得的前无古人的功业。这正式宣告了一个新的帝制时代的来临，这一时代绵延2132年，中间皇帝更迭，几乎从未中断，直到1912年2月12日，溥仪——中国最后一个皇帝，也是一个未成年的皇帝——宣布退位，让权给新成立的中华民国。

为何中国帝制时期能够延续不绝？任何简单的解释都会面临

---

①　此处"中国"（即英文的 China），就前帝国时期的概念而言，有点时空倒错。在此书中，这一概念仅仅是为了一种学术研究的方便，指代周朝这一文化区域，而周代的文化精英们通常将他们自己称为"夏"。

②　译者按：此处作者将"皇帝"字面意思翻译为"august thearch"。作者指出，以"thearch"指代"帝"是旧词新意，用以描述"帝"的神圣性和世俗性的双层意涵。

挑战。中国的皇帝统治着广袤的领土、地理形态丰富多样、人口成分错综复杂，其多样性丝毫不亚于任何其他的大陆帝国，而且他们也同样面临着外敌入侵、内部叛乱，以及政治、社会危机。[1] 中华帝国与其他帝国的不同，并不在于它从未被摧毁过——历史上有多次帝国的轰然垮台——关键是经过一段时间混乱之后，它总是能奇迹般地屡次复活。这种帝国的复活不仅仅停留在象征意义上——如在罗马帝国陷落之后有很多君主号称自己是罗马的继承者一样[2]——而且就政治架构而言，是实质性的。尽管经过两千多年各个领域内的变迁——从人口变迁、地理嬗变到宗教、社会及经济结构的更新——但是在帝国早期已经奠定的帝国统治的根本的原则，仍然大体保持完整。名义上拥有绝对权力的帝王以境内人口为自己的臣民（即"普天之下，莫非王土，率土之滨，莫非王臣"）；他主宰那些选拔出来的所谓"贤能"的官员；他一般不容忍任何社团体制性的自治；他一方面宣称关爱自己的臣民，但是另一方面拒绝给予臣民任何在政治决策中的地位：这些政治理念或者架构，不但在早期的秦（公元前 221—前 207 年）、汉（公元前 206—公元 220 年）时代，而且在晚期的明（1368—1644 年）、清（1616—1912 年）时代，都是被遵行的。尽管在历史上实际的权力关系多次明显地脱离这一模式，各种各样的政治、宗教和民族团体，时常挑战一个皇朝的统治合法性，但是没有一次质疑过这一帝国政治

---

[1]　关于中国地理面貌的复杂多样（甚至仅中国本部，即大体相当于秦朝时的领土也是如此），参看 McNeil，"China's Environmental History"。而中国民族多样性是双重的。第一，它总是包括一些未被同化的少数族群（关于这一点，参看 Crossley［柯娇燕］，"Thinking about Ethnicity"）；第二，甚至所谓的"汉"民族，也比通常想象的复杂得多。"汉"人中存在着区分明显的人群，从某种意义上也可以被定义为族群（参看 Honig，*Creating Chinese Ethnicity*；Leong，*Migration and Ethnicity*）。

[2]　关于众多号称自己是罗马帝国的继承人的研究，参看 Moreland，"The Carolingian Empire"；MacCormack，"Cuzco, Another Rome?"

体系的意识形态基础。① 这一帝国体制长盛不衰的秘密在哪里？

在针对这一问题的可能的答案中，意识形态的作用毋庸置疑。对一个现代评论者而言，中华帝国看起来像一个葛兰西主义概念上的、经典的"霸权"建构。② 它的基本的意识形态前提，被每一个政治性的社会群体所认同，甚至被所有跟它直接相邻的诸国所接受；除它之外，没有任何一个其他的政治架构被认为是合法的和值得采纳的；甚至那些族群背景或者社会背景使他们本应批评这一帝国体制的君主们，最终也不得不接受它，并迫使自己适应这一体系。直到 19 世纪，对中国"天下"而言，帝国体制是唯一一种可以想象到的国体。

这种帝国的思想霸权，并不是通过强烈的高压统治，也不是通过密集的洗脑运动来达到的。然而，可以论证的是，它与帝国初创之前不平常的历史背景有密切的关系。中华帝国并不只是一个军事和行政管理上的架构，它同时也是一种思想架构。在它变为现实之前，就早已被展望和规划出来了。经过春秋（公元前 770—前 453 年）和战国（公元前 453—前 221 年）时期长达数个世纪的政治分裂和社会政治危机，中国的政治家和思想家们寻觅着治疗当时危机的药方。经过不断的尝试和失败，他们终于发展出了一套独特的行政和军事机制，而这些机制后来被帝国的创建者们所采纳。除此之外，他们提出的理想、价值观和概念，也奠定了后来帝国统一的思想基础。在这些政治理想中，主要由"天下一统"和"君主至上"构

---

　　① 政治实践中偏离上述模式的形式有很多。皇帝可能成为权势熏天的宫臣或将军的傀儡；军事统治能改变以文人为核心的精英的结构，而大众的反叛常常动摇着政治和社会秩序的根基。然而，值得注意的是，帝制话语和（可争辩的）帝国意识形态在屡次的毁灭和危机中，都基本保持不变。这一现象也反过来促进了"标准"的帝国机制的准则，在秩序混乱之后得以恢复。

　　② 关于葛兰西有关威权、霸权（hegemony）的论述，参看 Femia，"*Gramsci's Political Thought*"；Adamson，*Hegemony and Revolution*。

成了中国政治文化的基础，它们使中华帝国在建立之前就已经得到了空前的合法性，并确立了帝国政治体制的霸权地位。从战国时代纷繁复杂的思想中确定这一共同遗产，是本书的基本研究目标。

我的讨论围绕着战国思想的三个主题，每一个主题都是当时几乎每个主要文本都不得不讨论的。在第一篇，也是本书的最长一部分，我讨论的是战国时代对君主的认识——某种意义上，这是中国政治文化的核心议题。我沿着两条线索进行勾稽，一方面是讨论绝对君主概念的发展轨迹，另一方面则讨论为了限制此种君主霸权而提出来的种种方案。尽管大家对于以君主为核心的政治制度没有歧义，思想家们也意识到，大多数君主往往达不到"圣王"的标准。在众多方案中，一种最被欣赏的做法是鼓励君主从权力操作中退出来，将日常事务委托给臣下去做。结果，名义上不受限制的君权和政治实践中君主作为局外人的身份二者之间出现紧张。尽管这种紧张不得不导致君主和大臣之间出现无休止的冲突，但这种方案也使得帝国体系——即便是在无能或者平庸的君主统治之下——得以延续和保持。君主依然作为统一和秩序的象征而存在，依然是政治争端中的绝对仲裁人——但是通常，实际上是他的忠实大臣在代替他经营帝国。

理性而负责的官员这一社会群体的形成，是笔者将在第二篇讨论的内容。该部分关注"士"这一阶层，他们是战国时代受过教育的精英，是思想活跃的群体。笔者将分析士阶层形成的路径，第一，他们如何得到相对于统治者的思想独立；第二，他们如何确保不可或缺的行政人员和社会道德领导者的角色。在论述中，笔者致力于讨论为何绝大多数的士人选择从政来实现自身价值。我认为这个选择，即在以君主为核心的政体之中志愿地接受政府职务，是战国时期及后代文人的最重要的选择。这种士人的志愿政治参与使得君主得以在很广的范围内选择治国的精英，但是也导致自我认同甚高而又骄傲异常的士人不得不委身于君主之下,这种自视甚高和屈于人下的身份之间产生了内在的紧张。在帝国统一之前,存在着跨国的人才市场,士们可以从服务一个君主,转而去服务另外的君主。这种情况给士阶层壮了胆子,使得其中一些士人敢于蔑视君主。然而,这种反对派姿态也引发逆火,带来对士阶层独立地位的约束。在帝国统一以后,士阶层的延续者,即帝国的文人,大部分或者被君主征服,或者被君主收编入政治机构。但即使已经失去了之前相对独立的地位,他们依然没有丢掉其统一之前战国先驱所具有的自豪、自信和使命感。知识分子的政治使命,是从战国时代传续到统一的帝国时期的最为重要的遗产之一。

本书的最后一篇将讨论帝国体制中的第三个要素,即"民",这是一个通常沉默但又具有潜在叛乱可能的平民阶层。我对平民的讨论,并不是将其作为展现君主宽宏大量的对象,而是作为潜在的政治参与者。他们对政治进程的影响被广泛认可,虽然这种参与不必要被其他阶层欢迎。我试图探究,为什么平民虽然通常被认为是政权的基础、他们的利益应当是政策制定者的终极关怀、他们的感受应当被持续地关注——这几乎是一种广为认同的普世价值——然而为什么没有任何让他们直接表达自己的抱怨,或者直接影响政治进程的尝试。名义上对平民的尊重,和实践中将他们排除在政治生活之外——这种矛盾产生的紧张关系能够保持下去的前提,是普通大众依然能够忍受目前的生活状态,以及依然存在一定程度的向上的社会流动的可能性。一旦这些前提不复存在,绝望的大众就会揭竿而起。如我所示,战国时期"民本"的政治思想——即便是无意中的表述——为老百姓造反提供了政治合法性。但是它也仅在帝国政治体系之内许可叛乱,从而防止这些叛乱挑战帝国体系的基础。

通过讨论前帝国和帝国政权中君主、士人和民众这三个主要元素,我试图探究中国政治文化的基础层面。三个阶层之间的互

动决定了帝国稳定的程度,在先秦思想家的探究之中,这三个阶层
通常被单列出来进行论述。我选择这些主题进行集中讨论,而放
弃了对先秦政治思想的一些其他层面,比如自然观、宇宙观和宗教
观对政治的影响,以及对于社会与国家的合理关系的论争。关于
这些层面的讨论,有的已经有了相关的英文研究,而有的仍值得进
一步的讨论。①然而我的研究并非是一本教科书,我也并不强调其
广博性。② 我的目标是集中于帝国时期之前的政治思想,这些政
治思想在其后漫长的历史时期呈现在中国的政治文化中,但是之
前缺乏充分的探讨。

二、研究方法

　　一些读者对我的研究形式或许会感到奇怪,特别是我几乎不
用单一的文本,或者假定的诸子百家的一"家"来作为自己的研究
对象。我关注的是战国思想家的共同遗产。我并不掩饰他们之间
的显著差异,但是另一方面,我也不想像许多学术作品一样将这些
差异绝对化或以某一"家"成为本书研究的基础。将各种文本区分
为属于不同"家"的做法,可能是一种方便的、具有启发意义的设
计,但是这种方法具有明显的局限性。这种局限性在许多近现代
研究中被恶化了,因为这些研究往往受到了 20 世纪意识形态斗争
的影响。当时先秦诸子的论辩往往被描述为不同意识形态阵营的

---

①　关于中国政治文化的自然观和宇宙观的研究,参看 Peerenboom, *Law and Morality*;Wang Aihe(王爱和),*Cosmology and Political Culture*。关于中国古代政治思想的研究,最缺乏讨论的显然是帝国之前的政府与社会的关系。

②　关于中国政治思想史的英文教材,应该是对萧公权《中国政治思想史》的英文翻译 Hsiao, *A History of Chinese Political Thought*。这部著作,最初写于 1940 年代中期,已经明显过时了,但是它的不足可以通过下面两部优秀的教材进行补充:Schwartz(史华慈),*The World of Thought* 和 Graham(葛瑞汉),*Disputers of the Tao*。

斗争,而这种做法在 1970 年代早期更是达到了荒唐的地步,①直
到意识形态的斗争退潮之后,一些中国优秀学者,比如刘泽华,才
开始抛弃之前的以"百家"为核心的研究模式。②"家"这一模式也
已经被一些西方学者所批评,比如 Michael Nylan 和 Mark Csik-
szentmihalyi,他们认为"汉代以前以及西汉的思想家们,跟后期非
常严格的、标准的模式相比,本质上似乎都是属于'杂家'"。③

　　基于上述理解,我当仿效刘泽华先生,在研究战国时期的思想
动态时,并不采取个别"家"的角度,而是界定一种大多数当时思想
家和政治家都积极参与了的共通话语构成的宽泛概观。事实上,
这意味着我的研究并不是建立在对个别主要思想家作品的选读
上,而是建立在我所整合的大多数目前能得到的先秦作品的基础
上,包括传世和出土文献。在最初的研究阶段,我审视了大部分这
样的文本,以寻找共同的主题。然后我试着将相关段落大致按照
时间顺序进行缀合,进而建构出战国时期思想变迁的模式。④ 在
大纲准备好之后,我选取那些或是对于下述讨论具有最重要影响

----

　　① 关于早期的关于各种诸子百家的"家"概念的研究,参看 Csikszentmihalyi(齐
思敏) 和 Nylan(戴梅可),"Constructing Lineages";Smith(苏德恺),"Sima Tan"。关于
用诸子百家竞争的模式来解释中国思想史,参看冯友兰《中国哲学史》和萧公权《中国政
治思想史》。关于 1970 年早期将诸子争鸣解释为现代政治斗争的先声的做法,参看
Chinese Studies in Philosophy 在 1970 年代翻译的文章。关于一个政治上相反的、但也
带有严重偏见的模式,参看 Rubin, Individual and State。

　　② 刘泽华在其教科书中(比如《中国政治思想史》)采用了"家"的概念,但是在其
主要研究中,刘泽华并没有这么做,比如《中国传统政治思想反思》、《中国传统政治思
维》以及后来的一些出版物。

　　③ 参看 Csikszentmihalyi(齐思敏) and Nylan(戴梅可),"Constructing Lineages"
一文,第 61 页。

　　④ 在排列相关文本时,我依据其他学者的成果和我自己的对于战国文献在词汇
上变化的研究,努力整理出这些文本相对的时间顺序。关于我的排序方法,参看 Pines
(尤锐)"Lexical Changes";关于其他学者的研究,参看相关的注释。为了避免不必要的
分歧,我将自己的研究限定在大多数学者都已公认为先秦文献的文本,而舍弃了那些仍
有争论的文本,比如《文子》、《尸子》、《鬼谷子》,还有《管子》的一些篇。同样的,我也尽
量避免着重讨论一些很可能在早期帝国时期经过细密修改的文本,比如《周礼》。

的段落,或是其时间界定最为可靠的段落(比如那些从出土文献中辑出来的内容),或者选取那些清楚阐发、有力说明我们讨论的观点的文本。由这些文本所构建的画面,使我能够阐明很多之前被忽略的有关战国思想动力的层面。

我的研究方法有几个优势。第一,与关注战国诸子之间的差异不同,它强调的是战国思想家们共同关注和普遍认识的理念。第二,它让我的讨论不单单建立在个别文本或段落的不同解读上,而是建立在更广泛的能够强化论点说服力的样本上。第三,这种概观超越了基于极少文本由单个作者完成而发出的方法论质疑。根据这种质疑——Mark Lewis 阐述得最为强有力,又由 William Boltz 以一种修订的方式进行了支持——那些文本是长期不断增添的结果,在演进过程中它们从最初稍短的篇或是章,被"积极地编辑和再编辑过"。① 对于这种假说,我有修正地认同,它使得我们准确界定一个文本本身及其组成部分的断代变得非常困难。

在面对文本的断代和真实性的难题上,我的研究方法正好非常有用。一个考古学的比喻或许能解释这一点。考古学家的工作区分为大范围的研究,比如区域考察,和小范围的研究,比如个别地点的发掘。后者可能更加精确,前者则因为面积广阔而研究又具有综合性,能够容忍次要的错误而不影响大局。这些区域研究能够探察共时性的模式,也能探察历时性的变迁过程,但是这些模式和变迁,在单个地点的发掘中是无法看到的,更不用说一户单独的人家。② 加以必要的变通,这种理解也可以用在文本研究上。一个关于单一文本的深度研究(或者更好的,文本的部分章节、段落)能够在准确

---

① 参看 Boltz(鲍则岳),"The Composite Nature",第 61 页;Lewis(鲁威仪),*Writing and Authority*,第 58 页。

② 我对考古学方法的理解,要感谢 Gideon Shelach(吉迪),参看 Drennan 等"Methods",尤其是第 122—123 页。

性上获得令人瞩目的结果,但是却不能探察到共时性的模式和历时性的变迁。而且在文本真实性的质疑面前,这种研究就显得脆弱。通过对比,我的研究方法能够探察到模式和演进,而且相对深度的文本研究,更能应对关于具体文本段落的质疑。

对我的研究而言,重要的不是每个文本单位的精确断代,而是所有这些文本单位都应该是帝国统一之前所作,而且反映了战国时期的思想氛围。在这一点上,我的研究或许容易招致一些学者的质疑(尚未出版),他们怀疑汉代学者,如刘向(公元前79—前8年)等在整理古书活动中或许篡改了那些先秦文献。① 然而我并不相信相关证据所证明这样的观点。不但先秦文献中内容和语法上的显著不同已经排除了统一的意识形态上的"清洗"可能,而且,更为重要的是,通过对比传世文献与出土写本也验证了前者的真实性。汉代的编辑主要集中在类如统一文本语言、标准化汉字用法和文法虚词、替代避讳字眼,及重新在文本中对段落进行排序等等。对于西汉编辑者明显修改或者删节战国思想家敏感的政治论述,我们并不能找到任何相关痕迹。② 而且现在,如本书所示,在

① 刘向是杰出的经学家和目录学家,负责编辑和"重新出版"许多重要的先秦文献,如《荀子》、《管子》、《战国策》。从康有为(1858—1927年)开始,对刘向与其子刘歆(死于公元23年)是否编造和篡改了先秦文献提出了质疑。关于康有为的观点,参看《新学伪经考》;对康有为观点的批评,参看van Ess(叶瀚),"The Old Text/New Text Controversy";关于康有为观点的汉代背景,参看 Nylan(戴梅可),"Then *chin wen/ku wen* Controversy"。现代一些学者怀疑刘向是"意识形态的统一者",但是目前相关研究还未出版,不过在多次学术会议上已经口头上进行了沟通。

② 关于不同时代文本词汇的不同,参看 Pines(尤锐)"Lexical Changes"。最明显有关西汉编辑战国文献的例子,是将避讳字眼"邦"(这是西汉开国皇帝刘邦的名字,刘邦死于公元前195年)替换为"国"(关于细节论述,参看吉本道雅,"春秋国人考",第582—584页)。另一个例子是西汉对《诗经》引文的标准化,传世文献与考古发现的文本的多样性有明显的区别。(参看 Kern[柯马丁],"The Odes")。然而,不论是柯马丁还是其他学者(Shaughnessy[夏含夷],*Rewriting*;Kalinowski[马克],"La Production"),他们对传世文献和出土文献的对比都揭示了编辑的主要目的并不旨在修改文献的政治或者意识形态的内容。

考古文献的基础上,确定本书中讨论的大多数思想和方法的先秦起源是可能的。因为我的结论并不是建立在单一文献基础上,而是建立在对整个先秦文献的系统性分析上,我相信,这些结论能够经受得住极端文本质疑主义的挑战。

三、研究特色

我决定重新研究战国时期的政治思想,这是中国史研究中被讨论得最多的课题。这一决定不仅是因为我想采取新的研究方法,以及想将极大地扩展了我们关于先秦政治、社会和思想生活知识的新出土的资料纳入研究视野,更为重要的原因在于我想扭转过去二十年西方学界对先秦政治思想史失去兴趣的趋势。最初失去兴趣的原因,可能是对1970年代中国学者将思想史粗俗政治化的反对,也是对将古代中国思想简单地阐释为现世的做法的反感。但是现在,去政治化思潮已经被很多新的学术潮流所激活。跟中国学者明显不同,西方同仁即便认识到政治话题在战国思想史中占据中枢位置,但鲜有兴趣研究相关课题。①

本书的一个主要目的就是扭转这一趋势,把学界注意力重新引导到关注中国政治思想的核心层面上来。就话题而言,中国学者的研究套路对我影响很大,尤其是刘泽华,他关于王权主义是中

---

① 仅举一个例子,从相关的论著目录来看(尤其是 Goldin(金鹏程)的 "Ancient Chinese Civilization" 和 Vittinghoff 的 "Recent Bibliography"),从 1980 年代以来,以英文发表的有关"名家"公孙龙的研究,相当于商鞅(卒于公元前 338 年)《商君书》研究的四到五倍。而《商君书》,众所周知,是有关中国政治思想史的最重要的著作之一。更加令人玩味的是,《商君书》不但影响大得多,其内容也更加繁杂,关于它可做的研究,远远比吃公孙龙的剩饭多得多。更有甚者,最近在线出版的《斯坦福哲学百科全书》(*Stanford Encyclopedia of Philosophy*)提供了一个长篇的有关"名家"的讨论,然而对商鞅,以及著名的政治思想家韩非子(卒于公元前 233 年)视而不见,完全没有收录。

国政治文化的核心的论点,深刻地影响了我的研究。然而,从方法论上说,我的研究更接近西方学者的风格,尤其是文本分析方面。而且,与中国学者不同,我的研究不是为现实的政治顽疾寻找历史根源,而是为了论述战国思想家们对中国帝国体制长期存在所做的贡献。我希望我的研究能够对战国时代留给后来统一帝国的遗产,提供新的观点。从长时段的概观而言,战国时期的思想生活,不但与早期中国史的研究者相关,而且对于所有研究传统——或许也包括现代——中国政治文化的学者,以及从事全球视野中传统政治意识形态比较研究的学者,都具有一定的学术参考意义。

现在讨论我研究的主要方法。我的两个基本前提值得重视:第一,我用历史学的方法,不但对思想感兴趣,而且关注它们的起源和发展。和许多学者一样,我也对中国文明的延续性感兴趣;然而我同时希望能避免一个普遍容易陷入的陷阱,即将特定行为和思想模式归结为"中国固有的",这种论述既没有考虑时间因素,也没有考虑到变化的过程。很多这样的模式,比如以礼制为核心的社会等级制度、祖先崇拜、君主至上的观念等等,都有其古代谱系,能追溯到中国分层社会的最早阶段。然而,这并不意味着它们从未改变。特别是在春秋和战国时期,中国社会经历了前所未有的变革,许多之前建立的观念遭到了质疑、修订,或者旧瓶装新酒,有了新的意涵。学术研究如果忽略这些起伏——很多研究正是如此——就会扭曲中国思想史的画面,无意中也使得中国的历史被描述成僵化而没有变动的。相反的,我认为前帝国时期的中国意识形态并不是固化的、没有变化的模式,而相反的,它主要是由思想家和政治家在社会危机中的理性选择而决定的。通过揭示这些选择的历史背景和原因,我试图使中国政治发展轨迹的独特之处变得可以理解。

第二,我关于思想生活的讨论具有强烈的语境关怀。我并不认为文本自身就构成全部的事实。毫无疑问，对文本的研究是研究思想史的基础，本研究也是建立在小心谨慎的文本分析之上的，我也希望这种文本分析将被读者和评价者接受，但是，对文本研究不能脱离当时的历史背景，需要做历史学的分析，别无他途。文本毕竟是由人写成的，而人是他所在时代的产物，必然牵涉那个时代的政治社会生活，这些文本，也是作者们写给与自己互动的特定的观众的。[①] 不考虑文本具体的政治、经济和思想语境——或者用金鹏程的概念"隔离（deracination）"[②]——往往会导致从文本读出莫名其妙的政治或哲学概念（从"道义论"到"女权平等"），但是这些概念显然对于文本本来的作者和读者而言，都是不能理解的。

　　将文本和文本的社会政治语境结合一起而得到的历史画面，跟单纯依靠文本分析得到的画面，有显著的区别。这个过程使我们很容易读出作者的言外之意，甚至能够注意到当讨论一个敏感话题时作者突然变得沉默不语的重要性。这也使得我们能够通过考察其主张的直接政治牵连来判定一个思想家宣称的政治理想。有时候这样解读文本，能够揭示出某些冠冕堂皇的话背后隐藏着邪恶的目的，而值得称赞的道德理想被付诸具体的行政实践后却变得令人不能忍受。而且，这种方法也使我们避免带有意识形态的偏见来解读古代文本。我们应该努力在其本来的、直接的语境中理解它们，而不是用现代的观念去揣度古人——比如阶级斗争、人权、爱国主义、性别平等、民主等。那些思想家的写作目的是什么？他们的思想对当时的政治起伏有什么影响？其同时代人如何评价他们？回答这些问题，能够使我们避免将古代中国的思想家变成现代意识和学术游戏的工具。

---

　　① 在研究政治意识形态时，考虑历史语境比简单的分析文本更具有优势，对此Skinner 做了强有力的论述，参看 Skinner, *The Foundations*, ix-xv。
　　② Goldin（金鹏程），"Introduction"，第 3 页。

　　我并不否认,现代观念可以用来分析古代中国文本。很多古代中国思想家面对的问题——从确保和平到知识分子在社会中的定位——现在依然存在,和两千年前并无多大区别。但是我们必须记住,他们的社会政治架构,和我们所在时代的差别是多么大。他们的政治理想既不可能是民主,也不可能是平等,只是和平和稳定,大多数人都认为,这些在一个统一的帝国中是可以实现的。这是我们能够判断战国知识分子成败的历史背景。他们中任何一个人都无法预测到未来帝国体制的实质;然而他们集体的想象却带来了一个在人类历史上最为持久的政治结构。本书的研究对象,即这些思想家是如何做到这一点的。

第一编　君　主

第一章
礼仪性领袖

> 夫以四海之广，兆民之众，受制于一人，虽有绝伦之力，高世之智，莫不奔走而服役者，岂非以礼为之纲纪哉！……非有桀、纣之暴，汤、武之仁，人归之，天命之，君臣之分，当守节伏死而已矣。
>
> ——司马光

卷首所引语句，出自司马光（1019—1086 年）的《资治通鉴》——可以说是中华帝国时期第二个千年影响最为深远的政治史巨著——的开篇部分。[①] 寥寥数语，司马光就清晰地概括出了中国政治文化的精髓：首先，要有一个至高无上的大一统的君主；第二，君主权力、礼制金字塔结构的运作以及总的政治和社会秩序之间存在着内在联系；第三，君主应该享有臣民的绝对屈从；最后，在特定的情况下，一个邪恶的君主可以——也应该——被替换。但是，正如司马光的清晰论述所证明，这样的替换应该仅仅限于一

[①] 《资治通鉴》卷 1，第 2—3 页。桀、纣是夏朝（约公元前 2000—前 1600 年）和商朝（约公元前 1600—前 1046 年）的亡国之君，他们被商朝的建立者汤和周朝（公元前 1046—前 256 年）的开国君主周武王所灭。他们已经被刻画为昏君的典范；详见第三章。关于司马光的政治论述，参看 Bol（包弼德）的文章"Government，Society and State"。

家一姓的兴替，而政治秩序的君主制基础则不能动摇。一千年以后，维新派的领袖梁启超（1873—1929 年），从一个完全不同的角度，得出了类似的结论："中国……万事不进，而惟与专制政治进焉。"①

　　许多现代学者，同司马光和梁启超一样，将君主的至高无上视为中国政治文化的一个核心特征。因此，当刘泽华先生——他可谓中国政治思想研究的翘楚——试图总结其多年来对中国政治文化的研究时，用"王权主义"这一概念作为他代表作的书名。② 这一概念或许可作为我的讨论的一个有益的出发点。我们能否真的将"王权主义"界定为中国政治文化的导向性准则呢？ 如果可以，它是何时又是如何出现的？ 它是否像祖先崇拜和以礼制为核心的社会等级制一样，是中国文化的内在特性呢？③ 它又是如何影响了政治实践呢？ 它是否被全体战国思想家所赞同？ 如果不是，那么意见相左者提出的替代方案是什么？ 在何种程度上，君主统治被宗教和礼制所决定，还是它根本上是被界定为一种行政管理上的需要？ 对君主权威的制度性限制是否存在，而如果不存在的话，战国思想家们又是如何寻求防范君主滥用权力呢？ 这一系列问题都将在接下来的四章中讨论。

　　首先，我将勾画出战国时代君主观的宗教、礼制和政治背景，尤其是西周（公元前 1046—前 771 年）和春秋时期给战国时期留

---

　　① 参看梁启超《中国专制政治进化史论》，第 1648 页。

　　② 我用英文的"monarchism"来翻译刘泽华先生所用的"王权主义"，该概念应该和纯粹的"独裁主义"（authoritarianism）区分开来。"王权主义"指代对独一无二的君主制保持的一种文化信仰，而不是强调将权力集中于个人手中的政治操弄；英文的"monarch"正是"独一无二的君主"。关于在中国文化中定义独裁主义的困难，参看包弼德深有洞见的讨论文章"Emperors"。

　　③ 对祖先崇拜和以礼制为核心的社会等级作为中国文明的基础的讨论，参看Chang（张光直），*Art*，*Myth and Ritual*；以及 Liu Li（刘莉），"Ancestor Worship"；Underhill（文德安），*Craft Production*。

下来的政治遗产——即礼制上至高无上，而政治实践中却没有力量的君主体制。在第二章中我将追索战国文献中有关君主高贵地位的各种论述，并将特别关注王者理想的演进，即有绝对权力的君主。然而，就像战国思想家们认识到的那样，现实中大多数——如果不是全部的话——君主，都不符合理想的王者标准；因此，他们必须要讨论绝对权力集中于无能君主的情况。有一些思想家——其观点笔者将在第三章进行讨论——试图寻找方法来确保称职者据有君位。但是他们的失败，给另一类观点提供了土壤。这类观点更加清醒，也更加圆熟，即致力于防范平庸君主的滥权。在第四章中，笔者将重点讨论两个战国晚期的思想家：荀子（约公元前310—前218年）和韩非子（死于公元前233年）。笔者将试图证明，这些绝对君权的支持者们，同时也劝阻君主过分地干预到具体的政策制定中去。结果，君主名义上的绝对权力和对其干预政治进行限制两者之间的矛盾，成为此后持续困扰中华帝国的难题，正如我在第四章的后记中所论述的那样。

第一节　君权的宗教基础

在研究有关中国君权的早期资料时，人们很容易会立刻被君主在宗教和礼仪上的权威所吸引。[①] 如同其他众多前现代文明一样，中国的君权也有神圣的色彩，因为君主更容易接近神灵，并拥有沟通神与人的能力。以商代（约公元前 1600—前 1046 年）为例，商王拥有占卜权、并能获取先王神灵的支持，而且还能通过先王进而获得其他神明、甚至包括至高无上的"帝"的保佑，这些能力在支

---

① 有关中国君主权力的宗教基础，已经有几部主要的研究著作，比如张荣明《中国的国教》和冈村秀典《中国古代王権と祭祀》。

撑其统治合法性中扮演着至关重要的角色。占卜的甲骨记载显示，商王不但举行神圣的祭祀仪式，而且在转述先王旨意上具有最终发言权。吉德炜（David Keightley）总结了商王的大祭司身份对政治的影响：

> 　　正是商王，通过他的献祭、举行的仪式以及他所做的占卜，才使得丰收和凯旋成为可能。如果——很可能就是如此——这些占卜和一定程度的巫术和符咒有关的话，商王通过占卜取得丰收和凯旋的能力会使他获得政治上更大的权力。[1]

商王不但是最高祭司，而且是统治家族的族长，并规范其亲属与祖先神灵的交合。[2] 这种由氏族首领作为沟通族人与已逝祖先纽带的体系，似乎并不局限于王室，好像也存在于当时其他的政治群体中。在那些政治群体中，"群体领袖……从他神秘的祖先那里获得权威"。[3] 因此，由于垄断了与祖先保护神的沟通，一个群体的领袖集神权与世俗权力于一身，这种体系早在中国文明的最初历史阶段就有迹可循了。

周朝推翻了商朝（公元前 1046 年），引发了显著的政治变革，但是在宗教层面，则具有延续性。战胜的周王室迅速将自己的统治扩展到黄河中下游甚至更远的地区，远超出之前商朝晚期的疆域。与商朝和其他政体保持松散的同盟关系不同，周朝通过在东部疆域的战略地区封邦建国来确立自己的统治，或给当地人指派新的统治者，而这新的统治者是从周王室或盟友中派生出来的；或

---

① Keightley（吉德炜），"The Religious Commitment. " 213.
② 关于商王的这一规范职能，参看朱凤瀚在《商周家族形态研究》中的讨论，第192—198 页。
③ 参看 Keightley, *Ancestral Landscape*, 103.

通过承认当地领袖的统治地位来封邦建国。这样就产生了一种双重君主制，即：在周王室的庇佑下，自治（实际上独立）的各地诸侯在其领地享有至高无上的权力。下文中，我将讨论神权的两个层面，即周王和诸侯都享有的精神权威，以及周王所独享的精神权威。①

以商代传统为基础的氏族首领（可以扩展到任何统治者）的祭祀权，虽然在周朝初期有所改变，但在大体获得保持。与祖先的沟通变得更加礼仪化和格式化，但是占卜部分地失去了其重要性。它依然作为主要的"决疑"手段，但不再是日常政治指导的源泉。实际上，周朝的统治者失去了对占卜的垄断地位。② 然而，与祖先神明沟通的礼仪化，绝不意味着宗长失去了作为神灵庇佑族人的保证者这一中枢地位。宗族长主持祭祀仪式，他的出现对于仪式的成败至关重要，进而影响到祖先神灵对其后人持续的护佑。③ 周王们继续独享沟通王朝祖先的特权，而诸侯们则垄断与诸侯国建立者们的沟通特权。

宗族长的权力，在所谓西周中期礼制改革中得到强调。这次改革大规模强化了以血缘为核心的社会等级制（即宗法制度）；它

---

① 关于西周史，参看 Li Feng（李峰），*Landscape*；Shaughnessy（夏含夷），"Western Zhou." 诸侯的自治权是随着周王室对其控制的逐渐消退，而逐渐获得的。后来，西周时期的这种双重君主体系，被三重君主体系取代。到了公元前 7—6 世纪，大多数诸侯国中都产生了权势极大的卿大夫，这些卿大夫也取得了相当的自治权，参看下文讨论。这些贵族首领的权力问题，不需在此进行讨论，毕竟他们从来不被定义为合法和独立于诸侯之外，而多被认为是当时政治瓦解过程中的副产品。对此持不同论调的，参看朱子彦《先秦秦汉时期的双重君主观》。

② 有关占卜仅仅是"决疑"手段的论述，参看《左传》桓公十一年，第 113 页。早在商朝晚期商王用占卜的事务范围已经逐渐萎缩了（参看 Keightley，"The Shang." 261—262）。到了周初，周朝统治者刚开始继承了商朝用龟甲占卜的传统，但是很快就将其舍弃。（参看 Shaughnessy，"Zhouyuan."；王晖《周原甲骨属性与商周之际祭礼的变化》。）在春秋时期，如《左传》的记述中就没有任何有关君主垄断占卜的痕迹可循。

③ 参看严毅沉《周代氏族制度》；冈村秀典《中国古代王权と祭祀》。

确定了每个社会阶层在礼制上的特权,因而强化了大宗宗长对小宗宗长的领导地位;这意味着,周王对诸侯的权力及诸侯在其国内对卿大夫的权力得到加强。因此,这次改革将单个首领处于宗法等级礼制(同时也是政治和社会)金字塔尖的地位固定下来。[1]

商周宗教和礼法制度对后来中国政治文化的演进产生了深远的影响。宗长的至高无上和无可分化的祭祀权威,意味着氏族只能拥有独一无二的领导,而该领导的地位是终生的。在这些宗教实践中不难看到独一无二的、终生的、世袭的君权的基础。将礼制的权威集中于一人之手,可能预阻了在政治上非君主制的统治方式的产生(比如寡头政治、轮流坐庄)。甚至在春秋时期,尽管在几个诸侯国中出现了寡头政治,但是没有人胆敢将其制度化。在战国时期也是一样,尽管战国思想家们执着于探索新奇的方法来应对当时周朝政治体系的危机,但是没有人提出替换君主统治的方案。[2]

在周朝早期,权力的宗法基础对于周王的统治及诸侯在其国内的统治是非常重要的。许多(很可能是大部分)诸侯是周王朝的建立者文王、武王的后裔,对周王来说他们属于小宗;而诸侯在自

---

① 关于西周礼制改革,参看 Falkenhausen(罗泰),"Late Western Zhou Taste" 和 *Chinese Society*, 29—73。这个改革的一大特征是建立了所谓列鼎制度。根据这一制度,每个贵族都可以在祭祀祖先和墓葬中,根据自己对应的地位,使用特定数量的鼎和簋,因此鼎成为最普遍的标志身份的文化符号。至今没有任何一座周代的王陵被发掘出来(陕西岐山周公庙的发掘并没有得出明确的结论,参见徐天进《周公庙遗址的考古所获及所思》),但是现存文献毫无疑义地显示,周王组成一个单独的用鼎序列。至于诸侯的墓葬,则毫无例外地依照列鼎制度而比其封国内的贵族要高一阶。参看 Falkenhausen 的讨论,"The Waning of the Bronze Age";印群《黄河中下游地区的东周墓葬制度》;梁云《周代用鼎制度东西差别》。

② 春秋时期,几个诸侯国(比如晋、郑、鲁)曾经被几个强权贵族结成的联盟把持,最高权力在贵族之间轮替。君主,如我们在下文中将讨论的那样,被彻底边缘化。在一个例子中,公元前517—前510年的鲁国,大夫们驱逐了国君并且取代他的统治地位。尽管在数年中他们做得相当成功,但没有人打算让这种统治方式永存下去。在被放逐的国君死后,他的弟弟就立刻被立为新的国君。

己的国内跟卿大夫也常常有大宗、小宗的关系。但是，如果将西周的政治体系仅仅归结为一种宗族纽带的延伸，那就错了。许多诸侯既不属于姬姓，也并未与之通婚，而在诸侯国中一部分被统治者，包括部分卿大夫，也不属于国君的宗族。为了保证自己的统治，周朝统治者创造出了一套不同于宗法制度的政治合法性的宗教性论述，这套论述建立在他们跟天地神明的纽带上。统治者不但垄断祖先的祭祀，而且垄断了跟主要的神的沟通；因而在政治上最有权威的"天"，只能由周天子来祭祀；而地方的主要神灵，特别是"社稷"之神，则由诸侯祭祀。① 在这两种情形中，与神灵的沟通仅仅局限于君主，臣民完全被排除在外。

为了阐明君主礼制权威的政治牵联，我要集中论述天的崇拜，这在周代变成了周天子权威的重要来源。众所周知，早在周朝建立之初，周王们就宣扬其推翻商朝是秉持上天的意志，而上天是公正无私的、主持政治秩序的最高神灵。周朝的建立者是有"德"之人，这是一种神圣的品质，因而获得上天的支持，而他们又将"德"遗留给自己的子孙和有功的大臣。"天命"的概念成为周朝政治合法性的基础。②

尽管在论证推翻商朝时非常有效，但"天命"之说是把双刃剑，在将来也会被用来对付周朝自身。为了防止其他的竞争者自称得到天命，周朝统治者迅速反应，将与天沟通的权力垄断于周王本人。周初期的王选择了"天子"的称号为了表明他们跟"天"有类似

---

① 关于周朝前期祖先祭祀和祭天的相似性，参看杨天宇《周人祭天一位以祖配考》；关于周朝最高神"天"与商朝"帝"的界定，参看陈筱芳《西周天帝信仰的特点》。

② 周王以天之名行事的政治宣示，最早见于铸造于公元前 1036 年——也就是周朝建立之初——的㝬尊，参看 Shaughnessy（夏含夷），"Western Zhou," 77—78；白川静《金文通释》卷 48，第 171—184 页。此类论述又出现在《书经》中被认为是西周文献的多数篇及部分《诗经》"雅"和"颂"中，参看杜勇《〈尚书〉周初八诰研究》。关于早期的"德"及它与天命的关系，参看小南一郎《天命と德》。

血缘的关系；同时还宣扬先王的神灵都是在天上，即在"帝左右"，从而周的祖先明确地取代了商朝先祖的地位。① 周王垄断与天沟通的权力是周朝政治合法性的强有力保障，它的影响不仅比周王的实际权力要长得多，而且，如笔者下文中将要论述的那样，甚至比周王朝本身还要长。

公元前 771 年镐京的陷落标志着周王室的衰落。到了公元前 7 世纪，倒霉的周王们已经沦为以"拥王"自称的齐国和晋国的国君手中的傀儡。周王室的代表在诸侯国之间的会议中被边缘化，而且傲慢的诸侯经常僭越礼制，侵犯本应由周王独享的祭祀特权。此外，由于现存文献中鲜有周王室的活动记载，使我们得出印象，在周朝的最后几个世纪中，周王室已经完全被边缘化了。有些学者甚至认为，在这段时期，周王室名义上的中央政府地位，实际上不过是汉代史学后发的创造。② 然而，最近发现的文字资料让我们对这一观点产生了质疑，而《史记》和《战国策》中散见的记载则重新得到印证。根据这些记载，周王在战国时期依然保持着象征上的至高地位，仍处于礼制金字塔的顶端。最有力的证据是最近发表的、刻在两块玉版上的《秦骃祷病玉版》铭文。这一铭文出自秦王之手，时间就在周王朝于公元前 256 年最终灭亡之后不久，在公元前 221 年秦国统一天下之前。这一铭文记载了某秦王向华山神祷告企求能够治愈自己不断恶化的疾病。在描述了自己的糟糕病情之后，秦王说：

> 周世既没，典法辥亡。惴惴小子，欲事天地、四极、三光、

① 关于周王自称"天子"的过程，参看竹内康浩《西周金文中の〈天子〉について》。关于周朝祖先存在于天上，参看《诗经·文王》(《毛诗正义》第 503 页)。

② 例如 Lewis(鲁威仪)，*Writing and Authority*，355。有关春秋时期周王的衰弱，参看 Pines(尤锐)，*Foundations*，110—111；关于镐京陷落之后周王室的历史，参看石井宏明《东周王朝研究》。

山川、神示、五祀、先祖，而不得厥方。羲犹既美，玉石既精，余毓子厥惑西东若蚕。①

在公元前 256 年灭周的秦国的一位国君对周王室的灭亡表示遗憾，这是很令人惊奇的。在铭文中秦王明显尊崇周王室，承认周王在宗教上的至高无上，并且悲伤于周王朝的灭亡。这一切都与传统上秦国作为导致周王朝灭亡的罪魁祸首的形象，大相径庭。我在此不讨论该铭文对秦国历史及秦国与周王朝关系的记述，②而是集中讨论周王在战国晚期的地位。尽管铭文中表达的对周王朝的感情并不完全真实，但它确实印证了周王在礼制上的荣光甚至到王朝灭亡之后依然没有消退。在秦国统一天下的前夜，秦王依然将自己在礼制上置于周王之下，表明周王作为最高祭司（pontifex maximus）——沟通神明和人类的中介——这一至高无上的地位，在周朝八百年间都保持不变，甚至在王朝灭亡后余威尚在。

周王持续存在的礼制权威的政治涵义是什么？这个问题不易回答。一方面，礼制上的权威并不能弥补天子政治和军事实力的丧失，尤其是当其很多礼制特权被诸侯僭越的时候。但是另一方面，礼制上的至高无上依然是周王室最为重要的政治财产。因而，甚至在战国时期强大诸侯国的君主公开藐视周王室的礼制规范，使用"王"这一头衔，却依然没有一个人敢于宣称自己是"天子"，含

---

① 对此铭文的详细分析，参看 Pines（尤锐），"The Question of Interpretation."4—12。

② 该题目在 Pines 的文章"The Question of Interpretation"中进行了讨论，参看第12—23 页。

蓄地承认世界上只有一个天子。① 这一切都不是偶然的。传世和出土文献都证实，有些时候，周"天子"能够将自己的宗教声望转化为政治威望，进而恢复一种表面上的无上权威。② 此外，周王的宗教权力具有更深的政治涵义。作为祭祀权威的唯一享有者，天子的存在意味着重新恢复政治统一和稳定成为可能，因此给政治统一增加了合法性，对此笔者将在第二章进行讨论。在数个世纪中，周王室都是衰弱不堪的，但是周王作为宇宙的礼仪中心，其象征意义决定了周王室在复杂政治环境中依然能够长期延续下去。这也解释了为什么有一些战国思想家对周王朝的最后灭亡持同情态度。比如在公元前 240 年聚集在秦国宫廷的思想家所编辑的《吕氏春秋》——这一先秦主要的思想汇编中——说道：

> 今周室既灭，而天子已绝。乱莫大於无天子。无天子，则强者胜弱，众者暴寡，以兵相残，不得休息。③

这一哀叹，和上文中提到的《秦骃祷病玉版》的态度是一致的，都表明周王具有一定的政治角色。虽然周朝在失去平息乱局的能

---

① 关于"王"持续的象征意义上的权力，参看石井宏明《东周王朝研究》，127—179.唯一一次诸侯王试图僭越"天子"称号，是臭名昭著的齐湣王（公元前 300—前 283 年在位），但是他的宣示遭到了甚至是弱邻的鲁国和邹国的反对，参看《战国策·赵策三第十三》，第 737 页。

② 在整个东周时期（公元前 771—前 256 年），周王的政治权力偶尔获得恢复。比如说，在春秋晚期，尽管周王的代表已经不被邀请参加在其名义上的保护者和同盟——晋国所安排的诸侯会议，但是在诸侯国之间的形势变得特别敏感时，他们又浮出水面，参加这些会议，如公元前 529 年和前 506 年楚国出现危机时（参看《左传》昭公十三年，第 1353—1360 页；定公四年，1534—1542 页）；又如公元前 404 年，当韩、赵、魏三国分晋时，它们也寻求周王室的认可；又如在公元前 4 世纪，魏国和秦国的国君为了巩固其国际地位而想改善与周王室的关系；甚至在周王朝的末叶，即公元前 314 年，困扰燕国的动乱各方都寻求周天子对自己的支持或对其入侵燕国行动的认可（参看中山王的几篇铭文，《战国中山国国王之墓》，第 379 页和第 382 页；Pines，"The Question of Interpretation，"20，n. 57）。

③ 《吕氏春秋》卷十三《谨听第五》，第 705 页。

力已有几个世纪之后，但周王的存在，仍能够给人恢复统一和稳定的希望。周王的权力，不管是宗教性的还是象征性的，对于那些希望看到天上和天下都能够被恰当地、井井有条地管理的人来说，其存在就是一种激励的源泉。天子独一无二，并处于宗法金字塔顶端的理念，促成了政治权力集中于一体的主张，这成为战国政治思想的一条主线。对此，笔者将在第二章进行讨论。

第二节　春秋时期的君主制危机

上文中我们揭示了周朝初期君主祭祀权力的持久影响力，但是这种影响力的效果显然低于周朝宗法制度设计者的预期。到了公元前 6 世纪，整个以礼制为基础的政治和社会秩序已经到了濒临崩溃的地步，而这一危机最明显的体现莫过于君主权威的衰落。不但周王失去了大部分有效权力，而且诸侯们的位置也一样面临着名义上仍是臣下的卿大夫家族的威胁。这两条并行的历史进程带来了特有的诸侯国内、国外的乱局，成为春秋时代的重要特点。

许多后代学者认为周天子权力的衰弱是春秋时期政治秩序系统性混乱的主要原因，或者主要表现，[1]但是它对当时政治思想的直接影响相对有限。尽管从长期看它导致了分封制度的瓦解和持续不断的战争，但是这一结果并没有立刻显现出来。春秋时期的政治家们活跃于构建一种可行的诸侯国间的关系，直到公元前 6

---

① 如朱熹（1130—1200 年）的评论，参看《朱子语类》卷 93，第 2148—2149 页；以及司马光《资治通鉴》卷 1，第 2—6 页。

世纪的下半叶,大家才承认这种努力失败了。① 最终天下统一的要求被重新提出,但是就短期来看,诸侯国之间的问题,在很大程度上,与春秋时期大多数诸侯国内所发生的政治危机相比,显得不那么重要。诸侯权力的衰落则成为政治稳定的主要威胁。

公元前 7 世纪和 6 世纪诸侯权力的丧失是两种相互关系密切的历史现象的产物:世官和世禄(即世袭采邑制)的出现。到了春秋中期,在各诸侯国中,少数几个卿大夫家族实际上已经垄断了大臣位置,有效地将其他人排除在国家机构的重要位置之外。原先分配给国君亲属和功臣的采邑,变成了卿大夫家族的世袭所有,这些卿大夫家族进而建立了对采邑内居民的权威;采邑内的居民不再忠于诸侯,转而忠于他们直接的主人。这意味着诸侯已经失去了对行政、经济和军事的控制权,世袭的卿大夫依靠他们从采邑获得的资源则攫取了大量权力,进而可以轻易挑战他们的国君。②

从公元前 7 世纪末开始,"君弱臣强"的形势导致了国君与其卿大夫之间一系列戏剧性的冲突,而冲突的结果越来越多地倾向于卿大夫取胜。在中原地区的晋、齐、卫、郑、鲁、宋等国,大夫氏族结成联盟,势力远大于诸侯本身。只有当大夫氏族联盟之间出现内讧,国君才有机会重新掌握部分权力。公元前 607 年,强势的大臣赵盾的支持者弑晋灵公,前 573 年,晋厉公被晋国卿族杀害。类

----

① 在这些建立稳定的诸侯国之间关系的努力中,最有意思的是公元前 546 年的"弭兵会盟"(公元前 541 年又召开一次),以现代的眼光看,这是一种诸侯国间的和平会议。在短时期内,会议的组织者成功地劝服晋国和楚国两大强权,合作建立一个在两国国君领导下的两极世界。但是数年之后,这一体制就瓦解了,所有致力于和平和稳定的诸侯关系的努力都付之流水。细节请参看河野收《中国古代或非武装和平运动》;以及 Pines(尤锐),*Foundations*,105—135。

② 关于采邑制度的细节,参看吕文郁《周代的采邑制度》,第 117—178 页。关于大夫世袭,参看钱宗范《西周春秋时代的世禄世官及其破坏》,第 22—26 页。有关春秋时期卿大夫家族权力的系统讨论,参看朱凤瀚《商周家族形态研究》,第 525—593 页;田昌五、臧知非《周秦社会结构研究》,第 242—255 页;吉本道雅《中国先秦史的研究》,第 257—288 页。关于春秋时期君主权力,参看赵伯雄《周代国家形态研究》,第 276—320 页。

似的事件,于公元前 566 年发生在郑国,前 548 年发生在齐国。公元前 559 年,卫国的国君遭到驱逐;前 539 年,燕国国君也遭到了驱逐;到了公元前 517 年,同样的情况也发生在了鲁国。这里不再赘述,尚有很多例子。① 从理论上讲,国君依然是诸侯国唯一的合法统治者——没有任何一个统治家族在春秋的政治动荡中被取代——但是这一优势对他们而言并没有什么实质性的帮助,因为卿大夫对他们的族人、家臣和采邑内的人民拥有绝对的主导权,这样从人力资源上阻止了国君对大夫们进行反扑。②

　　除了在政治、经济、军事权力上逐渐衰弱,春秋时期的国君在思想前线也处于非常弱势的地位。我们通过《左传》这一记录当时历史和思想的主要著作③可以看到春秋思想家们的意见,而这些思想家,除了极个别例外,都来自那些卿大夫家族。这些思想家不但没有反对国君权力的衰落,而且对这一现象提供了意识形态上的合法性解释。他们的思想可以从晋悼公(公元前 572—前 558 年在位)和其臣下,即杰出的音乐大师师旷的对话看得出来。这场对话是由发生在邻近的卫国的一场动乱引发的。公元前 559 年,卫国的孙氏和甯氏联合起来驱逐了卫献公(公元前 576—前 559 年和公元前 546—前 544 年在位),并扶持了一个傀儡君主代替献公:

　　　　晋侯曰:"卫人出其君,不亦甚乎?"

----

　　① 尹振环(《从王位继承和弑君看君主专制理论的逐步形成》,第 19—21 页)指出,在春秋时期至少发生了六十起以上的弑君事件,以及二十二起驱逐流放国君事件。尽管大部分的起因是君主继承引发的,但大夫仍然在国君的废黜中起到决定性的作用。
　　② 关于春秋时代卿大夫所享受其宗族及家臣的忠诚问题,参看 Pines(尤锐),*Foundations*, 154—158, 191—197。
　　③ 关于《左传》作为春秋历史的可靠史料,参看 Pines(尤锐),*Foundations*, 14—39。简单地说,我认为《左传》的大部分信息都来自原始文献,即当时各国史官所记载的叙述史。尽管有一些修饰润色,但是大体反映了春秋时期的历史和思想背景。对《左传》的不同看法,参看 Schaberg(史嘉柏),*A Patterned Past*;Li(李惠仪),*The Readability of the Past*。

> 对曰："或者其君实甚。良君将赏善而刑淫，养民如子，盖之如天，容之如地；民奉其君，爱之如父母，仰之如日月，敬之如神明，畏之如雷霆，其可出乎?"①

师旷首先赞扬了国君，表面上声称国君具有神圣不可侵犯的地位，但是在基本肯定绝对君权后，师旷圆滑地提出对国君权力的限制：

> 夫君，神之主而民之望也。若困民之主（生），匮神乏祀，百姓绝望，社稷无主，将安用之? 弗去何为?②

国君的权力不是绝对的，而是有条件的。其统治合法性来自人民和神明这两个主要对象，他对两者承担义务。人民要求生活有保障，神明（这里明显是指社稷之神和祖先神明）要求祭祀。如果国君不能满足这些要求，就失去了统治合法性，也就会招致上天的干预，而上天的意志则由国君的大臣们付诸实施：

> 天生民而立之君，使司牧之，勿使失性。有君而为之贰，使师保之，勿使过度。是故天子有公，诸侯有卿，卿置侧室，大夫有贰宗，士有朋友，庶人、工、商、皂、隶、牧、圉皆有亲暱，以相辅佐也。善则赏之，过则匡之，患则救之，失则革之。③

师旷再次采用一反一正的论述方法。首先他宣扬君主权威的神圣性（天生民而立之君，使司牧之），接着笔锋一转，又开始讨论君主统治权并不永恒的实质。在一个以宗族为基础的社会结构中，任何一个人都有亲近的亲属，他们会警醒、规劝和引导其主人。

---

① 《左传》襄公十四年，第 1016 页。详细讨论参看 Pines（尤锐），*Foundations*，139—141。
② 《左传》襄公十四年，第 1016 页。
③ 《左传》襄公十四年，第 1016—1017 页。这里"朋友"一词意思是"年轻的兄弟和儿子"，参看朱凤瀚《商周家族形态研究》，第 306—311 页。

最有趣的观点在最后一句,"失则革之"。师旷没有明言,"革之"是上天的,还是君主的亲属臣下的特权,但是不论是哪种情况,大臣都有权力代表上天、神明和人民的意志进行行动,即便这种意志是要废黜国君。这层意思是非常明确的。

师旷的言论,正是春秋时期思想环境的真实写照。一方面在口头上尊重君主地位的神圣性,而另一方面则有说服力地陈述君主可以被替换的政治和宗教原因。而且,更换君主这一重任被断然赋予了君主的亲属。这些人作为大臣,理应辅佐君主,但同时也监督君主,从而分享了君主的权力。这种观点在《左传》的其他章节获得呼应。这明确反映了春秋时期高级贵族大夫在思想界的霸权,也正是这一阶层与其君主进行着权力上的竞争。①尽管不如师旷表达得那么委婉,但是春秋晚期的思想家们同样开诚布公地、急切地从哲学、政治、道德上寻找国君权力衰落、卿大夫权力上升的理论依据。

面临着政治和意识形态上的双重挑战,春秋时期的国君们有时候表现得似乎已经接受了其权力衰落的既成事实。他们经常抑制自己的冲动,不去惩罚那些谋杀前代国君的大夫,担心这样的反攻倒算会导致卿大夫的武装叛乱,带来不可预测的后果。② 鲜有控制大夫权力的尝试,在大多数情况下,国君仅仅是在敌对的卿大夫家族之间搞平衡,希望即便名不属实,也能够保持名义上的君主地位。有一个例子最能说明春秋时期君主地位的卑微,即卫献公在公元前547年给甯喜,即放逐他的甯殖之子所提的条件,他称:

----

① 关于春秋时期鲁国贵族急于为放逐鲁昭公寻找合法性,参看《左传》昭公二十五年,第1456—1457页;昭公二十七年,第1486—1487页;以及昭公三十二年,第1519—1520页。同时参看Pines(尤锐),*Foundations*,142—146。

② 谋杀晋厉公(公元前580—前574年在位)、郑僖公(公元前570—前566年在位)、齐庄公(公元前553—前548年在位)的凶手,就像那些驱逐鲁昭公的贵族一样,尽管犯下以后代的标准看是滔天的大罪,但都没有受到处罚,并且保持着自己的高位。

"苟反（就是说，如果你让我回国），政由甯氏，祭则寡人。"①这里，一个国君开放地建议，他对仅仅充当礼制上的名义君主就非常满意了。尽管他的提议甚至对当时的历史背景而言都已经太过激进，但是它确实反映了春秋晚期的政治发展趋向。

卫献公的提议促使我们提出一个很有趣的问题：春秋时期是否存在一种世俗权力和精神权威分立的可能性。君主（包括天子）是否会变成一种世袭的祭司，而将世俗政治责任集中于贵族寡头之手？这种推测并非完全没有依据，因为它刻画出了公元前6世纪晚期中原地区大部分诸侯国的真实情况。但是，为什么当时没有一个知名的政治家或者思想家认可这种情况，或尝试将其制度化和合法化呢？

这个问题的一个可能性答案包括两部分。第一，如上文所论，政治和精神权威的统一是深深植根于周代政治文化的理想状态，一定的修改是可以容忍的，但是彻底抛弃这一长达数世纪的体系也许太过于激进，远超出甚至最有创造性的思想家的想象。天下、诸国、每个大夫家族，权力集中于一尊，源于周朝宗教体系，这个"一尊"的必须性已经被广泛认可，难以公然地藐视；第二，从实际角度看，贵族寡头内部并不稳定，因此并不是解决政治乱局的途径。在一些特定的诸侯国，比如鲁国和郑国，几个卿大夫家族组成的联盟可以几代都保持微妙的权力平衡，轮流担任高级官职、将国土瓜分为自己的采邑，然而这种政治安排极大地建立在私人关系之上，如果作为新的政治秩序的基础，则太过于脆弱。贵族大夫之间的激烈冲突，几乎使齐、宋、鲁、卫诸国，包括更为重要的晋国，遭到灭顶之灾，这彰显了这种贵族寡头体系的薄弱，也从而使其潜在支持者打消了这种想法。

---

① 《左传》襄公二十六年，第1112页。

春秋时期实际的政治形势，和政治传统及政治理论之间的矛盾导致思想上的困局。对于君主权力，春秋时期的思想家们处于进退两难的窘境：作为大臣，为了国家的福祉，他们必须建议恢复强有力的中央统治；但是作为卿大夫氏族族长，他们也清晰地认识到，如果这种中央统治得到恢复，将极大地伤害他们本身的利益。在个人和公共责任的拉扯中，春秋时期的思想家们不敢寻求将他们的权力体制化，但是也不愿意以牺牲氏族利益来全面恢复中央权力。这种情况导致的僵局，要到战国时期才能够打破。到了战国时期，新的思想家们——士阶层的成员——由于倾向中央集权，才决定性地跟国君站在一起。这样导致了君主权力的全面恢复，最终改变了中国几千年的政治文化。

第二章

王权诸道

　　春秋晚期,君主权力衰落达到极致。但是接下来的长达两个世纪的战国时代,则见证了君主权力在几个主要国家中的复兴。一系列深远的行政改革带来了一种新的国体,鲁威仪(Mark Lewis)称其为"以君主为核心的国家"(the ruler-centered state)。[1] 这些改革的内容,包括限制世官制,代之以选贤任能;废黜世袭采邑制度,代之以俸禄制,根据职务高低以谷物形式——在少数情况下也以贵金属的形式——发放俸禄;以中央集权的郡县制代替之前的采邑制。这些改革,有的在春秋晚期已经开始,但是整体来说是到了公元前 4 世纪才成熟和完善。通过这些改革,世袭贵族的特权被消除,新兴的、更加广泛的"士"阶层崛起并进入统治集团(参看第五章的讨论)。与春秋时期的贵族不同,士不具有独立的权力资源,也没有系统挑战国君统治的能力。因此,诸侯国国内的政治稳定都极大地增强了:战国时代的最后一个世纪,各国都没有再发生类似春秋晚期那样激烈的内乱。

　　笔者不拟深入讨论战国改革,因为之前已有学者对该问题进行过细致的讨论,[2]本书将专注于探究战国思想和政治发展的互

---

　　① Lewis, "Warring States," 597。
　　② Lewis, "Warring States," 597—616;杨宽《战国史》,第 188—287 页;田昌五、臧知非《周秦社会结构研究》。

动关系。笔者完全赞同鲁威仪的意见，即我们不应把渐进的、长期的改革归功于某一个杰出的政治家或思想家。[1] 这些改革是一系列的整合，持续了数个世纪之久；尽管个别人——比如商鞅（卒于公元前 338 年）——的杰出贡献不容否认，但是如果将《商君书》及其类似著作中支持中央集权的论述和现实中的权力重整直接联系在一起，就太过于简单化了。一般来说，战国时期的思想家们并没有促成改革而是经常回应现有的规定并试图使之更具理性；他们对"以君主为核心的国家"的贡献，并非提供了直接的设计蓝图，而是创造了一个有助于其形成和发展的思想环境。

接下来，笔者要用史实说明战国思想中不断增强的、向往中央集权和"以君主为核心"的思维倾向。在详细讨论之前，笔者将集中讨论这一趋向的两个主要思想来源。第一，以"大一统"为终结战国军事乱局唯一解决之道的思想的影响。在早先的一篇文章中，笔者已经深入论证过追求"天下一统"成为战国思想的"一贯"，该思想发端于春秋时期建构持久的、以多国共处为核心的政治秩序的努力的失败。[2] 此处笔者不再赘述，只是要重申，没有任何一个知名的思想家或政治家，认为多国制度是合法的、值得追求的。问题的关键不是要不要天下统一，而是天下如何统一。就目前的讨论而言，在赞同统一的趋势中，最关键的一点就是理想"王者"的出现。"王者"将带来天下统一的理念在战国中期出现，并迅速普及于各种政治文献中。[3] 尽管思想家们对于"王者"的品质和统治方式各持一

---

① Lewis, "Warring States," 603—604。
② 参看 Pines(尤锐), "The One That Pervades the All."
③ "王"作为动词的意思是"像王者那样行动"，复合词"王者"、"王道"及类似概念，显然是战国中期思想家的发明。在早期文献，如《左传》、《论语》、《墨子》中很少出现，但在战国中晚期的文献，如《孟子》、《商君书》、《荀子》及《管子》的一些篇中，则成为比较普遍的。笔者认为该概念的普遍性代表着思想家们要区分正宗的"王者"和当时的一些自称为"王"的君主。

词,但是几乎所有人都支持一个救世主般的人将给世间带来统一与和平。[①] 这种将理想统治者作为统一前提的普遍信仰,反映了一个现象,即"以君主为核心的思想"(ruler-centered thought)和战国时期"以君主为核心的国家"的出现是并行不悖而且紧密相关的。

第二,除了对未来统一天下者的理想主义期望之外,战国"以君主为核心的思想"也有对于实际操作上的考虑,即:大家逐渐意识到君主对于国家正常运转的极端重要性。早在春秋晚期,国家强盛与否和君主权威之间就存在明显的相关性。到了公元前 5 世纪,这种相关性对于很多政治观察者而言,都已经非常清晰了。北方两大强权——晋国和齐国——的衰落,都跟其国君被桀骜不驯的贵族边缘化有关。这种情况强烈警示着持续分散君权的风险。并非巧合的是,最初走向中央集权改革的,正是那些由权臣取代原先国君而重建的国家,包括取代晋国的韩、赵、魏三国,以及代姜齐而立的田氏齐国。这些国家的领导者非常清楚其前代遭遇的系统性失败,因而尽力避免重蹈覆辙。他们通过一系列改革,致力于加强君主权威和提升中央集权程度。[②] 他们在重振国势上的成功非常明显,引发了其他诸国的跟进,最终使大多数持不同意见的思想家都支持"以君主为核心"的政治模式。

下面笔者将系统性地剖析战国思想家们提出的关于王权主义的主要观点。我们可以看到,彼此竞争的思想家们对于王权运行的具体模式存在严重的分歧,但是他们从未质疑过追求王权主义的合理性。而且,正如笔者将要揭示的那样,多元化的支持王权的观点,及其与战国时期主流的哲学、伦理、宗教和政治管理思想之

---

① 对未来的王者具有类似"救世主"特色的期望,详见《孟子·公孙丑下》:"五百年必有王者兴,其间必有名世者。"笔者将在第 188 页详细讨论这段话。

② 参看 Lewis, "Warring States," 598—600;赵伯雄《周代国家形态研究》,第 244—251 页。

间的内在联系,为未来的中国皇帝们提供了最具诱惑的意识形态论述,论证了其至高无上权力的合法性。

第一节　处于礼制顶端的君主

早期的"王权主义"的萌芽可以从战国最早的文献《论语》看出来。《论语》据推断是孔子(公元前 551—前 479 年)言论的合集。①尽管《论语》绝非写给君主看的,其主要焦点在于讨论士的道德修养而不是如何治理国家,但是它的一些观点对于君主权威的恢复起到了重要的作用。尤其是孔子有关君主作为礼制秩序顶端的强调,对于防范臣下不断破坏君主礼制权威的趋势具有指导意义。

在前文讨论中,我们已经注意到周朝礼制体系预设了君主对最高礼仪权力的垄断,君主的尊贵地位由其生前和死后独有的礼制特权彰显出来。尽管这些准则从未被公开质疑过,但在实际操作中由于僭越上级礼制规范而遭到了破坏,即诸侯僭越周天子的礼制规范,卿大夫则僭越诸侯的礼制规范。贯穿春秋和早期战国时期随葬青铜器配置的演变过程,就清楚地揭示了高贵族擅用其上层的礼制特权的情形;②而且该僭越的情况,在当时的文献中,如《左传》和《论

---

① 《论语》的写作年代和完整性都颇具争议性,参看 Makeham(梅约翰),"The Formationof *Lunyu*";Brooks and Brooks(白牧之和白妙子), *The Original Analects*;Schaberg(史嘉柏),"Confucius as Body and Text";郭沂《论语》、〈论语〉类文献、孔子史料——从郭店简谈起》。在本书中,笔者倾向于杨伯峻的观点(杨伯峻《论语译注》导言,第 26—30 页),他认为《论语》所记载的大部分孔子言论是经过几代弟子的记述,大概在战国初期之前就完成了,因此比其他写作于战国时期的文献都要早。但是,笔者认为《论语》的最后三篇(第 18—20 篇)的年代,要比其他部分晚。

② 由于现存文献提供的信息有限,关于部分贵族僭越礼制过程的特定细节并不清楚。但是毫无疑问的是,尽管步调和程度不同,但是这种情况涉及贵族的各个层级。总体上说,从春秋中期开始,国君和上层大夫开始僭越礼制,特别表现在诸侯、卿所用的列鼎比过去提高了一等。而到了春秋晚期,下层贵族(即士)也开始僭越礼制(参看第五章的详细讨论)。相关讨论,可参看 Falkenhausen(罗泰), *Chinese Society*, 326— (转下页注)

语》,也表露无遗。而对这一情况,春秋时期思想家的反应则是比较复杂的。在《左传》中可以看出,一方面,他们真心地将保留礼制层级制作为维护社会秩序的关键手段;但是另一方面,他们中极少有人批评上层贵族们对礼制的僭越,甚至没有一个人——如果史料记载无误的话——抵制诸侯的傲慢并维护周天子的权威。①

从这方面说,《论语》和《左传》有明显的区别。孔子毫不含糊地认为,君主的礼制权威对保持社会政治秩序至关重要。他激烈地抨击那些胆敢僭越礼制规范的贵族,如在其官署前使用八列舞者并祭祀泰山的季氏、在私人仪式上演奏公室乐章《雍》的鲁国"三桓"的卿氏,以及在自己住所前依照国君规格树立屏风的管仲(死于公元前 645 年),等等。②《论语》中多处都清晰地指出,这些违反礼制的做法,不是细节问题,而将带来严重的政治后果:

> 天下有道,则礼乐征伐自天子出;天下无道,则礼乐征伐自诸侯出。自诸侯出,盖十世希不失矣;自大夫出,五世希不失矣;陪臣执国命,三世希不失矣。③

孔子这一简洁有力的表述,不但反映了他对鲁国政局的批评,④

(接上页注)369;印群《由春秋时期中原地区随葬铜礼器组合看当时贵族地位之变迁》;也请参看最近的研究,蔡全法《郑国祭祀遗址及青铜礼器研究》和梁云《周代用鼎制度东西差别》。关于僭越礼制的文献研究,参看陈戌国《先秦礼制研究》,第 274—354 页。值得重视的是,创始于周朝前期和中期的礼制,到了春秋和战国早期依然在运行,但是持续的僭越礼制,侵蚀尊者的礼制特权,极大地破坏了礼制的社会规范功能。

① 《左传》对"礼"的讨论,在 Pines(尤锐)的著作中进行了总结,参看 Foundations,89—104。令人印象深刻的是,在《左传》记载的一段非常重要的论述中,即齐国政治家晏婴讲道,各个社会层级对礼制规范的遵守将会使其本身受益,但是却没有提到周天子,这实际上默认了抹杀礼制金字塔顶尖的做法,参看《左传》昭公二十六年条,第 1480 页;以及尤锐,"Disputers of the Li," 15—17。

② 关于这些例子,参看《论语·八佾》,第 23—24、24—25、31 页。

③ 《论语·季氏》,第 174 页。

④ "陪臣执国命"明显反映了孔子对当时鲁国权臣阳虎及其派系于公元前 505—前 502 年在国内篡权的不满。

也为总体上政治秩序的合理运行提供了蓝图。政治权力和礼制权力不可分割；政治等级应该由礼制等级来界定，而最高权力则应该掌握于天子一人之手。孔子的这些观念不仅反映了尚处于萌芽状态的天下一统的要求，还反映了权力集中于一体的愿望——这种立场和孔子所处年代的政治趋势是完全相反的。这段论述，也许正像那句孔子的名言"君君，臣臣，父父，子子"，①集中反映了孔子对君主集权层级制度的坚定支持。

《论语》的核心内容是关于士的伦理行为，对支持君主集权的礼制体系并没有太多的宣示。但是毫无疑问，《论语》的思想对战国时期的礼制学者有深刻的影响。在孔子的追随者，即"儒"之内，一部分将有关礼制的专业知识转化为自己的主要职业资本，他们将孔子有关礼制和政治社会秩序相连的思想进一步完善，而他们的有关文献最终成为将来帝国礼制体系的蓝本。一些更有名的礼制和政治文献，包括《周礼》和《礼记·王制》篇，很可能是在帝国时代初期编撰或重新撰写的，因此在此不做讨论；而更早的一些文献则已经揭示了礼制思想对于君主地位提升的重要性。在这些早期文献之中，《礼记·曲礼》篇尤其值得注意。根据吉本道雅的分析，《曲礼》作于公元前 4 世纪中期或者晚期。② 与《周礼》和《王制》篇不同，《曲礼》篇并不聚焦在政治体系的运行上，而更加注重论述统治精英的行为规范。但是，其中一些部分也反映了作者的一些政治观点，这正是我们有兴趣进行研究的部分。

《曲礼》篇将礼制体系描述为超越时间的。它并未提及周朝或者更早的王朝规范，从而造成一种印象，即它所宣扬的礼制规范是永恒不变的。这些超越时间的规范的最重要的特点之一，就是天

---

① 《论语·颜渊》，第 128 页。这段表述非常简练，因此解读也各不相同，但是无论如何，其反对当时权臣飞扬跋扈的色彩是明确无疑的。

② 参看吉本道雅《曲礼考》。

子权威的至高无上。《曲礼》曰:

> 君天下,曰"天子"。朝诸侯,分职、授政、任功,曰"予一
> 人"。①

这一表述,呼应了孔子将天子置于金字塔结构顶端——不但从礼制上,而且从政治上——的明确主张。除此之外,类似的维护天子和诸侯礼制权威的论述在《曲礼》中随处可见。天子举行特殊祭祀仪式,并享有独一无二的礼制上的特权;天子及其侍臣使用不同的头衔和术语,以区别于诸侯,后者则需依照礼仪朝见天子。②《曲礼》特别规定,天子是唯一一个可以"祭天地、祭四方"的人,③从而彰显其统治天下的形象。同样的,在诸侯国内,国君也享有高于贵族的礼制特权,从而保证整个礼制金字塔的合理运行。

礼学家对天子处于明确宣布的等级秩序顶端的强调,并非新的发明,它呼应了西周礼制体系。但是在战国现实的语境下,其重要性不容忽视。一方面,它可能有助于诸侯在其封国内享有压倒贵族的礼制特权;④另一方面,儒士的著作同时也损害了诸侯的权力,因为它宣扬一种真正的全部天下的礼制和政治金字塔结构,将诸侯置于天子之下。在礼制秩序瓦解的时代,当诸侯僭越礼制,使用"王"的头衔,擅用王室礼仪时,儒家礼制著作对这种情形明确表

---

① 《礼记·曲礼下》,第 126 页。

② 参看《礼记·曲礼下》,第 105—157 页。与《曲礼》大约同时代的《礼记·檀弓》呼应了对天子礼制权威的支持(第 235—238 页)。关于《檀弓》篇的写作时代,参看吉本道雅《檀弓考》。上海博物馆刊布的新出土文献《天子建州》——大体上被界定为公元前278 年之前的作品——也呼应了这一主张。

③ 《礼记·曲礼下》,第 150 页。

④ 战国时期诸侯国国君在礼制上地位得以提升,这一论断得到了考古资料的证实。早期对个人用度的分等规定强调国君和大夫贵族们之间的相通性。但是到了战国中期,这种情况有了显著改变。特别明显的是,国君们巨大无比的墓葬,完全使同一时期的贵族墓葬相形见绌。参看 Falkenhausen(罗泰),*Chinese Society*,328—338;赵化成《从商周"集中公墓制"到秦汉"独立陵园制"的演化轨迹》。

达出不满，并且强力呼吁天下统一，而在统一中，则明确勾画出一个处于礼制和政治金字塔顶端的君主。《礼记》和其他儒家典籍，如《公羊传》所宣扬的"礼制现实"（ritual reality），皆是服务于政治宣传，即说服读者将来应该有一个统一的帝国，而帝国的领袖是一个至高无上的君主。① 在这种语境中，重新引入古代对个人用度的礼制规范，在战国纷乱的政治环境下，成为寻求政治秩序的强有力武器。实际上，帝国的建立者们恰当地整合了战国礼学家们的思想，构建了帝国的礼制体系，而该体系成为帝国社会等级体系的坚固基础。重建礼制金字塔，是孔子追随者们对后来的君主统治秩序最重要的贡献之一。

第二节　作为道德楷模的君主

以强调君主礼制上的权威来寻求加强君主地位的战国思想家，显然受到了西周模式的启发。而"以君主为核心"思想的另一个思路，即将君主树立为臣民的道德楷模的观点，也是整合了前代思想的结果。不过，在道德这一领域，思想家们对已经存在了数世纪的观点进行创造性解读则更加显著。如我们将要揭示的那样，战国早期有关君主是臣民道德楷模的观念，已经带来了一个新颖的以君主为核心的政治模式。

对尊者——君主，或更常见的，有功业的先祖——的仿效，早在西周就已经出现了。这可以从当时的青铜铭文中得到验证，《左

① "礼制现实"（ritual reality）这一概念来自 Gentz（董优进），"The Past as a Messianic Vision," 235。董优进在这篇文章及在其代表作 *Das Gongyang zhuan* 中对《公羊传》进行了研究。像礼制著作一样，《公羊传》对天下秩序提出合理安排。它强调天下一统、至高无上的天子的统治，这些理念孔子早在其著作《春秋》中就暗示了。有关这个题目的更多讨论，参看 Pines（尤锐），"Imagining the Empire?"

传》和其他早期文献对此也有记载。① 最终，效法道德楷模的观念成为孔子伦理和政治思想的中枢，《论语》的下列论述就反映了这样的思想：

> 季康子问政于孔子曰："如杀无道，以就有道，何如？"孔子对曰："子为政，焉用杀？子欲善，而民善矣。君子之德风，小人之德草，草上之风，必偃。"②

　　孔子关于君主道德影响臣民的名言很多人都很熟悉，但是很少读者会注意到孔子说这番话的对象（《论语》中还有很多类似的陈述）并不是鲁国合法的君主，而是季康子，一个臭名昭著的篡权者。③ 很明显，孔子关于君主道德影响臣民的论断，并不局限于正统的君主，也适合于其他类型的统治者。这一情况很有意思，君主作为人民道德楷模这一观念，对于孔子去世后不久出现的君权崛起具有重要意义。

　　战国早期的另一位重要思想家墨子（约前 460—前 390 年），跟孔子一样，相信君主的道德影响对其臣民具有道德示范作用。但是墨子更加极端，他认为君主对臣民行为具有绝对的主导作用。君主的任何爱好，包括细腰、鲁莽的勇气，甚至"兼爱"，都会被臣民所仿效。④ 君主

---

　　① 相关讨论参看 Savage，"Archetypes."

　　② 《论语·颜渊》，第 129 页。关于君主的道德行为作为让臣民臣服的手段，参看《论语·颜渊》，第 129 页；《子路》，第 135,138 页；《宪问》，第 159 页。

　　③ 季康子从公元前 492 年到前 468 年控制鲁国国政，期间鲁国国君鲁哀公（前 494—前 468 年在位）完全被架空。到了统治晚期，鲁哀公试图联合越国驱逐季康子，但是遭到失败，因而死于流放之中。

　　④ 参看《墨子·兼爱中第十五》，第 159—160 页；《兼爱下第十六》，第 179—180 页。关于《墨子》核心篇（即《尚贤》到《非命》诸篇）的写作年代，我大体同意吴毓江的观点（《墨子各篇真伪考》，吴毓江点校《墨子校注》，第 1027—1028 页）。根据他的研究，《墨子》的这些篇在墨子生前或者稍后就出现了。关于各篇之间的可能区别，参看 Maeder，"Some Observances"；Graham（葛瑞汉），*Divisions*；和 Desmet，"The Growth of Compunds."

作为道德楷模的理念是墨子政治理论的中枢，正如其在《墨子·尚同》篇中宣扬的那样：

> 古者民始生、未有刑政之时，盖其语，人异义。是以一人则一义，二人则二义，十人则十义。其人兹众，其所谓义者亦兹众。是以人是其义，以非人之义，故交相非也。是以内者父子、兄弟作怨恶，离散不能相和合。天下之百姓，皆以水火、毒药相亏害。至有馀力，不能以相劳。腐殠馀财，不以相分。隐匿良道，不以相教。天下之乱，若禽兽然。①

墨子首先将原始社会描述为彼此相害、如禽兽一样的社会。这种彼此相害首先是道德和意识形态上的产物，这很可能反映了墨子对没有统一的道德标准的担忧。虽然墨子将这种无政府的禽兽社会置于远古时代，所谓"民始生"，但是，跟他同时代的人很可能认出这种混乱局面也是当时现实的反映。所以，墨子对此提出的解决之道或许很合乎其读者的心意：

> 夫明虖天下之所以乱者，生于无政长，是故选天下之贤可者，立以为天子。天子立，以其力为未足，又选择天下之贤可者，置立之以为三公。天子、三公既以立，以天下为博大，远国异土之民、是非利害之辩，不可一二而明知，故画分万国，立诸侯国君。②

只有确立君主至高无上的地位，才能引领人类从蛮荒的混乱中走出来。这意味着，在墨子所处的时代，合理统治秩序的建立也有赖于这一途径。墨子向往的"天子"与周王在很多方面有相似之处，比如他们都任命三公、"立诸侯国"，但是在很多关键层面上，两

---

① 《墨子·尚同上第十一》，第109页。
② 同上。

者却截然不同。首先,周王是通过暴力推翻前朝统治而得以称王的,而墨子的"天子"如何产生,较为模糊,似乎有公共选举产生的意味。墨子并没有说是谁选择或选举了"天子",从而给相关解读提供了空间。可能是上天选择了君主,也可能是大众的集体选举(参看第三章的讨论)。第二,君主的选择并不是随意的,而是基于其已经得到证明的能力,符合墨子所主张的"尚贤"的原则。在同篇的另一处,墨子阐述道,君主不但应该是最有能力的,而且要是天下最"仁"者。第三,也是最重要的,墨子所说的君主权力比周代诸王的权力要大得多。

> 正长既已具,天子发政于天下之百姓,言曰:"闻善而不善,皆以告其上。上之所是,必皆是之。所非,必皆非之。上有过,则规谏之。下有善,则傍荐之。上同而不下比者,此上之所赏,而下之所誉也。……下比不能上同者,此上之所罚,而百姓所毁也。"①

接着,墨子花了很大篇幅,不厌其烦地描述了什么是理想的社会结构。在理想社会之中,每一个社会单位都由仁人管理,仁人鼓励人民"尚同其上",并且将不善之事报告给上层领导者,做到"上之所罚,而百姓所毁也"。以下特征,如依据德行任命官员、严格监督在位者,以及最重要的——在国内统一思想与行为,是墨子关于国家组织形式的新观点的标识。然而,墨子最为显著的新思想是他强调权力集中于天子一人。作为人民的道德楷模和统一伦理的源头,天子(包括他任命的各级官吏)成为社会政治秩序的中枢。通过将其观念和行为灌输于臣民,可以防止违犯行为,保证普遍的繁荣。墨子理论的唯一问题是,如何确保君主永远是天下最"仁"

---

① 《墨子·尚同上第十一》,第109—110页。

之人呢？为了解决这个问题，墨子回到他最喜欢的解决办法——寻求上天的启示：

> 天下之百姓，皆上同于天子，而不上同于天，则菑犹未去也。今若天飘风苦雨，溱溱而至者，此天之所以罚百姓之不上同于天者也。[1]

墨子在其他地方将天定义为永恒道德的源泉，以及保持政治社会秩序的神灵，[2]它具有双重功能，一方面充当天子的启示者，一方面充当其监督者。这种仿效和高压的混合关系，也可以用来形容天子和人民，正如墨子在篇末所说：

> 是故子墨子言曰：古者圣王为五刑，请以治其民。譬若丝缕之有纪，罔罟之有纲，所以连收天下之百姓不尚同其上者也。[3]

诉诸"五刑"，很可能反映了墨子清醒地认识到，光靠君主的道德示范并不足以使臣民顺从。我们可以大致总结一下墨子的思想。第一，至高无上的君主是摆脱野蛮混乱社会的保证；第二，君主必须是德才超群之人，而且他对道德的遵守由上天的监督所保障。第三，君主应该被授予不受限制的政治权力，来监督和导正臣民；必要的时候，要借助严厉的刑罚。这样，墨子就采取了一种激进的论述，将君主视为除了天以外，唯一的、最具意义的政治角色，而其他所有人都臣服于他，对政治秩序的保持起到微乎其微的影响。

墨子对君主集权社会的倡议不一定会得到其他思想家的支

---

① 《墨子·尚同上第十一》，第 110 页。
② 关于墨子思想中天的角色，参看 Graham（葛瑞汉），*Disputers of the Tao*，47—51。
③ 《墨子·尚同上第十一》，第 110—111 页。

持,但是他关于君主作为道德楷模重要性的观念被很多思想家所认同。这一观念在《孟子》——其很多思想来自《论语》或者与其并行不悖——中表达得非常强烈。相对于墨子,孟子(约公元前379—前304年)更加激烈地抨击当时的君主们,将他们视为"民贼","食人","嗜杀人"。① 尽管如此,他对君主作为道德楷模的期望依然很高。跟当时大多数思想家一样,孟子坚定地认为,君主对臣民道德行为有极大的影响。这一论述在孟子与诸侯的对话中频繁出现。比如下面这段孟子与梁惠王(公元前369—前319年在位)的对话,就反映了孟子将君主作为道德榜样的思想:

> 孟子见梁惠王。王曰:"叟不远千里而来,亦将有以利吾国乎?"孟子对曰:"王何必曰利? 亦有仁义而已矣。王曰'何以利吾国'? 大夫曰'何以利吾家'? 士庶人曰'何以利吾身'? 上下交征利而国危矣。"②

这段简短的对话表现出孟子坚信君主个人道德对于移风易俗至关重要。孟子认为,君主导致臣民拥有好的或者坏的道德,相应的,君主对确保恰当的道德准则负有极大责任。孟子以近乎天真的方式多次宣称,君主的道德,不但足以保证臣民的顺从,甚至可以将自身变成王者——统一天下的人。在一段与齐宣王(公元前319—前301年)——其仁心打动了孟子——的对话中,孟子讲到:

> 老吾老,以及人之老;幼吾幼,以及人之幼。天下可运于掌。《诗》云:"刑于寡妻,至于兄弟,以御于家邦。"言举斯心加诸彼而已。故推恩足以保四海,不推恩无以保妻子。古之人

---

① 分别参看《孟子·告子下》,第287页;《孟子·离娄上》,第175页;《孟子·梁惠王上》,第12—13页。墨子也经常抨击当时的君主们,但是没有孟子激烈(然而参看《墨子·非攻上第十七》,第198—199页,在此篇中,君主被描述为谋杀的凶手)。

② 《孟子·梁惠王上》,第1页。

所以大过人者无他焉,善推其所为而已矣。①

这段论述经常被放在孟子"仁政"观和不屈不挠推行仁政的语境之下进行讨论,但是换个角度考虑,则会得出新的认识:孟子非常强调君主的个人魅力。除了君主,没有人能够通过扩展自身道德建立一个理想的道德世界。从这一角度考虑,君主的影响比其所有臣民都大得多。这段论述绝非是溢美之词,而是孟子坚信的事情。这一点也能从下面这段话得到印证。这段话的对象不是君主,而是孟子跟弟子的对话:

> 孟子曰:"人不足与適也,政不足间也。唯大人为能格君心之非。君仁,莫不仁;君义,莫不义;君正,莫不正。一正君而国定矣。"②

这段话表达的似乎是孟子改编自墨子"尚同"的思想。孟子跟墨子一样,相信君主对于人民的道德改造具有独一无二的影响力。孟子试图解决墨子理论中的内在缺陷,将君主是一个无能者的情况也考虑进去。与墨子相信上天将引导君主言行不同,孟子建议引进更有效的纠正君主错误的手段,引入了"大人"充当君主的导师(孟子明显想为自己争取的位置)。孟子的"大人"虽然在道德上优于君主,但绝不允许取代君主或者藐视君主的权力,他的任务是服务君主,引导他走上道德之路。引导的结果应该是道德和政治等级制的重新统一,以及给世界带来一个实行"仁政"的政府。

孟子"君正,莫不正"的理念对于他的政治论述极为重要。尽管孟子激烈地批评当时的统治者,但他从未考虑过要用一种新的制度取代君主制。相反的,这种统治模式被描述为唯一可以最终

---

① 《孟子·梁惠王上》,第16页。此处所引的诗歌出自《诗经·思齐》。
② 《孟子·离娄上》,第180页;类似的表述还出现在《孟子·离娄下》,第187页。

保证达到道德目标的制度。对于孟子，以及墨子而言，以君主为核心的国家不但是既成事实，而且是一种非常理想的状态。由于这些观点，孟子在战国时期的以君主为核心的思潮中扮演了至关重要的角色。然而，他坚持"大人"对君主的道德引导，则埋下了道德和政治权力冲突的种子，对这一点我们将在第7章进行详细讨论。

第三节　作为圣人的君主

以君主为核心的思想的出现是一个复杂而具有多面性的过程。前文中我们讨论了礼制概念和道德理想对这一过程的促进作用，下面我们将讨论战国时期的宇宙观对君主地位崛起的影响。《老子》是将宇宙论和社会政治思想结合起来的早期文献之一，似乎也是最早以自然哲学来论证统一君主合法性的文献。[①] 将有关这一文献年代、作者、准确的思想内容等争议先放在一旁，我们在这里将集中探讨《老子》中对战国王权思想起到决定性影响的有关方面。

《老子》的基本思想是大家所熟知的：其基础概念是"道"，自古就有，自然存在。"道"的基本运行准则可以用于各个层面的存在，从宇宙，到人类社会，到个人。一个理解"道"而又能将其运用到日常生活的人，称为"圣人"。这里我们无须赘述早已被深入研究的《老子》思想，而是提出一个关键的问题：《老子》所谓的"圣人"是否是君主？如果是的话，将圣人与君主等同的做法对于当时的君主

---

① 《老子》这一文献的源起是先秦文献中争论最多的话题之一。尽管关于它的早期历史的争论依旧存在，但是郭店出土的公元前4世纪末的《老子》的部分章节，以及在马王堆公元前2世纪中期的墓出土的两个《老子》写本，显示出这一文献在战国时期的后半段已经初具现在所见文本的形式。详细的讨论参看 Liu Xiaogan(刘笑敢)，"From Bamboo Slips to Received Version: Common Features in the Transformation of the Laozi"；丁四新《郭店楚墓竹简思想研究》，第1—85页；聂中庆《郭店楚简老子研究》；Shaughnessy(夏含夷)，"The Guodian Manuscripts."

观念有何含义?

　　正如我们所料,《老子》并没有对这一问题给出明确的答案。《老子》中很多与圣人有关的论述,都似乎是广泛的指代,而有些论述,比如"欲先民,必以身后之",则更像是在指代那些想成为君主的普通士人,而不是仅仅指代目前已执政的君主。[1] 尽管这些论述很重要,但与那些谈及圣人而明确指代君主的论述相比,则是次要的。圣人应当通过"虚其心,实其腹"来实现合理的统治;圣人"抱一为天下牧"(王弼本作"式"),"天下莫能与之争";他清静无为地进行统治,即"我无为而民自化,我好静而民自正,我无事而民自富,我无欲而民自朴";因而"圣人处上而民不重"。[2] 毫无疑问,所有这些特征都是君主的,意味着圣人终将统治天下。《老子》中很多直接针对君主的论述也加强了这一判断。这些论述劝导君主如何"取天下",如何"爱民治国",如何"上民"而不引发动荡。[3] 实际上,在这些论述中,《老子》重新创建了一个新的以君主为核心的思想体系,而类似的思想在稍后的战国后半段得以广泛流传。[4]

---

　　[1]　参看《老子》第六十六章,第 146 页;郭店《老子》甲,第 3—4 简。但引用传世《老子》时,我使用传统的章号,而不是马王堆本的章号。对于郭店本,我注出其甲、乙、丙本几简的编号。除非特别说明,我引用马王堆或王弼(226—249 年)版,不再讨论郭店或者晚期版本的文本差异。

　　[2]　分见于《老子》第三章,第 237 页;第二十二章,第 340—342 页(我以上引用马王堆本第二十三章的文字);第五十七章,第 106 页(郭店《老子》甲,第 30—32 简),第六十六章,第 147 页(郭店《老子》甲,第 3—4 简)。

　　[3]　分见于《老子》第二十九章,第 377 页;第四十八章,第 57 页;第十章,第 265 页(郭店《老子》甲,第 18—19 简);第六十六章,第 146 页(郭店《老子》甲,第 3—4 简)。

　　[4]　作为面对君主的文献,《老子》和我们前文中探讨的文本,比如《论语》、《墨子》和《孟子》,是有很大区别的。前述著作都是特别针对士阶层的成员,而非针对君主进行论述的。这也是我反对 Tom Michael 关于"老子的内圣不是外王"观点(参看 The Pristine Dao,40—50)的原因之一。Michael 将《老子》"原始"的、非政治的宇宙思想和所谓对它的"儒家理解"(Confucian readings)区分开来的做法,以及他对"政治"的简化理解,都是站不住脚的。尽管《老子》可以有很多不同解释,但是最起码在理想状态下,圣人将会统治天下的思想是非常明晰的。

然而,《老子》对君主和圣人的界定并不明确。《老子》中有很多对当时导致人民受饿和遭受兵灾的君主的批评。其作者希望"王侯"能够严格守"道",只有这样,才能"万物将自宾。天地相合以降甘露,民莫之令而自均".[①] 但很明显,这种美好的情况在当时并不存在。不过《老子》小心翼翼地回避了敏感的颠覆性话题,比如,如果圣人出现在一个无能君主统治之下,将会发生什么。相反的,它的重点在于讨论理想状况,而在理想状况下,君主和圣人是合二为一的:

> 昔之得一者,天得一以清,地得一以宁,神得一以灵,谷得一以盈,万物得一以生,侯王得一以为天下贞。[②]

这段论述将理想状态置于一个不确定的远古时代,但是很明显,它指的是标准情况,而非是一个特例。天应该清,地应该宁,神应该灵。同样的道理,君主们应该是统一天下的人。一旦他们得"一",或者说"道",不但可以使得"万物得一以生",甚至"天地相合以降甘露".[③]《老子》中最为重要的政治论述正好强调"王者"在宇宙秩序中的中枢地位:

> 故道大、天大、地大、王亦大。域中有四大,而王居一焉。[④]

君主在老子世界秩序中的崇高地位,与商代和西周前期的宗

---

① 分见《老子》第七十五章,第 192 页;第三十章,第 381 页(郭店《老子》甲,第 6—7 简);第三十二章,第 397—398 页(郭店《老子》甲,第 18—19 简);第三十七章,第 421 页(郭店《老子》甲,第 13—14 简)。
② 《老子》第三十九章,第 8—9 页。"万物得一以生"为马王堆本《老子》所无。
③ 《老子》第三十二章,第 398(郭店《老子》甲,第 18—19 简)。
④ 《老子》第二十五章,第 351 页。在郭店《老子》甲,第 22 简中,"道大",在"天大"、"地大"之后。一些后代的版本,比如傅奕、范应元版本等,将"王"用较少政治意涵的"人"代替。这一替换经常被那些认为《老子》是非政治性(至少是非君主论)的文本的翻译者采用。

教思想有相近之处。事实上，《老子》提到的王"配天"①的理念强化了两者之间的相似性。但是商和西周初叶的宗教观点和《老子》关于圣王宇宙地位的论述有一个重要区别。在《老子》中，君主之所以神圣，并不是由于上天授命，也不是因为其充当神灵与人类沟通的中介，更像是由于自身的原因而成为宇宙力量，他与道、天以及地一样，是宇宙中最核心的部分之一。王权也因此变得神圣，获得了进一步的合法性。

第四节　圣权与君权之间

《老子》将君主描述为宇宙角色和——至少是潜在的——神圣的圣人，给将来的思想家留下了容易引起争论的思想遗产。有些人认为，只有当君主通过长期的训练和自我修身变成圣人，他才能够具备神圣的权力。但是另外一些人则坚持认为，任何统一天下的君主都有神圣的宇宙力量。尽管后一种观点到了战国后期已经占据了绝对主流地位，我们的讨论仍需从前一种观点展开，即鼓励君主通过努力获得与之地位相称的圣人品质。通过效仿天地，即"道"的自然承载物，君主应改成为宇宙力量的真正对应者，获得超人类的属性。

当然，君主应当法天的思想并不是新的。在《老子》之前，这一观念就已经存在。比如之前提到过的师旷，他主张君主要"如天"、"如地"（对他而言，或许这只是一种比喻）；还有墨子，他希望能够确保仁君能够持续出现。后来的思想家们很可能是受到了《老子》的影响，使用这一古老的概念创建了一种新的君主模式：通过自觉地效仿宇宙力量，君主应该确保扮演好自己在宇宙秩序中的角色。比如，很可能撰于公元前4世纪中叶的《管子·牧民》篇规劝君主

---

① 《老子》第六十八章，第167页。马王堆甲本则省略了"天"之前的"配"字。

云："如地如天，何私何亲？如月如日，唯君之节！"①君主应该仿效天地，达到真正王者的要求，这一思想频繁地在《管子》中出现。《管子》中相对年代较早的一篇《版法》也有类似的议论：

> 法天合德，象地无亲，参于日月，佐于四时。悦在施有，众在废私。②

这些劝告似乎应该被当作修辞说法，目的是将君主导向恰当的行为模式，而不是一种已经高度发达的政治理论。但即使作为修辞，频繁地劝告君主模仿宇宙力量也具有着更深刻的政治含义。这些论述反映了思想家对君主宇宙角色的预想——如果这个君主不是当时的君主的话，至少是理想的、未来的真正王者。这个理想君主应该像天、地和其他超人类力量一样，影响现实世界，因此君主也就具有了神圣能力。在《管子·内业》篇中，君主神圣性的观点也被阐发得非常明确。《内业》篇比起《管子》其他诸篇显得较少政治性，它似乎太专注于讨论个人的修身方式，因而很少被看作是政治性的论述，但其实并非如此，它将宇宙——和政治——影响力当成"内修"的最为重要的结果。③ 个人修养、掌握宇宙力量和获得君权神圣性之间的关键联系表现在下面这段论述中：

> 天主正，地主平，人主安静。春秋冬夏，天之时也；山陵川

---

① 《管子·牧民第一》，第17页。Rickett（李克），*Guanzi* I：56。我稍微修改了Rickett的翻译。此处以及后文中，除了特别指出，我认可Rickett对《管子》各篇的断代。

② 《管子·版法第七》，第128页。Rickett，*Guanzi* I：144—145。我稍微修改了Rickett的翻译。

③ 关于对《内业》篇的不同讨论，参看Roth（罗浩），"Psychology"和*Original Tao*；Graham（葛瑞汉），*Disputers of the Tao*，100—105；Puett（普鸣），*To Become a God*，109—117。正如下文将要揭示的那样，我并不同意Roth将《内业》去政治化的做法；在我看来，《内业》也是混合了以道为中枢的宇宙观、个人修养的技巧以及政治哲学的。而这种混合，正是Roth将其界定为早期道家思想的特点（Roth，"Psycology，"606—607）。

谷,地之枝也;喜怒取予,人之谋也。是故圣人与时变而不化,
从物而不移。能正能静,然后能定。①

仿效天地,保持"正"和"平",圣人就能够保持内心平静,而内
心的平静,则是获得外部权力的第一步:

> 定心在中,耳目聪明,四枝坚固,可以为精舍。精也者,气
> 之精者也。气,道乃生,生乃思,思乃知,知乃止矣。凡心之
> 形,过知失生。
>
> 一物能化谓之神,一事能变谓之智。化不易气,变不易
> 智,惟执一之君子能为此乎!②

这段文字包含了一个令人困惑而又突兀的转折,从讨论消极的
清静和保持内心平静转到积极转化现实世界。通过变成"精
舍"——精就是气之精,是万物共有的物质——就可以变得"生"、
"思"、"知"。但是《内业》篇清楚地建议到此为止,不要过于追求知
识,过了则会有所失。但紧接着,作者笔锋一转,从积累知识转到讨
论如何使用它。神圣的知识使精通"内业"者转化万物而同时不丢
掉其内部平衡。能够做到这一点的,就能够成为神圣的"执一之君
子"。"执一",并不像罗浩(Harold D. Roth)所说的那样,③纯粹是想
象"道"的冥想技巧,而是理解道的能力,就像前文中已经提到的《老

---

① 《管子・内业第四十九》,第 937 页。Rickett, *Guanzi* II, 43;Roth, *Original Tao*, 58—59;Puett, *To Become a God*, 110。Roth 倾向于将贯穿《内业》篇的"正"翻译为"使之整齐"(be aligned),用以指代打坐冥想的技术。(参看他的解释,*Original Tao*, 4)尽管在大部分情况下,这样的翻译是可以接受的,但是笔者不认为其符合上述篇章的意涵,特别是当讨论天的时候。而且,Roth 将"正"翻译为"使之整齐"而不是"regular"或"correct",忽略了这一概念最关键的语意内涵,对中文读者而言,这是非常清楚的(参看 Goldin [金鹏程],"Review of Roth," 39—40)。

② 《管子・内业第四十九》,第 937 页。Rickett, *Guanzi* II: 43—44;Roth, *Original Tao*, 60—62;Puett, *To Become a God*, 113。

③ Roth, *Original Tao*, 116。

子》第三十九章所论述的"得一"那样，"执一"具有直接的政治涵义：

> 执一不失，能君万物。君子使物，不为物使。得一之理，
> 治心在于中，治言出于口，治事加于人，然则天下治矣。一言
> 得而天下服，一言定而天下听，公之谓也。①

这段论述包含了"内业"的最终结果和目标：获得对世界的深刻理解，进而使精通"业内"者即"君子"成为天下万物的主宰。这一极端的政治转变，显示出《内业》篇，就像《老子》中许多章节一样，并不只是写给无名的精通之人看的，而也是给潜在的君主，即将来重新安定天下的王者看的。② 然而，对于没有登上王位的普通人获得这些宇宙力量之后会发生什么，文本并没有解决这一悖论。是否"君子"将成为"王者"呢？ 如果是这样，这一转变又会如何发生？ 就像《老子》一样，《内业》对敏感话题保持沉默：其作者倾向于讨论没有时间界限的理想的圣王，而避免涉入对当时政治具有潜在威胁的讨论中去。

《内业》思想的独到之处并不在于其假设神圣权力集于精通"内业"者之手，而是在于它强调为了获取这些权力必须通过精妙复杂的训练。绝大多数类似著作，在讨论圣王的神圣力量时，没有这样苛刻的要求。从湖南马王堆出土的所谓"黄老"文本，频繁地督促君主要仿效天地而行，但对于观天而行的具体过程，则比《内业》简单太多。③《吕氏春秋》中对获得上天神圣性的叙述更为简

---

① 《管子·内业第四十九》，第 937 页。Rickett, *Guanzi* II：44；Roth, *Original Tao*，64；Puett, *To Become a God*，110；Graham, *Disputers of the Tao*，103。我同意 Roth 将"一言"理解为"道"。

② "天下"将"服"、"听"能够将"内业"技巧合理运用的熟练者，这一承诺在《内业》其他地方也能看到（《管子·内业第四十九》，第 943 页），这进一步证明了笔者的论断，即《内业》篇是写给潜在的君主看的。

③ 参看《黄帝书·国次》及《论》（《黄帝书》第 14—20 页）；Yates（叶山），*The Five Lost Classics*，56—59，80—87。有关马王堆"黄老"文献的思想趋向，详见 Peerenboom（裴文睿），*Law and Morality*.

单。其中可谓战国宇宙观的典范之作《大乐》篇在结尾处写道：

> 道也者，至精也，不可为形，不可为名，强为之谓之太一。① 故一也者制令，两也者从听。先圣择两法一，是以知万物之情。②

以后我们会再讨论"一"和"二"及其在政治上的重要意义；在此我只想指出，这段话以跟《老子》相关的话题展开：掌握"道"然后仿效它，就是通向神圣知识的途径。随后《大乐》转向了政治领域的讨论：

> 故能以一听政者，乐君臣，和远近，说黔首，合宗亲。能以一治其身者，免于灾，终其寿，全其天。能以一治其国者，奸邪去，贤者至，成大化。能以一治天下者，寒暑适，风雨时，为圣人。故知一则明，明两则狂。③

这段话总结了执"道"对每个人的好处：大臣、普通的追求长寿的精通"内业"者、一个国家的国君，以及天子。每个人都会因为"执一"而受益，但是只有能以"一"治理天下的人，才能获得影响寒暑、风雨的宇宙力量，也只有这样的人才能成为圣人。这段纠结的论述预设了神圣的圣人地位只有君主能够获得，而且不是普通君主，只限于将来统一天下的君主。这一崇高的地位并不是成圣的充分条件，但是却是不可或缺的必要条件。

《内业》和《大乐》对圣王的论述有微妙却非常重要的区别。在前者看来，君主是自我修炼而成，他通过"内修"获得神圣力量；但是在后者看来，只有一统天下的统治者，才有成为圣王的可能。在

---

① 该段引用《老子》第二十五章云："强为之名，曰大。"（《老子》，第 350 页）关于"太一"及其在《老子》宇宙观中的地位，参看 Allan(艾兰)，"The Great One."

② 《吕氏春秋》卷五《大乐第二》，第 256 页。

③ 同上。

早期文献中,君主与圣人的等同并不明显,但是到了《吕氏春秋》,这一点被强势地表现出来。

《大乐》篇并不是《吕氏春秋》中唯一对未来天子——即未来一统天下的人——的超人类力量着迷的一篇。《吕氏春秋》中另一著名篇章——《本生》篇也论述了天人关系。《本生》篇开头论道:

> 始生之者,天也;养成之者,人也。能养天之所生而勿撄之谓天子。天子之动也,以全天为故者也。①

《本生》篇并不是政治手册,其所论述的主要是能纳天地于内从而达到长寿的圣人。这个圣人并不一定必须是君主,因为文中说得很明白,"上为天子而不骄,下为匹夫而不惛,此之谓全德之人"。② 正如大多数文献一样,《本生》中的圣人和君主并不一定是等同的,但文中也提出了天子的职位已经让其在宇宙秩序中扮演了关键的角色。但是对其作者而言,天子是圣人与否无关紧要,无论如何其职能都是"养天之所生而勿撄"。

将天子地位提高到与天对应的程度,在《吕氏春秋》其他地方也有描述,最值得注意的是那些组成被称为"十二纪"的范围,即《月令》的数篇(后来《月令》被纳入了《礼记》)。③ 这些篇章呈现了一个整齐的模式,规定了天子及其大臣季节性的活动。值得注意的是,它警告说,违反这些规定的行为,都将带来不可避免的负面后果。比如,《孟春纪》的最后一条文曰:

---

① 《吕氏春秋》卷一《本生第二》,第 20 页。
② 同上,第 21 页。基本上是由于这句话,我不同意 Puett(普鸣)将此篇解释为对天子所做论述的观点。参看 Puett, *To Become a God*, 175—178,特别是 177 页。
③ 关于"月令"起源的讨论,参看杨振红《月令与秦汉政治再探讨——兼论月令源流》。

　　孟春行夏令，则风雨不时，草木早槁，国乃有恐。行秋令，则民大疫，疾风暴雨数至，藜莠蓬蒿并兴。行冬令，则水潦为败，霜雪大挚，首种不入。①

　　类似的警告在有关方术的作品中相当普遍；它们警告读者，如果不能按照规定行事，将带来各种的灾难。② 在《吕氏春秋》的例了中，有意思的是宇宙论的政治意义。天子的错误会带来负面的结果，不但是个人的或者政治层面上的，而首先会反映在天地本身，产生洪水、干旱、瘟疫，等等。这里天子作为天的对应物出现，可以影响——甚至负面地影响——自然现象。重要的是，在《吕氏春秋》的例子中，天子影响宇宙并非由于他的圣贤和睿智——而是在他缺乏这些特质的情况下仍有影响，也就是说，使天子神圣并拥有神圣力量的，是其地位，而跟其个人能力无关。

　　我们可以得出结论说，《月令》的作者对《老子》第二十五章中的思想进行了极端的重新阐释。在《老子》第二十五章中，真正的王者等同于道、天和地。在上文讨论的《管子·内业》中，这种等同不是自然而然的，君主必须通过个人修养变成圣人才能达到。而在这里，仅仅天子的地位就可以将他变成一个影响宇宙秩序的角色。经过这些文献的重新塑造，君主的神圣化最终成为将来统一帝国君主神圣化思想的基石，正如笔者将要在第四章结尾讨论的那样。

---

　　① 《吕氏春秋》卷一《孟春纪第一》，第 2 页。

　　② 比如，1972 年山东银雀山出土的所谓"阴阳"文献中就有类似的警告。参看 Yates（叶山），"The Yin Yang Texts from Yinqueshan," 98—134。最近发表的出土于湖南虎溪山的《阎氏五胜》一文也包含着对未能遵照文献所主张方法的君主的警告。参看刘乐贤《虎溪山汉简〈阎氏五胜〉及相关问题》。

第五节 社会政治秩序的中枢

战国时期君主集权制国家的演进,反映在当时的思想中。战国早期和中期的思想家聚焦于礼制、伦理以及稍晚用宇宙论论证君主权力的合法性,而到了战国后期,一种新的支持君主的思想倾向出现了:着重论述君主对于保持社会政治秩序的重要性。这一论证思路对将来君主地位的崛起无比重要。其支持者并不聚焦于君主不可企及的理想性——毫无瑕疵的道德和神圣的圣人品质,而是集中于君主——任何君主——在保持国家富强和维护社会政治秩序方面的日常贡献。这种观念最早在公元前4世纪晚期的文献中出现,而到了战国晚期就变得非常普遍了。

《商君书》通常被认为是所谓"法家"思想的源头,它很可能是最早宣扬君权对国家富强具有中枢意义的文献。[1] 尽管该书主要聚焦在国家与社会的关系,而非君权,但是《商君书》对于君主制的合法性也提出了重要的意见。这些意见植根于商鞅所提出的国家组织形式演变模式中——这是他最令人感兴趣的思想创新之一:

> 天地设而民生之。当此之时也,民知其母而不知其父,其道亲亲而爱私。亲亲则别,爱私则险。民众,而以别险为务,则民乱。当此时也,民务胜而力征。[2]

商鞅所描述的原始社会的模式表面上接近于墨子,但是他们之间也有很大区别。墨子预设由于意识形态不和谐会导致彼此相

---

① 《商君书》是一部复杂的文献,包括了一些商鞅本人的著作,但是也包括许多后来不断增补的篇章。参看郑良树《商鞅及其学派》;好并隆司《商君书研究》;以及本书的第九章,注释12。

② 《商君书·开塞第七》,第51页。

攻,而商鞅并不否认原始社会中存在基于亲缘关系而导致和谐的可能性,只是因为人口压力,①原始的秩序才开始瓦解,革新也因此必须引入:

> 务胜则争,力征则讼,讼而无正,则莫得其性也。故贤者立中正,设无私,而民说仁。当此时也,亲亲废,上贤立矣。②

社会的初期分层,建立在"上贤"原则之上,取代了原先以"亲亲"为基础的社会秩序。然而,新秩序的体制性弱点阻碍了对因新的人口增加带来的社会混乱的有效管理。于是,君主集权制国家出现了:

> 凡仁者以爱利为务,而贤者以相出为道。民众而无制,久而相出为道,则有乱。故圣人承之,作为土地、货财、男女之分。分定而无制,不可,故立禁;禁立而莫之司,不可,故立官;官设而莫之一,不可,故立君。既立君,则上贤废而贵贵立矣。③

商鞅将墨子对国家组织形式的设想颠倒了过来:君主的树立不是开始,而是社会政治不断成熟完善的最终结果。从原始平等的、乱婚的和以亲缘为基础的社会秩序,发展为最初的分层社会,再发展到一个建立在产权明晰、"立禁"、"立官"等基础上的、成熟的政治秩序,而"立君"是该秩序的顶峰。与《墨子》不同,《商君书》中的君主之所以成为君主,并非因为他是天下最贤能的人,而是因

---

① 商鞅对人口增长导致社会争斗的强调——这一观点在后来的《韩非子·五蠹第四十九》(第443页)中得到呼应——是一个少见的记载,证明人口压力对社会稳定构成潜在的负面作用,在当时已经被逐渐认识到。这种思想在《商君书》中的出现,变得尤其有意思,是因为也正是《商君书》记载了秦国在战国晚期人口缺少的史实(参看《商君书·徕民第十五》,第86—96页,《徕民》很可能是《商君书》中最晚的一篇)。

② 《商君书·开塞第七》,第51—52页。

③ 同上,第52页。

为他是政治秩序正常运转的唯一保障。对商鞅而言,君主是整个国家机器必不可少而又最为重要的组成部分,君主的缺失将导致国家的解体。在另外一处,商鞅更详细地阐释了这一概念:

> 古者,民藂生而群处,乱,故求有上也。然则天下之乐有上也,将以为治也。今有主而无法,其害与无主同;有法不胜其乱,与无法同。天下不安无君而乐胜其法,则举世以为惑也。夫利天下之民者莫大于治,而治莫康于立君。立君之道,莫广于胜法。胜法之务,莫急于去奸。去奸之本,莫深于严刑。①

商鞅政治思想的成熟性在这里表现得最为清楚。第一,社会的健康运转,有赖于以君主为首的社会等级制度。第二,君主是社会秩序必须但不充分的前提:他必须依靠法律体系,尤其是严刑酷法,才能使其统治真正有效。商鞅摈弃了对理想圣王的追求——这些圣王,如《内业》所论,“一言得而天下服,一言定而天下听”。商鞅也同时摈弃了墨子关于理想君主可以无中生有独自创建国家的观点。君主并不能取代发展成熟的政治体系,但是政治体系缺少了大权在握的君主也无法运行。君主的道德和智识,跟他作为最高管理者的中枢政治地位相比,并不重要。

很多其他思想家也认可君主对于一个健康政治秩序而言不可或缺的观点,其中慎到(公元前 4 世纪晚期)是最深思熟虑者之一。慎到的大部分著作在历史变动中湮没无闻,而在保存至今的只言片语中,其主要的一些观点仍然可见。慎到揭示了君主在社会政治秩序中的地位:

> 古者立天子而贵之者,非以利一人也。曰:天下无一贵,

---

① 《商君书·开塞第七》,第 57—58 页。

则理无由通,通理以为天下也。故立天子以为天下,非立天下以为天子也;立国君以为国,非立国以为君也;立官长以为官,非立官以为长也。法虽不善,犹愈于无法,所以一人心也。①

在论述中,慎到特别清楚地阐明了其政治信条。君主——不管是统一的君主还是其他层次的君主——对政治体系的健康运行都是至关重要的。君主是合理秩序的基础,他不是受益者,而更像是服务于人类的仆人。他的道德并不重要——或者说毫不重要,正如慎到清楚论述的那样,坏的法比没有法要好。依照这样的逻辑我们可以推断,坏的君主比没有君主的无政府状态要好。君主的道德与其政治力量相比并不重要这一观点,慎到在其他地方也进行了说明:

> 尧为匹夫,不能使其邻家。至南面而王,则令行禁止。由此观之,贤不足以服不肖,而势位足以屈贤矣。②

尧是道德的楷模,但并不是他的品德使其成为一个领袖,而是他作为君主的地位和权势。政治等级,和道德,或者说"贤"的等级相分离的情况,是惯常的。君主应该聚焦于保持自己的权威,而不是修养自己的道德,不然的话,不光是君主本人,整个社会都会因此罹祸:

> 立天子者,不使诸侯疑焉;立诸侯者,不使大夫疑焉;立正妻者,不使嬖妾疑焉;立嫡子者,不使庶孽疑焉。疑则动,两则争,杂则相伤,害在有与,不在独也。故臣有两位者国必乱,臣两位而国不乱者,君在也,恃君而不乱矣,失君必乱。③

---

① Thompson(谭朴森),*Shen-tzu*,"Wei de"《威德》,第240—242页。
② 同上,第235—236页。
③ *Shen-tzu*,《德立》篇,第240—242页。

慎到进一步阐述了君主制的好处。对他来说，如同对墨子和商鞅一样，君主制是唯一能摆脱乱局——这种乱局会瓦解掉任何没有清晰权力等级体系的社会政治秩序——的途径。只有当权力统一集中于一人之手，争执和混乱才能避免。"两则争"成为战国思想家普遍接受的政治信条，很多文献都响应了慎到的这一观点。① 稍后我们将会发现这一意见对于战国管理思想的重要性，但首先让我们回到战国最晚的文献之一，《吕氏春秋·恃君》篇。它总结了之前有关君主是社会政治秩序中枢的观点：

> 凡人之性，爪牙不足以自守卫，肌肤不足以扞寒暑，筋骨不足以从利辟害，勇敢不足以却猛禁悍，然且犹裁万物，制禽兽，服狡虫，寒暑燥湿弗能害，不唯先有其备，而以群聚邪？群之可聚也，相与利之也。利之出于群也，君道立也。故君道立则利出其群，而人备可完矣。②

《恃君》篇的这部分议论跟荀子的观点（将在第四章进行讨论）密切相关。③ 如果人类不能形成"群"，就不能应对自然挑战；如果不树立君主，就不能保持"群"。因此，君主对于社会合理运行，甚至对人类的生存，都是必不可少的。在《恃君》的作者看来，历史经验教训也无疑证明了这一点：

> 昔太古尝无君矣，其民聚生群处，知母不知父，无亲戚、兄弟、夫妻男女之别，无上下、长幼之道，无进退揖让之礼，无衣服、履带、宫室、畜积之便，无器械、舟车、城郭险阻之备，此无

---

① 例如《管子·霸言第二十三》，第 472 页。《黄帝书·大分》（原名"六分"），第 30—31 页；《吕氏春秋》之《大乐》篇和《执一》篇，前者在前文已经讨论，而后者下文将会讨论；《荀子》和《韩非子》也有类似观点，详细讨论参看第四章。
② 《吕氏春秋》卷二十《恃君第一》，第 1321 页。
③ 《荀子·王制第九》，第 164—165 页。

君之患。①

如商鞅和墨子一样，这段话对原始社会持一种负面的描述态度，但不同的是，其作者并没有过多描述国家建立的过程，而是集中于描述无君情况下的糟糕局面。没有君主，意味着没有适当的技术和社会组织，而缺少这些会使人类堕落到野兽一样的状态，无法应对自然挑战。因此，君主必不可缺是从历史中吸取来的最重要的教训。

> 自上世以来，天下亡国多矣，而君道不废者，天下之利也。故废其非君，而立其行君道者。君道何如？利而物利章。②

这段论述的最后一句话提到了道德内在于君主之道，作者试图以此来软化其激进的权威主义。这一添加非常重要（而且将《恃君》的作者和商鞅及慎到区分开来），但该篇的要点并不在此。君主集权社会在历史起伏中被保存下来，这再次证明，君主之道对于人类集体有着积极意义。为了进一步加强这一论述，作者转向"人类学"阐释，详细考察了中国文明边缘各种无君部落的情况，然后总结道：

> 此四方之无君者也。其民麋鹿禽兽，少者使长，长者畏壮，有力者贤，暴傲者尊，日夜相残，无时休息，以尽其类。圣人深见此患也，故为天下长虑，莫如置天子也。③

通过对周边社会的经验主义观察，再次印证了历史经验所证实的观点：无君，则人类无法保持正常的生活。人类社会将会堕落

---

① 《吕氏春秋》卷二十《恃君第一》，第1321页。
② 同上，第1321—1322页。在翻译最后一段时我参考了陈奇猷的校释，他建议将"物"读作"勿"，"章"读"旖"。
③ 同上，第1322页。

到彼此相攻;文明的好处将会被野蛮的人性所拒绝。君主,仅凭其
政治地位,就是人类的救星。最后,《恃君》的作者警告道,其对君
主的支持并不意味着盲目的屈从,如果必要,君主也应该受到惩
戒。但是这一表述并不能遮蔽他们的中心思想,即社会秩序不可
缺少君主。在帝国统一的前夜,《吕氏春秋》的无名作者们为未来
的帝王提供了最好的论证自己统治合法性的理论工具。

第六节　最高管理者

本节的最后将要讨论的君主思潮,是王权主义对战国时期行政
管理思想的影响。与上文诸节不同,本节笔者将首先围绕战国时代
较晚的文献,即《吕氏春秋》的《执一》篇展开论述。该篇的作者混合
了慎到的思想和《老子》关于"道"的一元思想:

> 王者执一,而为万物正。军必有将,所以一之也;国必有
> 君,所以一之也;天下必有天子,所以一之也;天子必执一,所
> 以抟之也。一则治,两则乱。[①]

这一论述开始部分似乎跟《老子》第三十九章有关,但却以纯
粹行政管理的方式来解释《老子》名言。道的一元,从逻辑上对应
政策制定的一元,因为任何的多元都会造成不可避免的争斗和乱
局。正如军队没有最高指挥官,就没有清晰的命令、无法展开行动
一样,一个国家必须有统一的指挥,才能在诸国竞争中生存下来。
而且,因为政治统一是结束当时混战的唯一途径,在逻辑上也最终
导致集权于一人的结论。任何替代这一严格王权制的方案都会导
致整个国家陷入灾难:

---

① 《吕氏春秋》卷十七《执一第八》,第1132页。

被"君主集权是解决社会危机唯一途径"的信念武装起来的战国集权主义者们，将其思想解释为君主不但是唯一的权力中心，而且是唯一的决策者。《商君书》论道：

> 国之所以治者三：一曰法，二曰信，三曰权。法者，君臣之所共操也；信者，君臣之所共立也；权者，君之所独制也，人主失守则危。君臣释法任私必乱，故立法明分，而不以私害法，则治。权制独断于君，则威。民信其赏，则事功成；信其刑，则奸无端。[1]

《商君书》的作者将统一权力的理念转换为行政管理的论述。君主不是唯一的执行者，但是他应该是唯一的决策者；乾纲独断是其令人敬畏的权力的真正来源。类似的观点还见于与商鞅同时代的一位改革家申不害（卒于公元前 337 年）。他论道："独视者谓明，独听者谓聪。能独断者，故可以为天下主。"[2]

在申不害看来，正如独有的能力是圣人的特征一样（其特点包括耳聪目明），相应的，乾纲独断的政治特权是统一天下的君主的特征。尽管这句话的语境并不清楚，但可以推测，申不害将战国诸雄中的一个国家的权力集中，作为将来天下一统的前提。类似的集权于君主的思想在战国文献中非常普遍，并不局限于所谓法家思想。[3] 由君主一手垄断决策的类似思想的一个有趣例子出自《孟子》。在一段与齐宣王的对话中，孟子罕见地表示出对社会流动的不满，并且告诉齐宣王如何避免在用人方面由于轻率的升降导致与世卿和王亲疏远：

---

① 《商君书·修权第十四》，第 82 页。关于"独断"的意涵，参看 Giele（纪安诺），*Imperial Decision-Making*，21—23。

② Creel（顾立雅），*Shen Pu-hai* 19；380。

③ 例如《管子·七臣七主第五十二》，第 998—999 页；《荀子·王霸第十一》，第 223—224 页；《韩非子·二丙第七》，第 39—43 页。

国君进贤，如不得已，将使卑逾尊，疏逾戚，可不慎与？左右皆曰贤，未可也；诸大夫皆曰贤，未可也；国人皆曰贤，然后察之。见贤焉，然后用之。左右皆曰不可，勿听；诸大夫皆曰不可，勿听；国人皆曰不可，然后察之。见不可焉，然后去之。左右皆曰可杀，勿听；诸大夫皆曰可杀，勿听；国人皆曰可杀，然后察之。见可杀焉，然后杀之。故曰国人杀之也。如此，然后可以为民父母。①

孟子的观点往往被解释为他对人民意见的重视，也确实如此（参看第九章的详细讨论）；但是他对君主权威的观点也同样值得重视。对臣民"用"、"去"、"杀"的权力，在孟子看来，集中于君主一人之手。左右、诸大夫、国人的意见也重要，但是最终的决策必须由君主一人决定。在最后的论述中，令人诧异的是，孟子的观点和《管子·任法》作者的观点非常类似，后者论道："故明王之所操者六：生之、杀之、富之、贫之、贵之、贱之。此六柄者主之所操也。"②

作为君主集权思想并不明显的孟子，和极端王权主义的法家学者，其思想的交汇并不是偶然的。事实上，没有任何一个文献，对君主垄断行政管理权力提出质疑。尽管思想家们督促君主咨询自己的大臣并留心他们的意见，而且绝大多数文献——如在第四章将要讨论的那样——建议限制君主对具体行政事务的干涉，但是，没有人建议取缔君主的决策权，或者建议对君主权力进行制度性限制。即便有歧见存在的话，那他们的声音也太小了，边缘到不值一驳。战国时期百家争鸣的思想多元化的背景，使得某些观点的"消音"变得非常有意义。它反映了君主垄断最终决策权的理念

---

① 《孟子·梁惠王下》，第41页。
② 《管子·任法第四十五》，第909页。Rickett（李克）将此篇断代于战国晚期，参看 *Guanzi*, I：143—144。

在战国时期是思想界的广泛共识。

作为总结,最高行政管理权威,正如至高无上的礼制权威一样,全部集中于君主一人之手,这种观点可谓战国遗产中影响最为深远者之一。反对的声音的缺失的确令人疑惑。毕竟,正如我们将要在后面几章揭示的那样,战国思想家们并不缺少对于昏庸君主的批评,也没有忽略君主的乖戾行为对国家机器的运行造成损害的可能性。许多思想家都自认为具有超凡的治理国家的能力,他们毫不犹豫地为反对现行君主的行为辩护——甚至赞扬和鼓励这种行为。那么,为什么,没有一个人提出"立宪君主"(constitutional monarchy),设立"贤人院"(council of worthies)来批准或者否定君主的施政纲领?为什么没有人敢将他们道德高于君主的优越感制度化(参看第七章),将其转化为合理的行政规范,从而对君主权力进行制度化约束?这是思想家的懦弱和愚蠢造成的吗?抑或是反对声音轻易地被支持君主集权的声音淹没了?

我认为这些问题的答案并非上面提到的这些。战国思想家并不懦弱,也不缺乏改革的精神。然而,他们——或者说其中的绝大多数人——都选择了君权至高无上作为危害最小的途径,尽管它有明显的缺点。真实的历史经验,特别是春秋时期晋国和鲁国因为君权受到贵族联盟的挑战而瓦解的史实,对他们起到强有力的警示作用。没有至高无上和被广泛认可的仲裁者,就没有办法保持合理的统治和避免痛苦的利益冲突。没有统一天下者,就没有统一,那就意味着战争。

而且,还有另外一个解释君权统治原则获得坚定支持的角度,就是战国时期特殊的历史背景。鲁威仪建议性地将战国时代的国家描述为战争机器,[①]这种比拟(《吕氏春秋·执一》篇等文献都采

---

① 参看 Lewis, *Sanctioned Violence*,53—96。

用这样的说法）对于理解战国诸雄行政管理的理性选择非常有用。① 直到现在，仍然被广泛认可的是，在军队中，维护上级对其部下的绝对指挥权，比确保指挥官由最好的人选担任还要重要。一个下级军官在智识可能超过其长官很多，但是基于军事纪律——这是军队得以保持的关键——他必须服从上级命令，这一点非常重要。很明显的，一个战国时代的国家正像一个巨大的战争机器，同样需要统一的决策。对战国政治家和思想家而言，"一则治，两则乱"的理念不需要更多的解释。选择了君权统治原则，这些政治家和思想家或许损害了自己的政治潜能，但是相对于政治秩序这个宏大的目标，他们的牺牲似乎是值得的。

---

① 《管子·任法第四十五》(第 912—913 页；并见本书第七章的讨论)督促君主处死任何未经许可就采取措施的大臣，即便那些措施是有成效的；而相反的，要宽恕那些严格遵守君主命令却失败的人。这种理念，尽管在民政上显得不理性，对军事管理却非常有意义（当然，读过 Heinrich von Kleist［克莱斯特］的 *Prinz Friedrich von Homburg*［弗里德里希·冯·洪堡亲王］的人对此更容易理解）。

第三章

寻找理想君主

在第二章中我多次提到，战国文献中的理想君主形象和思想家对当时君主的负面评价之间，存在潜在的冲突。现在是更加详细地考察这种潜在冲突对战国君主观影响的时候了。我们可以勾稽出战国思想家解决这一理想与现实的矛盾而采取的两种主要途径：乐观派希望能够确保王位是由真正贤达的人担当；更加清醒者则寻求改造政治体系来适应普通的君主。尽管两者方案都不令人完全满意，但是，第二种方案对帝国思想家和政治家而言，具有更长远的吸引力。

本章讨论将围绕乐观思想家。首先，笔者简要阐述他们关于通过教育的方法提高君主修养的观点，然后详细讨论各种树立圣王的可能性方案——尽管这种做法有违世袭统治的规则。笔者也将考察为何世袭统治的反对者未能将其观点发扬光大，而主流的思想家最终认可由不完美君主占据王位的情况。

第一节 改善君主的常规方法

王者的理想形象对现行君主而言是一把双刃剑。一方面，它可以强化以君主为核心的秩序和王权主义思想；但是另一方面，它经常被用来作为批评现行君主未能达到完美道德和神圣标准的工具。思想家清晰地认识到理想和现实之间的巨大落差，而这种认识则成为无穷紧张的源泉，这种紧张体现在大多数——如果不是全部的——战国文献中。笔者引用《孟子》的一段描述来说明这一观点：

> 孟子见梁襄王。出，语人曰："望之不似人君，就之而不见所畏焉。卒然问曰：'天下恶乎定？'吾对曰：'定于一。''孰能一之？'对曰：'不嗜杀人者能一之。''孰能与之？'对曰：'天下莫不与也。王知夫苗乎？七八月之间旱，则苗槁矣。天油然作云，沛然下雨，则苗浡然兴之矣。其如是，孰能御之？今夫天下之人牧，未有不嗜杀人者也，如有不嗜杀人者，则天下之民皆引领而望之矣。诚如是也，民归之，由水之就下，沛然谁能御之？'"①

这段简练的描述包含着孟子君主观的主要成分。孟子认为君主是唯一能够稳定世界的人，当然，这一任务只有"不嗜杀"的仁君才能做到。但是孟子断然否认了梁襄王担任这一工作的可能性。他不但公开声称"今夫天下之人牧，未有不嗜杀人者也"，而且他还告诉与之交谈的人梁襄王缺乏人君必备的令人敬畏的品质，暗示后者甚至不具备担任诸侯国国君的资质。最终，孟子对理想君主的期望导致他质疑现行君主的统治合法性！

对孟子而言，理想中的君主和现实中的君主之间的区别非常明显，很可能对他的听众而言也是很明显的。但是如何解决这种不一致？这是战国思想家面对的最为敏感的话题之一——君主是否称职的问题。

在关于如何提高君主的品质的讨论中，我们应该区分某种广

---

① 《孟子·梁惠王上》，第12—13页。

为接受但不一定有效的方法，和更有效、但政治上非常危险的方法。我们首先聚焦于前者，它包括忠臣对犯错的君主采取的广泛措施，进谏、引导和纠正。对君主进谏的理论和实践，从周代开始——或许更早——就已经非常盛行了，最终形成了规模庞大的理论和历史记载，旨在让君主以此为鉴避免重蹈覆辙。这一问题已经被广泛深入地探讨过了，在此不再赘述。^① 另外一种普遍的改善君主的办法，往往被认为更加有效，即教育未来的君主。各种的教育模式都被引入以避免出现昏庸和邪恶的君主，最理想的情况是，确保只有开明的君主能够占据王位。^②

尽管教育手段被普遍采用而且没有什么异议，但就像进谏一样，它也不是完全有效。到了战国中期，对这些改善君主方法的不耐烦愈演愈烈。随着对圣王或者王者理想化的期望越来越高，用以改善君主的普通办法的不足就变得显而易见了。就算是孟子这样的勤于教导君主的思想家，也表现出明显的失望，对自己的努力是否奏效深表怀疑，正如上文中引用的记述他会见梁襄王的故事所描述的那样。这种失望是非常广泛的。很多思想家都清楚地认识到固执或者平庸的君主，不能听从规谏，甚至会处罚敢于挺身直言的大臣，这让他们对提高君主品质的温和手段抱持怀疑态度。^③这种怀疑在《国语·楚语》记载的一个故事中表现得非常明显。

---

　①　参看刘泽华《中国传统政治思想反思》，第 154—169 页；Schaberg（史嘉柏），"Remonstrance"；张分田《中国帝王观念——社会普遍意识中的"尊君—罪君"文化范式》，第 520—539 页。

　②　为了教育王储，专门的手册被编辑出来；这些手册的部分章节被保存至今，比如《礼记·文王世子第八》，第 551—580 页。

　③　最早也最被广泛引用的例子是比干，他是商朝最后一个君主纣辛的叔叔，纣王不但没有接受他的进谏，而且将他处死作为答复。关于比干的传说，参看赵平安《〈穷达以时〉第九号简考论——兼及先秦两汉文献中比干故事的衍变》。正如 Schaberg 在其"Playing at Critique"中所论述的，"间接进谏"（indirect remonstrance）的增多，反映了不断增加的对直谏君主将带来负面后果的担心。

《国语》是一部汇集春秋时期历史故事的国别史著作；下述故事被认为是记述发生在公元前 7 世纪的一场对话，但是其内容和语言都清楚地表明其时代是在战国中后期。

> ［楚］庄王（公元前 613—前 591 年在位）使士亹傅太子箴，辞曰：“臣不才，无能益焉。”曰：“赖子之善善之也。”对曰：“夫善在太子，太子欲善，善人将至；若不欲善，善则不用。故尧有丹朱，舜有商均，启有五观，汤有太甲，文王有管、蔡。是五王者，皆有元德也，而有奸子。夫岂不欲其善，不能故也。若民烦，可教训。蛮夷戎狄，其不宾也久矣，中国所不能用也。”王卒使傅之。①

士亹的回答异常直率。他回顾了传说和半传说中模范君主的昏庸子嗣的例子，说明教育不可能改变一个本性邪恶的人，处处暗示太子可与蛮夷戎狄相比，不能被教育好，因此不能作为储君。②这种尖刻的类比，不但表明对教育未来君主困难的认识，而且，更为重要的是，反映了一种对世袭制度的微妙批评。即便是最好的父亲也不能保证儿子行事恰当，因此整个线性继承体系都不能保证王位会在合适的人手中。如果我们仔细考察那些例子就会发现这种论述是倍加合理的。尧、舜用有德行的大臣取代了自己不适任的儿子（参看下面的讨论）；夏朝的五观被废黜；商朝的太甲被执政大臣伊尹所废黜，在提高品行之后才再度复职；周文王的儿子管

---

① 《国语·楚语上第一》，第 483—484 页。

② 这种比较非常有意思。首先，这段话是在楚国宫廷说的，而楚国在战国时期被认为是“蛮夷”之国（如在《国语》等文献中反映出来的，参看 Pines［尤锐］，*Foundations*，43—44），但是这段话呈现的是明显的反蛮夷思想。第二，不像大多数战国文献，这段话认为夷狄不能被转化，不能通过合理的教育获得提高（参看 Pines，"Beasts or Humans"）。是否存在这种可能，即此处夷狄的说辞是《国语》的编纂者无意间安插到一个楚国大臣头上，因而造成了一个“夷狄”大臣和一个“夷狄”国王用反夷狄主义的说辞进行交谈？

叔、蔡叔因为造反而被他们的兄长周公旦所铲除。既然最少有两个例子是由于储君的昏庸导致了王朝覆灭，士亹可能在暗示这是一种合法选项。

《国语》继续记载了士亹寻求楚国元老申叔时的意见。申叔时详细审视了用以教育太子的合理的教育方式和课程表，但是最后却跟士亹一样，得出了同样悲观的结论："教备而不从者，非人也。其可兴乎！夫子践位则退，自退则敬，否则赧。"①

申叔时不仅认同士亹对教育过程抱有怀疑（值得注意的观点，考虑到《国语》通常将自己界定为教育工具②），而且对潜在的昏庸王储也同样持激烈批评态度。一旦王储不听从师傅的教导，就不能被叫做人类。而如果王储的人性被否认，结论也是明确的：这样的君主不应该拥有王位。

《国语》关于天性昏庸的君主无法教育改造的观点，被权威文献《荀子》所响应，③而这一观点具有潜在的颠覆性。如果王储不能变成贤人，如果圣王也会生出孽子（如上述历史记载所证明的那样），那么整个君主世袭的基础似乎都受到了极大损害。那么如何解决塑造恰当君主的问题呢？对这一问题，一些战国思想家给出了极端的答案。他们对理想君主的追寻将他们导向质疑世袭君主制的基础。

第二节　取代昏庸君主

纵观历史可以看出，中国并不是由个人统治，而是由王朝统治

---

① 《国语·楚语上第一》，第487页。

② 关于《国语》自我界定为教育工具，参看 Pines, *Foundations*，41—42；以及"Speeches,"209—215。

③ 《荀子》清楚地论道，尧舜的儿子，即便其父亲们拥有超凡的教育能力，但是也无法将他们教育好。参看《荀子·正论第十八》，第336—338页。

的。祖先的功业往往成为王朝统治合法性的依据。但是王朝统治
的规则从来不是不言自明的。周朝通过暴力取代商朝，这一行动
事后用"天命"理论（参看第一章）进行辩护，并且还虚构出了商朝
推翻夏朝的类似情节——所有这些都为潜在的权力竞争者提供了
良好的氛围。周朝的统治者早已意识到自己的天命并不是永恒
的，在《诗经》和《书经》早期部分中，天命可以转移的理论就已经不
断被强调。① 然而，奇怪的是，在周朝漫长的历史中，很少有用天
命理论来为自己推翻执政王朝进行辩护的。从公元前 9 世纪开
始，取代昏庸君主的暴力事件就开始发生，但是没有一场叛乱声称
要夺取天命，而且没有人——包括春秋时期飞扬跋扈的卿大夫家
族——敢于公开声称取代自己的王室或者公室。② 自从周朝建立
六百年间，尽管有个别君主被放逐或者谋杀，但是臣下推翻君主而
导致的王朝更迭从未发生过。师旷，在第一章我们讨论过的一段
对话中，清楚地将君主的命运和上天对他们活动的支持联系在一
起，但是即使如此，师旷也没有利用这一理论来为王朝更迭辩护。
就西周和春秋时期而言，天命理论并不足以将世袭统治原则彻底
摧毁。

　　世袭统治原则在公元前 403 年被打破，这一年晋国分为韩、
赵、魏三国。几年以后，有六百年统治历史的齐国公室被田氏所取
代。这些事件或许激发了对非世袭权力传承模式的新兴趣，特别
是因为这些事件和持续增加的对世袭统治秩序的批评同时发生。
随着"尚贤"思想（meritocratic ideas，参看第五章）变得越来越普

---

　　① 参看《毛诗·文王》，第 505 页；《尚书·康诰》，第 205 页。
　　② 周代文献中"天命"的概念不必与统一君主相关。有时候它可以用来形容诸侯
国内的统治或者个人的命运。作为一种为推翻残暴君主行为做辩护的理论，"天命"理
论从未被用于任何已知的内乱，包括周厉王（大约公元前 877—前 841 年在位）和周幽
王（公元前 781—前 771 年在位）被推翻，或者其他任何的春秋诸侯的倒台。春秋时期
唯一导致王朝灭亡的情况，是外敌入侵，用暴力取代本土统治。

及,不可避免地,有些人开始想:是否可以用"尚贤"原则来决定国君呢? 另外,到了公元前4世纪彼此争雄的战国诸国几乎都进行了政治改革,而这些政治改革所创造的氛围,也为重新考量之前周代政治文化的基本原则提供了方便,甚至包括对世袭继承制度的反思。因此公元前4世纪也就成为异端思想——有关确保恰当的君主在其位——繁盛的时代。接下来,我将考察这一时期文献中呈现出来的非世袭统治原则的政治思想,并且解释为何这些政治理念最后被战国晚期主流的思想传统所舍弃,以及它们的主要局限性。

墨子:非世袭继承的三种类型

墨子并不是一个世袭继承的坚定批评者,但是他的著作可以作为我们讨论的出发点:第一,因为他陈述了——尽管是以最初级的形式——所有可以替代王朝世袭制度的方案,而这些方案被后来的思想家所仔细考虑。第二,他的著作暗示了尚贤原则和质疑世袭君主制之间存在一种关联。在《尚贤》篇中,墨子写道:

> 故古者圣王之为政,列德而尚贤。虽在农与工肆之人,有能则举之,高予之爵,重予之禄,任之以事,断予之令。……
> 故古者尧举舜于服泽之阳,授之政,天下平。禹举益于阴方之中,授之政,九州成。汤举伊尹于庖厨之中,授之政,其谋得。文王举闳夭、泰颠于罝罔之中,授之政,西土服。[1]

墨子清楚地表达了对以血缘为基础的统治秩序的不满:应该以个人能力,而非他的家族背景和现实地位,来决定他的晋升。但

---

[1]　《墨子·尚贤上第八》,第67页。

是《尚贤上》中所倡导的向上的社会流动有什么限制吗？上文所引的第一段话并没有讨论将贤人送上王位：仅仅是"古者圣王"任用贤人当官，这些圣王的个人地位明显还未受到尚贤原则的影响。[1]同样的，第二段话引用的例子，描述了贤达的大臣——尽管出身低微——被圣王拔擢，然而他们之中并没有人取代最高君主。其中最有名的例子，即尧从边远的"服泽之阳"拔擢贤臣舜，也是如此。正如我在别处讨论过的那样，这是最早关于尧舜禅让的文献记载；[2]但是在这个例子中，圣王和贤臣之间的权力转移并不完全。舜仅仅是被拔擢到最高的官员位置，但依然在尧之下，就像后来的益或伊尹那样。没有任何证据显示尧如后来传说所描述的那样，将帝位让给了舜。

尧、舜之间的关系在《尚贤》的第二和第三篇（即《尚贤中、下》篇）又进行了讨论。这一讨论或许反映了墨子门徒的思想演进。润色过的历史记述，将尧和舜的关系描写如下：

> 古者舜耕历山，陶河濒，渔雷泽，尧得之服泽之阳，举以为天子，与接天下之政，治天下之民。伊挚，有莘氏女之私臣，亲为庖人，汤得之，举以为己相，与接天下之政，治天下之民。[3]

这段修改过的记载乍一看并不显眼，但是实际上具有革命性的影响。在较早的《尚贤上》中，舜仅仅是被拔擢到类似丞相一类的位置。但是这里，舜不仅成为行政首长，而且清楚地取代了尧，成为天子。这样，舜就和伊尹完全区别开来：后者仅仅被其君主商汤拔擢到丞相的位置。禅让故事在这里以经典的形式呈现：一个

---

[1]　后来的文献明显将"圣"作为君主的属性，而将"贤"作为大臣的属性，严格区分开。但是在《墨子》中，这种区分并不明显。

[2]　参看 Pines（尤锐），"Disputers of Abdication," 245—248。

[3]　《墨子·尚贤中第九》，第 77 页。

出身低微的人——舜靠在历山耕种、制淘和捕鱼为生——被圣王尧发现,最后将自己的王位让给了舜。结果天下大治证明了尧的禅让是合理和值得称颂的行为。

墨子在这里引进了——尽管没有大肆鼓吹——一种权力非世袭传承的新理念,即将王位禅让给合格的候选人。这个故事在《墨子》的核心篇再未讨论过,这很可能反映了这一话题的极度敏感性。将极端的政治主张依托于无害的历史叙述,是战国思想家惯用的手段。尤其是墨子,他经常利用先王的行为论证自己脱离现有政治准则的观点。在第二章中我们看到一个类似的、被创造出来的传统来帮助墨子介绍选举或选择的理念:"选天下之贤可者,立以为天子"。正如在禅让的例子中,《墨子》的行文中出现了一个选择最高领袖的故事,并没有试图将其和当时的政治形势进行连接,也没有更多的描述和烘托。这种反世袭的主题在《墨子》中以最初的形态出现,但是这种初步的想法证明了将最好的人选推上王位这一思想对墨子的追随者而言,并不陌生。

除了模糊提到通过禅让或者类似选举(选择)的方式将贤者推上王位之外,墨子更加精心地提供了第三种矫正或者取代君主的可能性方案:上天的干预。墨子将天作为有感知能力的政治性神灵的思想广为人知。考虑到我们讨论的话题,我们聚焦于他的理论的一个方面:天作为君主的监督者。在《天志》篇中,墨子写道:"吾所以知天贵且知于天子者,有矣。曰:'天子为善,天能赏之;天子为暴,天能罚之。'"①

墨子在其他论述中谈到了什么是"罚":

> 是故昔也三代之暴王,桀纣幽厉之兼恶天下也,从而贼之,移其百姓之意焉,率以诟侮上帝山川鬼神。天以为不从其

---

① 《墨子·天志中第二十七》,第303页。

所爱而恶之，不从其所利而贼之，于是加其罚焉，使之父子离散，国家灭亡，拉失社稷，忧以及其身。是以天下之庶民，属而毁之，业万世子孙继嗣，毁之贲不之废也，名之曰失王。①

墨子清楚地将天作为君主的矫正者；邪恶的君主因而会失去他们的国家、家族和生命，而他们的命运将作为警示在位的为恶君主的手段。但这是否意味着墨子明确地将通过暴力"革命"推翻邪恶暴君并代之以贤者视为合法手段呢？答案并不那么简单。表面上，墨子为商汤和周武王等圣王推翻暴君的"正义革命"（righteous rebellion）辩护，但是他在这方面非常小心谨慎。在《非攻下》中，墨子详细描述了暴力推翻夏朝和商朝的情形，以后者为例：

逮至乎商王纣，天不序其德，祀用失时，兼夜中十日，②雨土于薄，九鼎迁止，③妇妖宵出，有鬼宵吟，有女为男，天雨肉，棘生乎国道，王兄自纵也。赤鸟衔珪，降周之岐社，曰："天命周文王，伐殷有国。"泰颠来宾，河出绿图，地出乘黄。④武王践功，梦见三神曰："予既沈渍殷纣于酒德矣，往攻之，予必使汝大堪之。"武王乃攻狂夫，反商之周，天赐武王黄鸟之旗。王既已克殷，成帝之来，分主诸神，祀纣先王，通维四夷，而天下莫不宾。焉袭汤之绪，此即武王之所以诛纣也。⑤

墨子的叙述很有意思，他很可能吸收了早期与推翻商朝相关的神话资料，而且这段叙述还有隐含的信息。墨子表面上极力为

---

① 《墨子·天志下第二十八》，第 320 页。我采纳吴毓江对"贲"的解释，他认为贲是记载历史用的"简策"。

② 这句话的意思不太明确，我将其译为"十天之内都没有太阳"；另外一种理解是：十个太阳同时出现在夜里。

③ 九鼎是王权的重要象征符号。

④ "河图"、"洛书"以及瑞兽"乘黄"的出现，在战国时代成为天命所归的重要祥瑞，参看《墨子》的校释，第 238 页，第 115 注。

⑤ 《墨子·非攻下第十九》，第 220—221 页。

周武王灭商背书,但是仔细阅读文本会得出更加深刻的结论。在纣王统治时期持续地出现了凶兆和信号,以及大量的自然灾异,而天的代表不断干预其中,督促周文王和周武王采取行动——所有这些几乎产生了讽刺的效果。至少,整个故事的合理性似乎受到了严重损害。这段夸张叙述的目的是什么?我认为它暗示了最后的结论,即此类灾异征兆的积累到相当程度才能解释未来战争或者叛乱的合法性。墨子将桀、纣被推翻变成了异常事件,而且此类事件与现实政治关系并不密切。在正常氛围下,没有人可以宣称自己拥有天命。

回顾一下看,《墨子》中总结的三种取代昏庸君主的方法对墨子整体的政治理论的重要性相对有限。通过选举(选择)或者禅让将贤者推上王位的思想,在墨子的著作中只是居于边缘位置。通过暴力推翻暴君的做法和墨子"非攻"思想相违背,因此被描述为不适用于墨子那个时代的。最后,墨子并没有提出任何具体的实践方法将其树立仁智君主的想法加以实现。正如我们将会看到,世袭继承制的替代方案都缺乏实践性,在战国政治生活中,这依然是阻碍此类思想传播的障碍。

《唐虞之道》:禅让的道德优势

在墨子提出的三种将理想君主推上王位的办法中,模糊的"公选"(popular election)或者"天选"的思想,从未被广泛接受。但是禅让和"正义革命"则成为战国政治话语的重要组成部分。其中禅让的思想——在尧禅让给舜,之后舜禅让给禹的传说中被刻画出来——在《墨子》之后变得更加普遍。从公元前 4 世纪开始,尧、舜已经被确立为上古的圣王典范,在当时的文献中禅让的传说变得到处都是。尽管禅让广为人知,但是在传世文献中却没有任何一个系统地讨论过它。这一矛盾使得葛瑞汉（Angus Graham）认为这种沉默的情况反映了作者不想涉及质疑世袭统治的敏感话题，而且现存的提倡君主禅让的例子似乎仅仅是"冰山一角"。①

在葛瑞汉的观点发表之后不久（也是在他过世后不久）他的卓识被证实，因为有三件新近出土的文献刊布了。这三件文献（郭店出土的《唐虞之道》，上海博物馆刊布的《子羔》和《容成氏》）都大致界定为公元前4世纪后半叶的作品，而且每一件都与禅让密切相关，表达了对大公无私地禅让王位给贤达者的推崇之意。②《唐虞之道》是一篇709字的简短文献，保存相对完好，其表达了一些非常明确的、支持禅让作为唯一确保统治秩序手段的观点。它这样开始讨论：

> 唐（尧）虞（舜）之道，禅而不传。尧舜之王，利天下而弗利也。禅而不传，圣之盛也。利天下而弗利也，仁之至也。故昔贤仁圣者如此。身穷不贪，没而弗利，穷仁矣。必正其身，然后正世，圣道备矣。故唐虞之［道，禅］也。③

第一段平铺直叙地将禅让的概念从墨子的"尚贤"转化为更加"儒家"化的"圣王"观念。因为禅让是大公无私的行为，证明了君主的仁圣品质，而这些品质则使得君主能够"正其身，然后正

---

① 参看 Graham（葛瑞汉），*Disputers of the Tao*，293。关于墨子之前禅让神话的缺失，参看 Pines（尤锐），"Disputers of Abdication，" 245—248；类似的讨论还可参看顾颉刚《禅让传说起于墨家考》。

② 现在已经普遍接受，郭店楚简和上博出版的楚简，在秦国公元前278年攻陷楚国核心地区之前，就已经置于墓中了。因为这些文献不大可能是在放入墓穴之前刚编辑的，其写作年代应该是在公元前4世纪下半叶或更早。下文中关于《唐虞之道》和《容成氏》的讨论很大程度上基于我以前的研究（Pines，"Disputers of Abdication" and "Subversion Unearthed"）。在之前的研究中，我也讨论过跟该文献有关的第三本新出土的文献，即《子羔》。

③ 《唐虞之道》，第1—4简；李零《郭店楚简校读记》。方括框内的字是中国学者所补的简文残字；无法释出的字以□代替。

世"——这明显是对孟子名言的追忆。① 禅让是值得称颂的,主要是因为其道德的合理性,而它的政治效果则是派生物。

在阐述了主要观点之后,《唐虞之道》的作者详细讨论先代圣王尧、舜毫无瑕疵的道德。尧、舜将王位禅让给贤者,而不考虑他们的亲缘关系,对此的怀疑被《唐虞之道》的作者打消。然后它转向一个新的、令人惊奇的角度鼓吹禅让:禅让被论述为让君主保持健康和延年益寿的恰当做法:

> 古者圣人二十而冠,三十而有家,五十而治天下,七十而致政,四肢倦惰,耳目聪明衰,禅天下而授贤,退而养其生。此以知其弗利也。②

这段论述非常有意思。第一,不像最有名的关于禅让的讨论——它们大多秉持尧—舜—禹的叙事——《唐虞之道》的作者试图为禅让建立一个普遍的模式,将其提高到普遍政治理论的高度,只不过是假借"上古"和"圣王"来做遮蔽。第二,这是我们所知的唯一试图勾画出圣王理想个人状态的记载。统治者不应该在成熟之前即位(50 岁才能保证一个人完全成熟);而且,他不能在位超过 20 年。第三,禅让的理由交代得非常坦白直率:君主的身体退化。这段文字非常接近于给君主建立一个强制退休机制!③

《唐虞之道》最后以一段关于禅让的好处的强有力论述结尾:

> 禅也者,上德授贤之谓也。上德则天下有君而世明,授贤

---

① 孟子说:"有大人者,正己而物正者也。"(《孟子·尽心上》,第 308 页);比照参看孔子的话:"修己以安百姓,尧、舜其犹病诸!"(《论语·宪问》,第 159 页)
② 《唐虞之道》,第 25—27 简。
③ 在《管子》中有一段类似的话,很可能与《唐虞之道》有关。但是在《管子》中,支持禅让的思想带有强烈的限制和条件:"仁故不代王,义故七十而致政。"(参看《管子·戒第二十六》,第 510 页;Rickett[李克], Guanzi, 379)。因此《管子》赞同禅让姿态,但反对那些不拒绝接位的大臣。也参看 Defoort(戴卡琳), "Mohist and Yangist Blood."

则民举效而化乎道。不禅而能化民者，自生民未之有也。①

　　这里对禅让之道的支持彰显得非常明确。禅让是一种值得追求的，而且可以立即采用的政治行为模式。如果一个君主想"民举效而化乎道"和收获政治利益，就应该采用禅让。最后，它否定世袭君主制也能达到这样的政治效果，难掩其对君主世袭原则的激烈抨击。

《容成氏》：另一个版本的权力转移的历史

　　《唐虞之道》是论述禅让制度最为系统性的文献，而且是唯一一个多处脱离尧—舜—禹神话的文献。相比较而言，《容成氏》是一篇纯粹的历史文献，通过详细描述从先代到周朝早期的王朝更迭，表达自己的观点。《容成氏》保存较好，有 53 支简，其中 37 支是完整的，对我们的讨论非常有意思，由于它包含了全部三种墨子所说的取代世袭君主制的方法。由于我在别的文章中已经详细讨论了其跟禅让有关的部分，②所以在这里只作简略讨论，而将重点关注《容成氏》中关于"正义革命"的观点。

　　《容成氏》明确倾向于将禅让作为权力转移的合理途径。其第一简赞扬传说中的君主——这些君主都没有遵循世袭传统的做法。这些君主"之有天下也，皆不授其子而授贤。其德酋（浏）清，而上爱下，而一其志，而寝其兵，而官其材"。③

　　开篇就为后面的讨论奠定了基调。在先代，禅让是唯一的权力传承的合法手段，而那时正是黄金时代。《容成氏》进一步描述

---

　　①　《唐虞之道》，第 20—21 简。

　　②　参看 Pines(尤锐)，"Subversion Unearthed,"169—175。

　　③　《容成氏》第 1—2 简。在这里以及下文中，我大致采纳陈剑（《上博简〈容成氏〉的竹简拼合与编连问题小议》）对李零最初拼合和编连的修订。

了这一理想社会,在这样的社会里,即便是最弱势的成员都被关照和量才使用,因为统治者的无私,社会变得非常繁荣。这是《容成氏》中不断出现的主题:社会政治图景永远跟君主执行禅让的能力紧密相关。在描述了尧之前的一个黄金时代之后——其君主因为简不全不得而知——《容成氏》转向讨论其主人公之一的尧:

> 昔尧处丹府与藋陵之间,尧贱贻而时时,赏不劝而民力,不刑杀而无盗贼,甚缓而民服。於是乎方百里之中,率天下之人,就奉而立之,以为天子。①

文中赞扬了尧的政治才能,这变成了描写尧的传统主题;然后《容成氏》在尧的故事中引入了一种关键的新因素,而这种因素在其他记载中未有发现。这段话明确写道,尧是"天下之人"所立。作者并没有交代尧之前的君主发生了什么,但好像尧即位之前在权力金字塔的顶端缺乏了君主。这种公然地宣称人民的意志是树立天子关键因素的做法,和墨子模棱两可的描述截然不同,在中国政治思想中也极其少见。"民意"在《容成氏》中再次出现,描述尧的统治:

> 是以视贤:"履地戴天,笃义与信,会在天地之间,而包在四海之内,毕能其事,而立为天子。"尧乃为之教曰:"自内(纳)焉,余穴窥焉,以求贤者而让焉。"尧以天下让於贤者,天下之贤者莫之能受也。万邦之君皆以其邦让於贤□[让天下]贤者,②而贤者莫之能受也。於是乎天下之人,以尧为善兴贤,而卒立之。③

---

① 《容成氏》,第6—7简。
② 此简部分缺失;[让天下]这三个字是我根据邱德修《上博楚简容成氏注释考证》第257页而重建。
③ 《容成氏》,第9—11、13简。

　　这段记载的一些细节值得深入讨论,但其框架是非常清楚的:被立为天子之后,尧立刻着手寻觅可以托付天下的贤者。刚开始搜寻没有奏效,但是此举激励其他领袖也仿效尧的做法,在政府机器上层创造了一个以禅让为基础的尚贤管理机制。值得注意的是,尧不懈让贤的举动获得了回报——再一次被"天下之人"——树立为帝(可能是延长他的天子任期)。然而尧并不满足,他继续寻觅贤者,直到找到舜。《容成氏》与《墨子》一样,描述了舜的卑微出身,然后讲述了尧如何考察舜的贤德并任用他,最后将帝位相传:"尧[乃老,视不明,]圣(听)不聪。尧又(有)子九人,不以亓(其)子为逡(後),见舜之贤也,而欲以为逡(後)。"[①]

　　这个故事似乎是对《唐虞之道》中讨论的君主退休机制提供了一个说明:年迈的尧必须结束自己的任期。尽管身体衰弱了,尧依然表现得慎重与无私。《容成氏》提到,尧有九个儿子,但是他却选择舜作为继承人。而非常重要的一点是,《容成氏》并没有提到尧的儿子失德——这经常被用来说明尧让位给舜的合理性。[②] 据《容成氏》记载,尧将帝位传于舜,是早期传统的延续,当时并没有"不以其子为后,而以贤者为后"的观念。

　　舜的统治模式近乎尧。他任用贤能,因而结束自然灾害,并且采取措施,使社会和天地秩序稳定,因此带来了一个新的繁荣时期。最后舜身体衰弱,就马上寻觅贤者,不传位给自己的儿子,而是传位于大臣中最贤明的禹。禹表现出了必要的谦卑,去寻觅一个他可以传位的贤者。在没有别的选择的时候,禹才接受了帝位。又一个繁荣时期到来了,但是却缺少前代统治时期的自然和谐。这些衰落的信号或许预示着天地对禅让时代即将终结的不满:

---

　　① 《容成氏》,第 12 简。
　　② 参看《尚书·尧典》,第 122 页,以及下文中将讨论的孟子的观点。关于这一叙事主题的重要性,参看 Allan(艾兰), *The Heir and Sage*, 33—34。

> 禹又(有)子五人,不以亓(其)子为逡(後),见皋陶之贤
> 也,而欲以为逡(後)。皋陶乃五壤(讓)以天下之贤者,迖(遂)
> 称疾不出而死。禹於是乎壤(讓)益,启於是乎攻益自取。启
> 王天下十又六年(世)而桀作。①

无私地将权力传给贤者的故事结束得相当偶然,由于皋陶的早死以及禹的儿子启采取了果断措施:启最终成为夏朝的建立者。引人注目的是,《容成氏》前半部分描述的那种繁荣和秩序,在对夏朝的描述中彻底消失了。《容成氏》并没有记载夏启的作为,相反的,直接讲述了权力传承到了著名的暴君桀的手中——桀作为夏朝的最后一个国君,将世界拖进了极度混乱之中。在桀被商朝的建立者商汤所灭后,《容成氏》再次从商汤的统治直接跳到了商朝的最后一个君主商纣,他也是有名的暴君。尽管并没有直接批评王朝的建立者,但是《容成氏》的作者并没有赞扬他们。而且,桀、纣的统治被描述为暴虐,长篇累牍的描述,可能是对王朝世袭统治进行警告:即便有德行的王朝建立者,也会最终促生暴虐的后代。

那么,在后禅让时代,暴虐的君主该如何处理?《容成氏》中描述的"正义革命"非常有意思,因为它和已知版本在某些细节上有区别。这里我们姑且不谈商汤灭掉夏桀的故事,因为关于这部分内容的竹简的排序依然存在激烈的争论,而次序不同会严重影响整个文意的理解。因此我们聚焦于比较清楚的部分,即纣及其灭亡:

> 汤王天下三十又一世而纣作。纣不述其先王之道,自为
> 芸(昏)为,②于是乎作为九成之台,置盂炭其下,加圜木于其
> 上,使民道之。能遂者遂,不能遂者内而死。不从命者,从而

---

① 《容成氏》第 33—35 简。
② 我采纳刘剑《〈容成氏〉释读一则》(第 351—352 页)的观点,但是我将"芑"读作"芸",意通"昏"。

桎梏之,于是乎作为金桎三千。既为金桎,又为酒池,厚乐于酒,専夜以为淫,不听其邦之政。①

这里包含了一段后来成为经典描述商纣罪行的内容。显然,商纣破坏了所有应当遵守的准则,失去了统治合法性,因此应该被推翻。然而,就算是针对一个残暴的君主,《容成氏》的作者也并不是全心地赞成起义:

> 于是乎九邦版之,丰、镐、郍、□、鳖、邘、鹿、者、崇、密须氏②。文王闻之,曰:"虽君无道,臣敢勿事乎? 虽父无道,子敢勿事乎? 孰天子而可反?"纣闻之,乃出③文王于夏台之下而问焉,曰:"九邦者其可来乎?"文王曰:"可。"文王于是乎素端□裳,以行九邦,七邦来服,丰镐不服。文王乃起师以向丰镐,三鼓而进之,三鼓而退之,曰:"吾所知多存,一人为无道,百姓其何罪?"丰镐之民闻之,乃降文王。文王时故时,而教民时,高下肥毳(硗)之利尽知之。知天之道,知地之利,使民不疾。昔者文王之佐纣也,如是状也。④

文王明确地否认任何反对现行君主的叛乱的合法性。不仅没有加入和领导这些起义者,相反的,他阻止了他们的行动,并以武力威胁其中的顽固者。文王忠于纣王的行为似乎显示,即便在一个暴虐的君主下面,好的大臣也能取得一定的成就。⑤《容成氏》

---

① 《容成氏》第44—45简。

② 关于这些邦国的初步判定,参看邱德修《上博楚简容成氏注释考证》,第612—619页。

③ 根据一个众所周知的纣王囚禁文王的传说,我将"出"译为"释放",尽管文中并没有任何地方显示文王被商纣所囚禁了。

④ 《容成氏》第45—49简。

⑤ 一段文王支持纣辛的类似记载,见于《吕氏春秋》卷二十《行论第六》,第1389—1390页。然而,在《吕氏春秋》中,此举被描述为文王获取声望的宣传手段,而不是真正对商纣统治合法性的支持。

的作者赞颂了文王的调解政策,但是文王的继承者,武王,则摒弃了这一政策:

> 文王崩,武王即位。武王曰:"成德者,吾说而代之;其次,吾伐而代之。今纣为无道,昏诸百姓,桎约诸侯,天将诛焉。吾勔天威之。"武王于是乎作为革车千乘,带甲万人,戊午之日,涉于孟津,至于共、滕之间,三军大犯。武王乃出革车五百乘,带甲三千,以少会诸侯之师于牧之野。纣不知其未有成政,而得失行于民之唇也,或亦起师以逆之。武王于是乎素冠弁,以告闵于天,曰:"纣为无道,昏诸百姓,桎约诸侯,绝种侮姓,土玉水酒,天将诛焉,吾勔天威之。"武王素甲以陈于殷郊,而殷……①

这段《容成氏》对周战胜商朝的描述也异于其他广为所知的版本。很可惜最后的一支竹简的丢失,②使我们不能完整复原这一文献,但是非常清楚的是,《容成氏》对正义革命仅仅是部分支持。周武王两次宣称他是代天行事,"勔天威之",而不是主要为了惩罚商纣。他对军事行动非常谨慎,仅仅派遣了小部分军队进驻牧野。《容成氏》最终也没有记载两军作战的情况,这似乎证实了浅野裕一的推断,即武王更希望以军事威胁商纣让出王位,而不是直接推翻他。③ 因此,推翻商纣似乎更像是一种误解,而不是合法造反(justified rebellion)的案例。

现在我们可以总结一下《容成氏》作者们的政治信条。首先,他们坚信王位应该由合适的人充任:好的君主会带来整体的繁荣

---

① 《容成氏》第 49—53 简正面。
② 因为文献的名字"容成氏"出现在现存最后一简(第 53 简背面),所以丢失的部分应该不多。
③ 浅野裕一《〈容成氏〉的禅让与放伐》,第 97—100 页。

和稳定，获得天地的支持；坏的君主则会带来完全相反的结果。第二，他们明确地将"尚贤"作为适用于社会政治结构顶端的准则。第三，在《墨子》所提到的三种非世袭继承方法中，《容成氏》倾向第二种，即禅让。天下之人树立贤者为王的思想，在《容成氏》中表述得比《墨子》更加清楚，但是这种思想很难被实践，除非是在极为罕见的，即统治机器上层存在权力真空的情况下。"正义革命"的思想在《容成氏》中遭到质疑，尽管不是全部被抛弃。禅让制显然被认为是最有效的保证君主人选恰当的方法。

《容成氏》（以及其他文献）倾向于禅让而不是正义革命并不是偶然的。暴力推翻现行君主根本上是不正常的，只能在极个别情况下采用。而相比而言，自愿地让出王位，则有更多优势而成本更低。它不但能保证最恰当的君主登位，而且保证最后的决定权依然保留在现行君主手中，因而禅让的原则并不会破坏君主拥有绝对权力的准则。因此，最终禅让可以被视为选贤为君最好的方式。其普及性被孟子的学生万章的一个挑衅性的问题所间接证明："人有言：至於禹而德衰，不传於贤而传於子：有诸？"[1]

孟子的回答将在下文讨论，但在这里值得指出的是，万章所引用的"人有言"或许反映了反王朝世袭思想的普遍性。然而，正是禅让准则的普及性导致了其快速的崩溃。尽管在理论上很诱人，但是，让位于贤者的思想一旦转化为政治实践，就会以悲惨的失败而告终。虽然无法证实公元前 4 世纪后半叶的几个君主的禅让举动，[2]但至少一次真正的禅让确实发生了。公元前 314 年，燕王哙

---

[1] 《孟子·万章上》，第 221 页。

[2] 《战国策》记载了秦孝公（公元前 361—前 338 年在位）让位于商鞅的意图（《战国策·秦策一第一》，第 71 页）；《吕氏春秋》记载了魏惠王（公元前 369—前 319 年在位）曾打算让位于惠施（《吕氏春秋》卷十八《不屈第六》，第 1196 页）。另外一个禅让的故事是关于魏惠王的儿子襄王的（参看《战国策·魏策二第四》，第 855 页）。

（公元前 320—前 314 年在位）想模仿尧，将王位让与自己的大臣子之。燕王哙这一非常政治举动的动机并不清楚，①但是这次禅让举动的结果是明确的、灾难性的：燕国陷入了子之和"合法"太子平之间的冲突，而这场乱局带来了外来入侵，以至于燕国被邻国强齐短暂地占领了。燕国的另外一个邻国中山国甚至也派出军队进攻燕国，声称让出王位是荒谬的举动，"上逆于天，下不顺于人也"。②尽管燕国很快就恢复了独立地位，但是历史教训已经被大家所认同：禅让虽然在理论上是一个良方，但是在政治现实中会导致灾难性的后果。

孟子：世袭继承制的不情愿支持者

上文中讨论的新近发现的文献从总体上是批评世袭权力传承的，但是孟子的思想更加复杂。与其他思想家相比，孟子将自己对道德社会的期望建立在仁君将其道德推行至万民之上，这种理念使他非常注重君位应由好的君主充任。与大多数同时代的人不同，孟子不但讨论禅让的问题，而且对于正义革命这种敏感问题也表现出引人注目的积极性。在一段孟子有名的对话中，他以非常直接的方式论述了自己的观点：

> 齐宣王（公元前 319—前 301 年在位）问曰："汤放桀，武王伐纣，有诸？"孟子对曰："于传有之。"曰："臣弑其君，可乎？"

① 战国和汉代的文献对这一禅让事件的记载存在矛盾。有些文献记载，这次禅让是真实的；另外一些文献则认为燕王哙并不是真的希望子之接受王位。关于这些不同的叙述，参看《史记》卷三十四，第 1555—1557 页；《战国策·燕策一第九》，第 1104—1105 页；《韩非子·外储说右下第三十五》，第 338—341 页。
② 《中山王䝮壶》铭文，《䝮墓》，第 370 页。也参看 Pines（尤锐），"Disputers of Abdication," 268—271。

> 曰:"贼仁者谓之贼,贼义者谓之残,残贼之人,谓之一夫。闻诛一夫纣矣,未闻弑君也。"①

在回答齐宣王的问题时,孟子偏离了墨子和《容成氏》强调纣的罪行及天罚的叙述模式。他强调例行和普遍的准则,将桀、纣的罪行归纳为"贼仁"和"贼义"。熟悉《孟子》中激烈抨击当时君主部分的读者,会发现这些抨击与孟子抨击桀、纣并无本质区别。那么,从这一分析中得到实践性结论是什么? 当时的君主是否也像桀、纣一样可以被推翻和处决? 如果是这样,谁能够决定执行这种处决? 更加值得指出的是,孟子并没有提到天(孟子在其书中其他部分里赋予天很重要的角色,正如在下文中将讨论的那样)作为桀、纣被废黜的决定因素。这是否意味着造反是对付失德君主的常规手段? 在与齐宣王的对话中,孟子并没有提到这一危险的问题,②但是在他的其他论说中则给出了答案的线索:"待文王而后兴者,凡民也。若夫豪杰之士,虽无文王犹兴。"③

这段话通常被解释为暗指文王这样的圣王有积极的道德影响力;"兴"字被解释为"感动、奋发"。④ 但是,这种解释不一定是对的。那些"待文王而后兴"的人是文王推翻商纣行动的参与者(这是文王所做的最重要的一项政治行动)。孟子是否在暗示,一个杰

---

① 《孟子·梁惠王下》,第 42 页。

② 值得注意的是,孟子是在与一个在位君主的对话中为造反提供理论依据(或者至少是孟子的弟子想让我们相信这样)。这种大胆的论述,或许是基于齐宣王复杂的背景(他的先祖废黜了齐国原有的公室血脉),因而他也许会对孟子为推翻王朝世袭辩护感到高兴。不用说,这种推断不可能得到证实。

③ 《孟子·尽心上》,第 304 页。

④ 朱熹的注,在《孟子集注》卷十三,第 352 页;其他类似的注释参看赵岐(死于201 年)注及孙奭(962—1033 年)疏,《孟子正义》卷十三,第 2765 页上。明太祖(洪武,1368—1398 年)在对颠覆性言论进行清洗的时候,命令删节《孟子》一书,编成《孟子节文》,但由于这种解释该段文字在《孟子节文》仍然被保留(卷七,第 1006 页)。有关《孟子节文》的背景参看 Elman(艾尔曼), *A Cultural History*, 80—81。

出的士,应该不等文王这样的杰出领袖带头,就挺身而出? 参考上文中孟子与齐宣王的对话,这样的解释不是不可能的。这样,孟子几乎成为一个革命者,号召士起来推翻当时类似商纣一样的暴君!

如果这样的解释是对的,孟子就成为战国时期最为激进的质疑当时君主权威的思想家。他当然接受正义革命作为合法手段,而且他对商汤和周武王发动的"义战"的痴迷,也显示出他对有德之君的毫不妥协的支持。然而,在孟子关于第二种树立最佳君主的方式——即禅让的观点中,这种极端主义消失了。① 在这一讨论中,孟子徘徊于对尚贤故事的支持,以及对以禅让取代已经行之数百年的世袭制无法获得足够支持的担心之间。一方面,孟子赞颂尧:

> 尧之于舜也,使其子九男事之,二女女焉,百官牛羊仓廪备,以养舜于畎亩之中,后举而加诸上位,故曰王公之尊贤者也。②

这一论述使孟子跻身于墨子和更加激进的《唐虞之道》和《容成氏》的作者们——他们视尧舜禅让为"尚贤"原则的正常和理想化的体现——所代表的思想潮流中。但是,作为燕国禅让导致内乱的目击者,③孟子清醒地认识到禅让付诸实践后的负面后果。因此在与弟子的一些关键对话中,他将禅让之道尽力仅限定在尧

---

① 孟子的禅让思想已经被几位学者研究过,我认为李存山《反思经史关系:从"启攻益"说起》的讨论最为系统,尽管有时在讨论孟子思想中关于世袭和禅让元素的矛盾之处时,有些臆测性。

② 《孟子·万章下》,第245页;类似论述参看同上,第237页。在别处孟子声称舜延续尧之道,从尧手中接管天下是绝对正常的(《滕文公下》,第145页)。

③ 在齐国入侵燕国的时候,孟子在齐国任职。关于他对燕国内乱的看法,参看《孟子·梁惠王下》,第44—45页;《公孙丑下》,第99—101页。

舜时代,并且解释即便是这些例子,如果没有上天的干预也不可能得以实现:

> 万章曰:"尧以天下与舜,有诸?"
>
> 孟子曰:"否;天子不能以天下与人。"
>
> "然则舜有天下也,孰与之?"
>
> 曰:"天与之。"
>
> "天与之者,谆谆然命之乎?"
>
> 曰:"否;天不言,以行与事示之而已矣。"
>
> 曰:"以行与事示之者,如之何?"
>
> 曰:"天子能荐人于天,不能使天与之天下;诸侯能荐人于天子,不能使天子与之诸侯;大夫能荐人于诸侯,不能使诸侯与之大夫。昔者,尧荐舜于天,而天受之;暴之于民,而民受之;故曰,天不言,以行与事示之而已矣。"①

孟子明显被万章执着询问有关禅让的问题惹烦了,他用了各种修辞策略打消其弟子对权力世袭制赤裸裸的攻击。首先,孟子在权力传承中,将天的因素提高到一个新的高度,而这在其他战国文献,尤其是《墨子》中未出现过的。天被视为积极的有感知的主体,天并不与被任命者直接对话,而是干预人事并且决定谁是继承天子之位的合理人选。然而,援引天命在一个对天之政治能量的信念明显衰落的时代,是一个冒险的策略,正如万章在一个讽刺的问题中所揭示的那样,"天与之者,谆谆然命之乎?"因此,尽管表面上以天作为其论述中心,孟子还是将讨论从天转到了人:

> 曰:"敢问荐之于天,而天受之;暴之于民,而民受之,如何?"

---

① 《孟子·万章上》,第219页。

> 曰:"使之主祭,而百神享之,是天受之;使之主事,而事治,百姓安之,是民受之也。天与之,人与之,故曰,天子不能以天下与人。"[①]

孟子大胆地倡导人民支持的重要性。尽管孟子提到了舜主祭而百神享之的能力,但他指出,人民接受舜作真正的领袖才是真正关键的。他进一步解释到:

> 舜相尧二十有八载,非人之所能为也,天也。尧崩,三年之丧毕,舜避尧之子于南河之南,天下诸侯朝觐者,不之尧之子而之舜;讼狱者,不之尧之子而之舜;讴歌者,不讴歌尧之子而讴歌舜,故曰,天也。夫然后之中国,践天子位焉。而居尧之官,逼尧之子,是篡也,非天与也。《太誓》曰"天视自我民视,天听自我民听",此之谓也。[②]

人民作为第二种主要的因素,和天一起,影响了舜的继位。同样的,据孟子在别处所论,也是人民否决了禹传位给益,而允许禹的儿子启夺取了权力。[③]"民"作为关键角色——如《容成氏》中所明确陈述的一样——这一理念,或许反映了战国思想家对下层阶级重要性的认识的觉醒(参看第八和第九章)。然而,孟子并不愿意将人民描述为决定权力传承的唯一因素,尤其是当世袭继承制因此而受到威胁的时候。为了避免颠覆性解读其相关论述的可能性,孟子重新诠释了禅让传说,将尧死后的让位阐述为与现实情况无关的特殊事件。前所未闻的有关舜避让尧之子,防止权力从尧

---

① 《孟子·万章上》,第219页。
② 同上。
③ 同上,第221—222页。孟子通过这个解释想消除启从益手中暴力夺取政权的说法,该说法最早在《容成氏》和《竹书纪年》(第2—3页)中都有提到。

家族流失的做法非常有意思。① 文中对舜的行为的描述，表明舜认为世袭传承是权力转移的独一无二的合法途径。

　　孟子试图防止禅让传说被变成颠覆以君主为核心的秩序的工具，他的这一思想在他介绍决定前代禅让能够成功的第三种因素中表露无遗。这第三种关键因素就是君主的推荐。尽管上面所引文献在提到尧向天推荐舜继位时的描述非常简略，但在下面与万章有关夏朝开始时世袭君主制建立的对话中，君主的推荐变得跟天的支持一样重要。孟子解释了禹的贤臣益之所以未能继承其主所让的位的原因，包括他担任禹的佐臣的时间太短和禹的儿子启具有贤德；此后孟子继续论道：

> 舜、禹、益相去久远，其子之贤不肖，皆天也，非人之所能为也。莫之为而为者，天也；莫之致而至者，命也。匹夫而有天下者，德必若舜禹，而又有天子荐之者，故仲尼不有天下。②

　　在这段论述中，孟子放缓了之前描述禅让传说时内在的极端性。第一，天的支持表现在一个人任期的长短和在位君主之子的德行，而并不主要表现在人民的行动，就像之前所暗示的那样。第二，在位君主的推荐突然变成贤臣最为重要的政治资产，盖过其他因素。孔子未能"有天下"，并不是由于他在民众间的受欢迎程度不够，也不是由于缺少上天的支持，而在于缺少一位支持他的君主。最终，在位君主的推荐成为唯一的决定权力传给谁的因素，而禅让的思想不应该破坏君主的绝对权力。孟子最后引用据信是孔子的话作为结论："唐虞禅，夏后殷周继，其义一也。"③

---

① 孟子像他所引用的《尧典》一样，强烈反对尧是在生前就让位给舜了，而强调舜是在尧去世之后，才取代尧。参看《孟子·万章上》，第215页。
② 《孟子·万章上》，第222页。
③ 同上。

如此，孟子关于运用非世袭手段选贤为王的观点，是一种奇怪的极端主义和谨慎的混合体。一方面，他似乎是唯一的一个思想家，试图从夏朝和商朝的灭亡中吸取共同规律，导向支持"豪杰之士"推翻失德君主的正义革命的危险方向。但是另一方面，他清楚地与自己的学生万章划开界线，万章对禅让的急切支持我们在前文中已经提到了，而孟子则宣称王朝世袭是树立君主的完全合法的模式。像其他思想家一样，孟子并没有提供任何实践性的替代方案，来取代世袭君主原则。他的大胆言论，尽管令后世的君主困扰，甚至恐惧，但并没有带来直接的政治后果。

第三节　非世袭继承方式的选项危机

上述四种文献有一个共同特点，就是不满世袭君主原则，认为其不足以保证恰当的统治者在位。在最早的文献《墨子》中，这种不满还比较隐晦，而在《孟子》中，所有不满都被坚定的对王朝世袭的支持所平衡。最极端的反对世袭原则的文献则是最近出土的《唐虞之道》和《容成氏》；这些文献避过了后世的修改，因而让我们得以看到主流的思想传统所不容的一些观点。这些文献以及其他零散的历史信息，包括万章引用的"人有言"、燕王哙让位于自己大臣子之的实践等，都证明以非世袭方式选择君主在当时是思想界的一个潜流。尽管我们无法确知当时知识精英对这种思想的支持程度，但这些累积的证据证明其不可忽视。

同样值得指出的是，支持禅让（或者《孟子》中支持"革命"）的思想从战国晚期的文献中几乎消失了。当然，对尧、舜的大公无私的崇敬依然存在，对商汤、周文王、武王的支持也依然存在，但是，这种思想的政治涵义明显地改变了。不仅是将这些先代圣王作为政治楷模的做法中断了，而且，对他们行为的一致崇拜让位给了其他评价,如我将在下文所揭示,包括对他们破坏了世袭统治原则的指责。到了公元前 3 世纪,不再赞成对世袭继承原则进行公开的批评,已经成为公认的思想潮流。

　　为什么对世袭统治的批评没有继续下去? 为什么《唐虞之道》和《容成氏》所宣扬的思想从传世文献中消失了,直到一个偶然的机会才得以在 20 世纪末重见天日? 有的学者认为,燕王哙禅让导致的政治灾难是禅让思想在战国晚期衰落的决定性因素。① 这一事件确实是一个转折点;不过我认为,《唐虞之道》和《容成氏》之类文献的消失,原因并非这么简单。刘宝才先生的观点或许更准确,他认为战国时代诸国的一系列影响深远的改革,重新体制化地塑造了战国诸国,使世袭原则被重新确认为合法的权力传承手段,而对其他的替代方式——比如禅让原则——的诉求衰落了。② 另外,我还认为,世袭君主制的反对者之所以失败,不但是因为政治的发展,也因为他们的论述有内在弱点。他们频繁地依赖前代圣王的示范作用,却没有进行更多的分析推理来加强他们的观念(可能除了《唐虞之道》和《孟子》中的个别语句之外)。正如墨子、孟子,或者《容成氏》的作者借助历史论证自己的立场,但是他们的对手也是这么做的——创造不同的历史叙述来减少禅让或正义革命的适用性,或质疑这些行为方式的合法性。

　　值得指出的是,在战国时期并没有对历史的统一描述;与春秋时期不一样,史书不是由史官写成,而是由彼此竞争的思想家们撰写,他们的目的是"以古事今"。③ 到了战国时期,操弄历史记载的程度极大地提高了,新的人物、新的事件,以及对过去的新解释被

---

① 参看李存山《反思经史关系:从"启攻益"说起》,第 75—85 页;彭邦本《楚简〈唐虞之道〉初探》。

② 参看刘宝才《〈唐虞之道〉的历史与理念——兼论战国中期的禅让思潮》。

③ 相关的详细讨论,参看 Pines(尤锐),"Speeches."

创造出来,而几乎所有彼此争论的思想家都参与其中。为了说明这一点,让我们简单梳理一下尧舜传说的起伏和演进过程。在上述的五种叙述中(《墨子》中的两种,加上《唐虞之道》、《容成氏》和《孟子》中的叙述),我们注意到前四种版本和最后一个版本的显著区别。跟前四种将尧舜禅让描述为正常的(如果不是标准的话)叙述不同,孟子则强调这次禅让的特殊环境,从而限制了禅让在现实政治中的可行性。孟子显然不是唯一一个通过"修改"历史记载来限制禅让这一政治诉求的人,在稍早的文献《书经·尧典》中,我们已经看到类似的倾向。它强调尧在位 70 年之后寻求退位(不像《唐虞之道》所说到 70 岁则应该退位)。① 不用说,这样"轻微"的改动严重损害了《唐虞之道》作者所展望的强制禅让原则的可行性。尽管有一些君主可以活到七十岁,但是没有一个中国君主(包括春秋战国时期各国的君主及其前辈们)能在位 70 年。② 尧的例子因此也就从正常的权力传承程序中被剔除,变成了特殊案例,与现实政治的关系也就很有限了——甚至毫无关联。

孟子和《尧典》的作者虽然支持尧的禅让举动,但是也寻求限制其直接适用性。其他思想家则完全重新解读尧舜禅让,破坏其政治合法性。比如庄子(大约卒于公元前 280 年),在这个传说中引入了新的角色:许由及其他一些隐士,当尧试图将王位禅让给他们时候,他们都拒绝了。这些真正的贤人拒绝接受王位的举动,似乎在暗示舜并不是真正的贤者,而是一个玩弄权术的高手,其谦卑

---

① 《尚书·尧典》,第 123 页。《尧典》明确是战国中期到晚期的作品,很可能甚至包含晚期的一些增订,包括秦代的增订。参看蒋善国《尚书综述》,第 140—168 页;陈梦家《尚书通论》,第 152—163 页。

② 乾隆皇帝(1736—1795 年)在位近 60 年,并以太上皇的名义在其子嘉庆皇帝(1796—1820 年)之上又统治了四年。先秦时期,最长的君主在位记录是周王赧(公元前 314—前 256 年在位)。赵佗,秦朝的将军和南越的建立者,从大约公元前 210 年到公元前 137 年去世,大概统治了超过 70 年。

或许只是一种伪装，而其目的是夺取权力。① 这一观点在其他几种对尧舜禅让的"反叙述"文献中描述得更加详细和清楚，甚至声称实际上是舜不仅夺取了尧的王位，而且将尧流放或者囚禁起来了。② 通过将之前的故事完全颠倒过来，战国时期反对禅让的思想家降低了尧舜禅让对同时代政治家的吸引力。尽管最终这些颠覆性记载并不像《孟子》和《尧典》那样成功，但是足以破坏禅让学说，因为它本身仅是基于一个例子而已。缺乏理论（区别于历史）论证的禅让学说的支持者们难以应付其反对者的思想攻击。

对历史记载的操弄同样出现在"正义革命"的故事中——尽管这些"反叙述"的影响较小。在《墨子》的记载中我们已经注意到，在谈到商纣灭亡的时候，描述了各种自然灾异信号的集聚，从而使该事件变成一个独特的历史事件。其他像《容成氏》等文献，对天兆的论述不多，但是通过将商纣的罪行描述得超出可信的范围，从而使整个事件变成特例。纣最初只是被指责残暴、放荡和无能，这都是一般的罪行，但是后来逐渐变成了一个真正的怪物，他炮烙自己的大臣、设立酒池肉林、发明惨绝人寰的酷刑。③ 夸大纣的罪

---

① 参看《庄子·逍遥游第一》，第 18 页；《庄子·让王二十八》，第 744—745 页，768 页。同样的轶事散见于《吕氏春秋》（卷二《贵生第二》，第 74 页；卷十九《离俗第一》，第 1233—1234 页；许由的故事又见于《吕氏春秋》卷二十二《求人第五》，第 1515 页）。然而，在《庄子》之前，没有任何文献提到许由。

② 最早关于"舜放尧于平阳"的记载出自《汲冢琐语》。这篇文献出土于魏襄王（公元前 318—前 296 年在位）墓中，这一王陵于公元 280 年被盗，引文见刘知幾《史通》卷十三《疑古》，第 384 页；参看 Shaughnessy（夏含夷），*Rewriting*, 166—171。也参看《战国策·燕策一第九》，第 1104—1105；《韩非子·外储说右下第三十五》，第 338—341 页；《吕氏春秋》卷十八《不屈第六》，第 1196 页。也见 Pines（尤锐）的讨论，"Disputers of Abdication," 285—287。

③ 在较早的《书经》的诸篇，如《酒诰》和《无逸》篇中，纣（通常称其名为"受"）仅仅被描述为一个懒散、奢侈的君主。他最被诟病的是沉溺于喝酒，除此之外并没有什么其他特别的罪状。只是到了战国时期，从《墨子》和《书经》稍晚的篇章《牧誓》起，纣王为后世所熟知的罪行，包括残暴和荒淫的一些细节描述才增加进去，就像《容成氏》刻画的那样。看看《尚书·牧誓》，第 183 页；《荀子·儒效第八》，第 134—136 页；　（转下页注）

行,和《墨子》描述灾异现象的目的一样,都是为了突出其特殊性。通过将纣的罪行夸大到超越人类正常想象,战国思想家有效地限制了将推翻纣的举动付诸现实政治的可能性。毕竟,没有一个现实中的君主能够赶得上纣的残暴和荒淫。也因为如此,孟子试图论证推翻"贼仁"和"贼义"君主合法性的努力,被强调过去王朝更迭的特殊背景的思想边缘化了。①

　　为了更好地展示战国时期通过反叙述来瓦解对历史的常规解释的潜能,我们可以参看一个极端的操弄历史记载的例子:《庄子》的《盗跖》篇。《盗跖》(更加准确地说,是其第一部分,该部分是一个独立的文本单元)可谓是中国(或许可算是全世界)文学作品中政治讽刺最为极端的例子。② 这个故事描述了孔子和大盗盗跖之间的会面——当然这一会面是想象出来的。孔子力图说服盗跖放弃"盗贼"行径,做一个正常的诸侯。在回答中,盗跖不但嘲弄和驳斥了孔子,而且抓住这个机会抨击了孔子和类似孔子的人所宣扬的整个价值体系。他重新诠释了历史,将圣王描述为破坏原始和谐社会的恶人:

　　　　黄帝不能致德,与蚩尤战于涿鹿之野,流血百里。③ 尧、

───────────

(接上页注)《荀子·议兵第十五》,第 283 页,以及《韩非子·喻老第二十一》,第 162—164 页;《吕氏春秋》卷十六《先识第一》,第 945—946 页;《战国策·赵策三第十三》,第 736—737 页。有可能《书经》最初的《泰誓》篇(不能该篇与伪造的古文《尚书·泰誓》混同,参看蒋善国《尚书综述》,第 213—225 页),被《左传》、《墨子》和《孟子》引用,成为后来描述纣罪行的主要来源。

　　① 《易传·彖传·革卦》云:"天地革而四时成,汤武革命,顺乎天而应乎人,革之时大矣哉!"(《周易》卷五,第 60 页)。一些学者过分强调这段话是对正义革命的辩护(参看刘小枫《儒家革命精神源流考》,第 33—44 页)。尽管我并不质疑《周易》在中华帝国时期的重要性,但我怀疑《彖传》对战国思想的影响力;除了《孟子》,暴力"革命"不可避免的思想并不见于其他记载。

　　② 关于《盗跖》的性质和年代的讨论,参看廖明春《竹简本〈庄子·盗跖〉篇探源》。

　　③ 有关黄帝与蚩尤之战的描述出现在很多战国晚期文献中,特别是马王堆帛书《黄帝十六经·经法》的《正法》篇,参看 Yates(叶山),*Five Lost Classics*,118—121。

> 舜作,立群臣;汤放其主,武王杀纣。自是之后,以强陵弱,以
> 众暴寡。汤、武以来,皆乱人之徒也。①

庄子(或者说是《盗跖》的作者)将之前思想家的论述整个颠倒过来。圣人并没有终结灾难和争斗:相反的,他们才是造成这种情况的罪魁祸首。他们对权力的执着追求导致原始秩序瓦解、人类社会进入彼此相争的灾难和混乱之中。而且,盗跖进一步论述道,这些灾难不是偶然的,而是反映了这些令人尊敬的圣人的内在缺点:

> 世之所高,莫若黄帝,黄帝尚不能全德,而战涿鹿之野,流血百里。尧不慈,舜不孝,禹偏枯,汤放其主,武王伐纣,②此六子者,世之所高也。孰论之,皆以利惑其真而强反其情性,其行乃甚可羞也。③

这样,庄子完成了对历史的重新诠释。所有这些受到敬仰的楷模都变成了恶棍,是无耻的、为了利益而牺牲本性的人。其所作所为跟盗跖一样令人厌恶。这番论述和《庄子》整体上对君主集权的抨击如出一辙,而《庄子》是唯一已知的,对君主制原则公然藐视的战国著作。④ 有趣的是,在盗跖对先代圣王的抨击中,最为激烈的批评是针对其违背了世袭继承原则(通过禅让或者革命);在《庄子》中,禅让被描述为虚伪的行为。⑤ 尽管这些以及类似将先代圣王描写为恶棍的观念不被战国主流思想家所认同,但是它们都反

---

① 《庄子·盗跖第二十九》,第 778 页。
② 现存版本还多出一句话"文王拘羑里",很显然是后来加上去的。参看陈鼓应注《庄子今注今译》,第 783 页。
③ 《庄子·盗跖第二十九》,第 778—779 页。
④ 参看虞友谦的精彩讨论,《反对君主专制的思想先驱——〈庄子〉无君论思想初探》。
⑤ 参看《庄子·让王第二十八》,第 744—745 页。以及 Pines, "Disputers of Abdication," 284—285.

映和加剧了仅仅基于援引圣王行为的政治理想的式微。非世袭制的支持者们在对手篡改历史叙述面前，无法捍卫其观点。这就解释了为什么在战国晚期，非世袭权力传承的思想逐渐衰落了。

　　支持权力继承制的思想取得了完全的胜利。尽管贯穿整个帝制时期，"正义革命"和"无私禅让"在危机时刻常被用来论证王朝更迭的合法性，但是，王朝世袭原则本身从未被质疑过。其反对者的论述缺陷、非世袭权力继承原则的不切实际性，以及数百年的古代传统，一起将世袭原则稳固下来，成为决定王位拥有者的唯一原则。政治家和思想家的这一选择可能确立了相对较高的稳定性；但同时也意味着放弃了选择贤主的理想。理想和现实之间的差距从未被填补。

第四章

万能的橡皮图章

在上一章中，我们勾画了寻求一种可行机制以确保王位由能者充任这一理想的起起伏伏。寻觅理想君主的最终失败，并不意味着对理想王者的期待和现实世界中平庸君主的差别在之后就被忽视了。相反的，战国晚期的思想家们费劲心血，努力想找到解决理想与令人失望的现实之间内在矛盾的途径。解决之道，尽管尚无定论，就是限制君主对政治决策的直接干预，从而减少因其无能带来的负面后果，同时保持其地位在象征意义上的重要性。

为了探索君主权力出现象征意义与实践层面分离之道，我会重点讨论两个战国晚期主要的思想家：荀子和韩非子。这个选择并不是随意的。荀子与韩非子的著作被认为是代表了战国政治思想的顶峰，分别为帝制政治文化的塑造做出了决定性的贡献。荀子和韩非子对他们所处时代的思想潮流有着清晰的认识，并且深深卷入政治意识形态的辩论，而且都吸取了——尽管通过不同的方式——前代和当时其他思想家的主要成就。而且，尽管这两位思想家有很多相同的重要理论假设，甚至保有个人关系（韩非子据说跟随荀子学习过），但他们在很多重要议题上存在着严重分歧，特别是在究竟是个人品德还是制度安排对于保持合理的政治秩序更为重要这一话题上。他们的相同和不同之处使他们成为理想的比较研究的对象,他们共同呈现出战国晚期思想世界的重要层面。

第一节 荀子:君主与摄政

荀子无疑是中华帝国政治文化的最重要的建筑师。他综合了儒家传统的道德准则和战国晚期的具体政治需要,吸收并且创造性地重新阐释了前代的思想——他经常与之进行共时性和历时性的辩论。① 下面我将勾勒出荀子的王权主义思想,揭示其对现实中君主的不称职有着清醒的认识,进而讨论他所考虑的如何限制无能君主会带来的破坏。

王权主义的综述者

荀子对王权主义的支持非常详尽和周密,以至于可以用来作为第二章观点的精彩总结。荀子明确无误地指出,单一君主统治下的、组织严密的国家是保持健康社会秩序的前提;因此古代圣人通过建立这样的国家作为应对人性本恶的手段。② 荀子解释了君主的积极影响之所在:

> 故人生不能无群,群而无分则争,③争则乱,乱则离,离则

① 关于最近对荀子思想的综合研究,参看 Sato(佐藤将之), *The Confucian Quest for Order*;Goldin(金鹏程), *Rituals of the Way*;廖明春《荀子新探》;马积高《荀学源流》;及尤锐《新旧的融合:荀子对春秋思想传统的重新诠释》。关于荀子思想对汉朝早期思想的影响,参看 Goldin, "Xunzi and Early Han Philosphy";韩德民《荀子"君道"理论在汉代的展开》。

② "故古者圣人以人之性恶,以为偏险而不正,悖乱而不治,故为之立君上之埶以临之,明礼义以化之,起法正以治之,重刑罚以禁之,使天下皆出于治,合于善也。"参看《荀子·性恶第二十三》,第 440 页。

③ 关于荀子思想中"分"的思想的重要性,参看 Sato(佐藤将之), "The Development," 27—31。

弱,弱则不能胜物;故宫室不可得而居也,不可少顷舍礼义之谓也。能以事亲谓之孝,能以事兄谓之弟,能以事上谓之顺,能以使下谓之君。君者,善群也。群道当则万物皆得其宜,六畜皆得其长,群生皆得其命。①

这段论述清晰地陈述了荀子关于君主重要性的主要观念。正是由于君主的存在才使社会金字塔结构正常运作,因而确保整个社会秩序的合理运行,以及人类整体的生存。值得注意的是,这一功能与君主的职权有关,而与君主的个人道德品质没有关系。君主对社会秩序的贡献分为两个方面,第一,他能够"使下",意思是约束臣民,防止他们的贪婪破坏社会结构;第二,君主位于社会政治金字塔的顶端,通过他的存在彰显社会分层的重要性。这一角色,反过来也解释了荀子为何对保持君主的礼制特权如此坚持。君主的服饰、食物、宅邸、甚至特定的用语——所有这些都表明其无与伦比的高贵。② 也许这种至高无上性的最极端体现,就是荀子为君主驾崩之后应比照悼念父亲一样服表三年的儒家礼仪进行辩护:

> 君之丧所以取三年,何也? 曰:君者,治辨之主也,文理之原也,情貌之尽也,相率而致隆之,不亦可乎!《诗》曰:"恺悌君子,民之父母。"彼君子者,固有为民父母之说焉。父能生之,不能养之,母能食之,不能教诲之,君者,已能食之矣,又善教诲之者也。三年毕矣哉!③

这段话将君主抬高到与父母相等的地位,甚至微妙地暗含高

---

① 《荀子·王制第九》,第 165 页。
② 参看 Pines(尤锐)《无所不能而无所为:荀子对于王权主义的调整》。
③ 《荀子·礼论第十九》,第 374 页。

于父母的意味,这是对以家庭伦理为基础的"主流儒家"传统的偏离。[①] 君主在礼制上的高高在上,考虑到其社会贡献,以及确保人民生活和教育人民的能力,是可以接受的代价。君主的教化功能基于其道德水平,这个题目我在下文将会讨论,但是我先要集中讨论君主是如何作为"治辨之主"的角色的。君主的社会贡献是荀子有关君主讨论的一个主要话题。君主是政治秩序的保证者,而政治秩序的获得,是以君主制规则的保持为前提的:

> 君者,国之隆也。父者,家之隆也。隆一而治,二而乱。自古及今,未有二隆争重,而能长久者。[②]

任何君主都能完成确保政治秩序的任务,就像完成保持社会等级的任务一样。但是,最高政治理想——统一天下——则只能由真正的王者来完成:

> 全道德,致隆高,綦文理,一天下,振毫末,使天下莫不顺比从服,天王之事也。故政事乱,则冢宰之罪也;国家失俗,则辟公之过也;天下不一,诸侯俗反,则天王非其人也。[③]

这里荀子引入了他关于君主论述的另外一个重要话题:君主能力对其表现的影响。尽管所有君主都对社会政治秩序起到决定

---

① 《论语》和《孟子》都将家庭关系摆在政治责任之上(参看《论语·子路》,第139页;《孟子·尽心上》,第317页)。在郭店出土的文献,比如《六德》,则表达得更加激进。其将为父亲服丧的重要性置于为君主服丧之上;由此看来,政治上父权也比君权更重要。参看《六德》,第26—29简;对此的争论,参看彭林《再论郭店简〈六德〉"为父绝君"及相关问题》;魏启鹏《释〈六德〉"为父绝君"》;李存山《再说"为父绝君"》。经学家的观点与荀子的观点更为接近,参看《礼记·曾子问第七》,第532—533页;也请参看 Brown(董慕达)的讨论,*The Politics of Mourning*,30—32。Lai Guolong(来国龙)("The Diagram," 55—56)极有说服力地指出,为父亲服丧早于为君主服丧,后者可能是模仿前者。

② 《荀子·致士第十四》,第263页。

③ 《荀子·王制第九》,第171页。

性的作用,但是只有真正的王者(或者天王、圣王),才能够实现真正的天下太平。一切都将在其得天独厚的影响之下:

> 圣王在上,分义行乎下,则士大夫无流淫之行,百吏官人无怠慢之事,众庶百姓无奸怪之俗,无盗贼之罪,莫敢犯大上之禁。①

所有的社会阶层,从官员到普通大众,都被具有无可企及的道德的圣王所支配。这位圣王会引致绝对的服从和秩序,扫除恶劣的风俗,保证天下秩序符合道德规范,因此也消除了对刑罚体系的需求。② 这些成就都基于君主作为其臣民的道德启示源泉的角色:

> 主者,民之唱也。上者,下之仪也。彼将听唱而应,视仪而动。唱默则民无应也,仪隐则下无动也。不应不动,则上下无以相有也。若是,则与无上同也! 不祥莫大焉。故上者下之本也。上宣明,则下治辨矣,上端诚,则下愿悫矣,上公正,则下易直矣。③

承袭墨子和孟子的思路,荀子也假定君主是臣民学习和仿效的对象,他甚至鼓励对君主意志的机械性服从。但是这种服从不是对所有君主,而是仅对圣王而言。一个昏庸的君主会将社会带入"与无上同"的糟糕局面。晚些时候我们再讨论君主的失德,在这里我们先探究荀子所倡导的对君主意志的服从是否真的具有普遍性,是仅仅针对下层阶层还是包括精英阶层在内? 根据之前所引资料,与其他阶层一样,在圣君之下,士和大夫也不能肆意妄为。

---

① 《荀子·君子第二十四》,第 450 页。
② 关于儒家的"正风俗"观念,参看 Lewis(鲁威仪),"Custom and Human Nature"和他的 The Construction of Space,192—201。
③ 《荀子·正论第十八》,第 321 页。

这一点荀子在其他地方进行过阐述：

> 天子者，势位至尊，无敌于天下。……道德纯备，智惠甚明，南面而听天下，生民之属莫不振动从服以化顺之。天下无隐士，无遗善，同焉者是也，异焉者非也。夫有恶擅天下矣。[1]

这段论述描述了真正王者的道德和文化权威的另一个层面：他不仅从总体上说是道德榜样和臣民的导师，而且还特别负责纠正精英阶层之道。不但"天下无隐士"（即没有人可以逃避政府服务，参看第六章），而且"同焉者是也，异焉者非也"。这段论述是战国文献中最为激进的论述之一，让我们直接联想到墨子的"尚同"思想。它非常有效地意味着文人精神独立性的终结。在第五章中我们将会揭示，垄断判断是非的能力成为士阶层最重要的财富，而荀子像其他思想家一样，也主张了这种垄断。然而荀子愿意为圣王牺牲这一财富，这显示了他对君主至高无上原则的执着。

上述概括的君主权威的各个层面——社会的、礼制的、政治的和道德的——反映了荀子对前代王权思想的创造性吸收，第一印象似乎是荀子最终采纳了一种极端君主主义的原则。确实，既然君主意志是判断正误的手段，君主的存在确保社会政治秩序的保持，君主也就应该是一贯正确和不可或缺的。这些论述使《荀子》成为战国君主主义思想的集大成之作。然而，如我们将要揭示的那样，在理想君主之外，荀子对现实中的君主保持着清醒的认识。

在理想和现实之间

荀子有时候会被贴上"君主主义"思想家的标签，而这样的指

---

[1] 《荀子·正论第十八》，第331页。

责显然和上述我们引用的荀子有关理想君主的思想有关。① 然而,荀子激进的君主主义言论主要是在论述理想君主——即王者,未来的统一天下者(或者早期的统一者,像商和周的建立者)——而并非指当时的诸侯。至于现实中的君主,荀子表现出一种清醒的态度,他提醒自己的听众,君主的权力不是单单来自他的地位,而首先是来自他对道德准则的遵守:

> 君者,民之原也。原清则流清,原浊则流浊。故有社稷者而不能爱民,不能利民,而求民之亲爱己,不可得也。②

这段论述概括了君主与其臣民的互惠关系。臣民应该拥护他,甚至勇于为他而死,但是这样做并不是盲目的,君主应该以爱民和教化民来做回报:

> 故仁人在上,百姓贵之如帝,亲之如父母,为之出死断亡而[不]愉者,无它故焉;其所是焉诚美,其所得焉诚大,其所利焉诚多。③

很不幸,这种能令人臣服的仁人君主的理想情况与现实情况并不符合:

> 今之世而不然:厚刀布之敛以夺之财,重田野之税以夺之食,苛关市之征以难其事。不然而已矣,有掎挈伺诈,权谋倾覆,以相颠倒,以靡敝之,百姓晓然皆知其污漫暴乱而将大危

---

① 戊戌政变的烈士谭嗣同(1865—1898 年)宣称,荀子背叛了孔子而创立了帝制独裁的理念,"授君主以莫大无限之权"(参看《仁学》,第 95 页和 99 页)。谭嗣同的观点为梁启超和吴虞(1871—1949 年)所呼应,尽管这些思想家后来修正了自己对荀子精神遗产的评价(参看邓星盈《吴虞对荀子的评说》;廖明春《论荀子的君民关系说》)。关于最近对谭嗣同观点的呼应,参看贾海涛《简析荀子对君主独裁专制政治"合理性"的论证》。
② 《荀子·君道第十二》,第 234 页。
③ 《荀子·富国第十》,第 181 页。

亡也。是以臣或弑其君,下或杀其上,粥其城,倍其节,而不死其事者,无它故焉,人主自取之。诗曰:"无言不雠,无德不报。"此之谓也。①

荀子批评之严厉值得注意。不但几乎所有现实中的君主都被抨击,最后的结论更带有不祥之兆。如果一个君主失德,破坏臣民的生活,贪婪而残暴,就会失去统治的合法性;他对将来自己的废黜负全部的责任;甚至"如此者,虽封侯称君,其与夫盗无以异"。②这样的观点使我们想起孟子,并使荀子看起来似乎可以列入"正义革命"的极端支持者之中。

然而,细读《荀子》会导出不同的结论。尽管荀子认可商汤和周武王推翻残暴的桀、纣的正义性,但是他并不像孟子那样热衷于将这一模式运用到现实政治中去。荀子的任何论述,都不能被解读为对现实世界中臣民造反的支持;相反的,他曾明确建议在暴君统治下的大臣应该避免直接与之冲突以保住性命。③ 造反并不是荀子及其追随者的选项;它仅仅被用作对君主的警告,而不是对臣民的指导。只有在特定的环境下,推翻统治王朝才是正义的,正如荀子为商汤和武王辩护的那样:

> 世俗之为说者曰:"桀、纣有天下,汤、武篡而夺之。"是不然。以桀、纣为常有天下之籍则然,亲有天下之籍则然,④天下谓在桀、纣则不然。⑤

---

① 《荀子·富国第十》,第182—183页。所引的诗名为《抑》(《毛诗正义》,第555页中)。

② 《荀子·正名第二十二》,第431页。

③ 《荀子·臣道第十三》,第251—252页。参看后文的讨论。

④ 我赞同王先谦,省略了第二句中的"不"字。参看王先谦《荀子集解》,第322—323页。

⑤ 《荀子·正论第十八》,第323页。

荀子详细解释了夏朝和商朝的暴君在被商汤和武王推翻之前就已经失去了对权力的控制，他们统治领域的瓦解已经否认了他们继续作为天子的合法性。而且，他们的极端愚笨和昏庸，与其对手，即汤、武的功业和德行相比，更加相形见绌。汤、武恰好是真正的圣人：

> 故天子唯其人。天下者，至重也，非至强莫之能任；至大也，非至辨莫之能分；至众也，非至明莫之能和。此三至者，非圣人莫之能尽。故非圣人莫之能王。圣人备道全美者也，是县天下之权称也。①

汤、武的胜利验证了他们的超凡贤能；不如他们圣贤的人永远也不可能建立一个新的王朝。② 王朝建立者的德行集聚，与夏朝和商朝最后的残暴统治者的失德，形成鲜明对比，彼此映照：

> 桀、纣者，其知虑至险也，其志意至闇也，其行为至乱也。亲者疏之，贤者贱之，生民怨之。禹、汤之后也，而不得一人之与；刳比干，囚箕子，③身死国亡，为天下之大僇，后世之言恶者必稽焉，是不容妻子之数也。④

在解释了王朝被推翻的特殊环境后，荀子总结了自己的观点：

> 故至贤畴四海，汤、武是也；至罢不容妻子，桀、纣是也。

---

① 《荀子·正论第十八》，第 324—325 页。

② 这是个极好的论证 Carine Defoort（戴卡琳）所谓"恶性循环"的例子，在 Defoort 的观点中，只有已经成功了的例子才能作为论证叛乱合法性的标准。参看 Defoort, "Can Words Produce Order," 第 89—90 页。

③ 两件暴行都归罪于纣辛。比干是商纣的叔叔，据传纣王下命将比干的心挖出来，想看看圣人的心是不是七窍。箕子进谏，但是纣王不理会，箕子最后逃离了商朝。参看《史记》卷三，第 107—108 页。

④ 《荀子·正论第十八》，第 325 页。

今世俗之为说者，以桀、纣为有天下而臣汤、武，岂不过甚
矣哉！①

这里荀子的整体观念很接近一千三百年以后的司马光（很显
然后者受到了荀子思想的影响）②：如果确实是在特殊环境下，如
果一个无与伦比的领袖，在一个暴君的统治之下，而这个暴君已经
失去了控制权力的能力，则造反可被看作是正义的。但是正常情
况下，造反不是一个选项。当然，这也绝不是用一个道德高尚的人
取代一个普通的平庸君主的正常方法。荀子也反对用禅让作为确
保君主品质的办法。在详细反驳了他认为不符合事实的有关尧舜
禅让的观点后，荀子总结道：

夫曰“尧舜擅让”，是虚言也，是浅者之传，陋者之说也，不
知逆顺之理，小大、至不至之变者也，未可与及天下之大理
者也。③

在否认了禅让的可行性和严格地限定了正义革命之后，荀子
只能回到最初的问题：如何填补理想君主——对此荀子在其著作
中通篇都在提倡——和现实中平庸或者昏庸君主的鸿沟？当然，
从理论上讲，君主的品质可以通过自身修养提高，荀子明确如此
建议：

请问为国？曰：闻修身，未尝闻为国也。君者仪也，民者

① 《荀子·正论第十八》，第 325 页。
② 类似的观点，还可参看《荀子·儒效第八》，第 134—136 页；《荀子·解蔽第二
十一》，第 388—389 页。司马光的观点呼应了荀子的思想，在本文第 1 章的文首进行了
讨论；也看他赞同荀子、反对孟子的论述，《疑孟》，在司马光的《传家集》卷七十三，第
5—12 页；也参看关桐《伯夷隘，柳下惠不恭——读司马光〈疑孟〉札记之一》；另有简要
的讨论，参看张奇伟《扬孟抑荀与史家的评论》；Bol（包弼德），*This Culture of Ours*，
234。
③ 《荀子·正论第十八》，第 336 页。关于更多有关荀子反对禅让思想的讨论，参
看 Pines（尤锐），"Disputers of Abdication," 289—291。

景也,仪正而景正。君者槃也,民者水也,槃圆而水圆。君射则臣决。楚庄王好细腰,故朝有饿人。故曰:闻修身,未尝闻为国也。[1]

自身修养似乎是最恰当的提高君主品行的途径,但是荀子并不完全相信这个方法。教育和个人修养对"君子"来说是非常关键的,因为这是进入精英阶层的前提;但是对于地位由出身而决定的君主,期待他们都致力于道德修养就显得幼稚了。荀子似乎清晰地认识到这一点,在他对尧的劣子朱的讨论中,朱并不能从其圣贤父亲那里得到"教化"。[2] 因此,在《荀子》中,我们看不到类似孟子那样试图去劝服君主提高自身的对话,甚至也看不到宣扬"教育君主"是思想家最为荣耀的职责之类的口号。取而代之的是,荀子寻觅更实际而巧妙的办法来防止昏庸的君主破坏整个政治体系。

无为之君

荀子对世袭王朝思想的支持,以及他对君主道德修养的有限期待,足以说明他接受了平庸君主占据王位的局面。在这种情况下,如何保证国家——如我们前面所论,国家强烈依赖于君主——的正常运行? 荀子的解决方案微妙而高明:君主可以保持自己至高无上的地位,而将实际政务委托给辅佐者,特别是有道德修养的儒者,他们将代替君主执行君主制国家的日常事务。

---

① 《荀子·君道第十二》,第 234 页。荀子还指出,君主的仁义比遵守重要的礼制规范更加重要,参看卷十九《大略第二十七》,第 488 页。

② 参看《荀子·正论第十八》,第 336—338 页。在其他地方荀子解释道,即便任何人都能变成圣人,"小人"却并不想改邪归正(《荀子·性恶第二十三》,第 443 页)。而且,如他在别处澄清的那样,君主之子跻身于"小人"之列也是可能的(《荀子·王制第九》,第 148—149 页)。

至少早在周朝建立之初,贤臣是君主成功的基础这一思想就已经在很多文献中出现。贤臣帮助周朝建立的故事,以及春秋和战国时期贤臣协助君主取得成功的例子,在战国时期广泛传诵;而"明君贤臣"的配合,作为政治成功的典范,则贯穿了整个中国历史。① 荀子对此的新论在于两个方面:第一,比之前的文献他更有力地强调贤臣的权力;第二,他鼓励君主在挑选贤臣之后,远离实际政务运作,让贤臣们领导国家。

荀子对"君子"的崇尚以及他对精英分子的赞颂将在第五章详细讨论,这里我们举一个例子就足以说明问题。《王制》篇载有下面这段赞颂君子的语句:

> 天地者,生之始也;礼义者,治之始也;君子者,礼义之始也;为之,贯之,积重之,致好之者,君子也。② 故天地生君子,君子理天地;君子者,天地之参也,万物之揔也,民之父母也。无君子,则天地不理,礼义无统,上无君师,下无父子,夫是之谓至乱。③

在这段论述中,君子被赋予了一些君主才有的责任和特点:"理天地"、"民之父母"、统礼义、万物之揔,这都是君主的普遍属性。④ 用描述君主的概念来描述君子,荀子明确地暗示了道德高尚的精英对于保持社会政治秩序的重要性。因此,获得君子的辅

---

① 在最有名的周朝建立者的贤臣中,周公旦和姜太公是典型的模范;稍晚的例子还有帮助齐桓公(公元前 685—前 643 年在位)称霸的管仲。最早的关于贤臣辅佐是君主成功的关键因素的论述,参看 Shaughnessy(夏含夷),"The Duke of Zhou's Retirement";关于管仲,参看 Rosen,"In Search of the Historical Kuan Chung".

② 我接受王引之(1766—1834)的看法,将"君子"之后"之始"二字删除。

③ 《荀子·王制第九》,第 163 页。

④ 一些学者(比如廖明春,《论荀子的君民关系说》,第 41 页)认为这段话描述的是君主(这里的"君子"是君主的意思,这种用法见于《荀子·礼论第十九》,第 374 页)。但是,我认为这里指的"君子",是在孔子之后用来指代有道德的人,这种用法在《荀子》中相当常见。关于详细讨论,参看尤锐(Pines)《无所不能》。

佐成为君主的首要任务:

> 故人主欲强固安乐,则莫若反之民;欲附下 一民,则莫若反之政;欲修政美俗,则莫若求其人。彼或蓄积而得之者不世绝。……大用之,则天下为一,诸侯为臣;小用之,则威行邻敌;纵不能用,使无去其疆域,则国终身无故。①

在先前引用的文字中,君主作为独一无二的政治秩序创造者出现,而在这段论述中,君主的活动几乎仅限于寻找真正有能力的辅佐之臣,这两种论述之间的区别显而易见。荀子的确主张,"明主急得其人,而闇主急得其埶"。② 找到贤臣之后,君主将日常行政事务委托给他,而自己则垂手而治,保持有福的"无为"情况:

> 故明主好要而暗主好详。主好要则百事详,主好详则百事荒。君者,论一相,陈一法,明一指,以兼覆之,兼炤之,以观其盛者也。相者,论列百官之长,要百事之听,以饰朝廷臣下百吏之分,度其功劳,论其庆赏,岁终奉其成功以效於君。当则可,不当则废。故君人劳于索之,而佚于使之。③

这段论述引入了荀子有关君主思想的又一个关键层面:君主的清静无为是经营国事的最好方法。很显然,这一思想和"无为"观念紧密地联系在一起,而后者在战国后半叶变得非常普遍。"无为"思想的整体演进和哲学背景已经被广泛研究过,但是这里值得指出的是,这一思想和君主观之间具有密切的关系。④ 最早提倡

---

① 《荀子·君道第十二》,第235—236页。
② 同上,第230页。
③ 《荀子·王霸第十一》,第224页。
④ 最近讨论"无为"原则的英文著作是 Edward Slingerland（森舸澜）, *Effortless Action*. 森舸澜主要在个人修养语境内讨论"无为",而轻视其政治意涵,认为"无为"的政治侧面是其作为"精神理想"的主要意涵的衍生面,甚至是有害的衍生面 （转下页注）

将这一思想和君主的职能联系在一起人物之一是申不害。他主张：

> 镜设精无为，而美恶自备；衡设平无为，而轻重自得。凡固之道，身与公无事，无事而天下自极也。①

申不害对君主无为的坚持，并不仅仅是呼应《老子》"无为而治"的思想，在其背后有更深层的行政管理的理想。君主应该把持权柄，而具体的"常规"事务，则由官吏来做，君主只要监督好他们就可以了。对申不害和观点与之相类的慎到而言，这样就可以协调君主的个人能力及其繁杂事务之间的关系。② 荀子明显继承了前人的思想，但是他对于君主"无为"（更准确地说是不干预日常政务）的解释更加全面。申不害和韩非子（下文将要谈到）都将大臣看作君主潜在的敌人，而荀子认为如果贤臣被选拔，他们就会变成君主可以依靠的臣仆。因此君主甚至可以最小化自己的监督职能，而将其委托给贤相。

荀子的安排，第一眼看上去，似乎是基于君主不适任的情况而设计的一种巧妙的方案。因为贤臣都是精心挑选的，一定是国中最优秀的人才，鉴于他们的道德和智谋，将行政事务委托给他们会

（接上页注）（第 6 页）。这种极端的拒绝"无为"的政治意涵的做法，是基于对于几个主要战国文献的性质及断代的非常值得商榷的假设；在笔者看来，这是森舸澜论述的不足之处。很多其他讨论"无为"的政治意涵的研究，都是从汉代政治的角度进行讨论，比如Ames(安乐哲)，*The Art of Rulership*，28—64；有马卓也《'无为の治'の理论构造》。有关"无为"的早期政治运用，参看刘泽华先生的精彩讨论，《中国传统政治思维》，第404—443 页。

① 　Creel（顾立雅），*Shen Pu-hai* 1(9)：351—352。

② 　申不害解释道："明君如身，臣如手；君若号，臣如响。君设其本，臣操其末；君治其要，臣行其详；君操其柄，臣事其常。"(Creel, *Shen Pu-hai*，1[4]：346—347，《大体》篇；也看 Creel 在第 59—79 页对申不害观点的讨论)。慎到论道："臣事事而君无事，君逸乐而臣任劳，臣尽智力以善其事，而君无与焉。仰成而已，故事无不治。"(Thompson ［谭朴森］，*Shen-tzu*，"民杂"，253；关于慎到的观点，参看刘泽华《中国政治思想史》，第 270—285 页)。

对政府有利,也有利于君主的休息。休息似乎被看作是对君主的奖励,这反映了战国晚期思想中"无为"思想的广泛性。在荀子对有序政府的讨论中,君主的"无为"是一个不断出现的话题。[①] 而且,荀子提醒君主,信任官员是突破自身能力局限的唯一方法:一个人是永远不可能掌握全部政府事务的方方面面的,因此,"人主不可以独也。卿相辅佐,人主之基杖也"。[②] 但是我们要问,君主的所有任务都委托给了臣下,他还剩下什么权力?

这个问题的答案是,君主手中几乎没有什么权力了。在选好贤相之后,君主应该从日常行政事务中退出,这意味着他对政府政治的干预变到最小。《荀子》中的一些论述表明了作者期望一个理想的状态:能臣以支持他的君主的名义管理国家,而君主又不干预他的施政过程。在荀子看来,周公——荀子最为推崇的政治家——和其侄子成王(公元前 1042—前 1021 年在位)就是这种理想的组合。成王早期的统治是在周公的摄政下进行的:

> 大儒之效:武王崩,成王幼,周公屏成王而及武王以属天下,恶天下之倍周也。履天子之籍,听天下之断,偃然如固有之,而天下不称贪焉。杀管叔,虚殷国,而天下不称戾焉;兼制天下,立七十一国,姬姓独居五十三人,而天下不称偏焉。教诲开导成王,使谕於道,而能揜迹於文、武。周公归周,反籍於成王,而天下不辍事周;然而周公北面而朝之。……天下厌然

---

① 比如,荀子曾指出将礼制严格运用于实际中将使统治变得完美,"天子共己而止矣"(《荀子·王霸第十一》,第 220—221 页);在《荀子》的另一处,清静无为被描述为对君主严守道德规范的奖励(《荀子·君道第十二》,第 232 页);最强烈的对君主无为的呼吁出现在《王霸》篇,荀子将"有为"定义为"匹夫"和"役夫"的属性。荀子警告,如果君主干涉日常政务,他就会堕落到"虽臧获(即奴婢)不肯与天子易执业"的地步(《荀子·王霸第十一》,第 213 页)。
② 《荀子·君道第十二》,第 244 页。

犹一也。非圣人莫之能为。夫是之谓大儒之效。①

荀子对周公的赞颂可以用热情洋溢来形容:不但有关周公"履天子之籍"动机的种种猜疑被全部打消,而且其有违常规的行为,也以周王朝最高利益的名义加以正名。荀子对周公,这一中国历史上的贤相典范的崇拜并不奇怪,但对我们的讨论有意义的是荀子对待合法的君主——成王的态度。在周公的七年摄政中,成王似乎是一个不存在的君主,一个王位上的影子(他甚至缺乏"天子之籍"),一个对政务没有丝毫影响的人。这就是荀子对君主的真实期待吗?荀子对周公的理想化塑造,所谓"大儒",是否反映了他希望自己或者其他"大儒"模仿周公的做法?在理想化的君臣搭配中,君主是否仅是作为礼制领袖,正像春秋时期诸侯被其卿大夫所架空的情况一样吗?②

如果想在《荀子》中寻找清晰的答案,结果一定是徒劳的。这一话题太过敏感,不可能公开地进行讨论。我甚至怀疑荀子自己会不会问这些问题。然而,《荀子》中的一些记载提供了一些蛛丝马迹,或许能够支持我的感觉:荀子的最终理想是维持一个象征性的君主,他足够明智,可以选拔适任的宰相而不过分干预政务,让宰相以他的名义领导国家。一个证据出现在荀子和禅让思想的支持者的辩论中。其对手像《唐虞之道》和《容成氏》的作者一样(有关讨论参看第三章),宣称先代圣王的禅让是因为他们年迈以及退化的身体状况:

> 曰:"老衰而擅。"
> 是又不然。血气筋力则有衰,若夫智虑取舍则无衰。

---

① 《荀子·儒效第八》,第114—117页。
② 荀子在别处赞同成王对周公的听顺:"故成王之于周公也,无所往而不听,知所贵也。"(《荀子·君子第二十四》,第452页)。

    ……天子者，势至重而形至佚，心至愉而志无所诎，而形不为劳，尊无上矣。衣被则服五采，杂间色，重文绣，加饰之以珠玉；食饮则重大牢而备珍怪，①期臭味，曼而馈，伐皋而食，雍而彻乎五祀，执荐者百余人，侍西房；居则设张容，负依而坐，诸侯趋走乎堂下；出户而巫觋有事，出门而宗祝有事，乘大路趋越席以养安，侧载睪芷以养鼻，前有错衡以养目，和鸾之声，步中武象，趋中韶护以养耳，三公奉軶、持纳，诸侯持轮、挟舆、先马，大侯编后，大夫次之，小侯元士次之，庶士介而夹道，庶人隐窜，莫敢视望。

    居如大神，动如天帝。持老养衰，犹有善于是者与？不老者，休也，休犹有安乐恬愉如是者乎？故曰：诸侯有老，天子无老。②

上述对天子美满生活的详细讨论，揭示许多《荀子》中的微妙之处。《唐虞之道》认为只有成熟、身体状况合适的人才能担任天子；但是荀子与之完全不同，他坚持认为，君主的身体条件对其整体职能的影响微乎其微。天子的生活似乎纯粹是礼仪性的，甚至有可能一些重大事务，比如朝会和出巡，也被礼仪化到不由天子一个人单独完成的地步。在荀子眼中，君主不需要做艰难的决定，不需要为紧急事务通宵达旦，不需要带兵打仗，也不需要单独巡视偏远的地区。他的功能主要是仪式性的：他被提供最好的生活供应，身边都是最高而又谦卑的达官显贵，他可以享受最好的生活，但是不应该在政治领域进行干涉。天子活动的礼仪化最终导致他的去个人化——他独立和积极行动的可能性被严重削弱。"天子者，势至重而形至佚"这样的表述很好地反映了荀子对君主行为合理模

---

    ① "牢"是祭祀用的祭品，包括一头牛、一只羊和一只猪。
    ② 《荀子·正论第十八》，第333—336页。

式的总体观点。①

那么,荀子的君主观到底是什么? 我们可以从他的观点中发现三种不同的模式:第一,存在一种理想的"王者",至高无上的统治者,他的道德示范作用会导致臣民模仿,他无与伦比的能力和道德使他能够将天下治理得井井有条。第二,普通君主,对这种君主,荀子建议很简单:他应该挑选辅佐大臣而将权力委托给他们。这类君主的智识足以拔擢贤臣,之后他自己的职能在很大程度上变成礼仪性的。最后,就第三类荀子在一些段落进行了讨论:名义上的君主,小孩或者年迈的君主。为了避免该君主的身体(甚至可能精神)方面的不足而危害国家和王权,就必须有一个代理人代其行使权力,或者,至少要有严格的礼制规范以避免国家内乱。

在同一本书中同时存在着不同的——有时候甚至是矛盾的——君主模式,这并不说明作者对这个问题有所忽略;也不能由此得出结论这本书是由不同的作者完成的。② 荀子也许是针对不同的听众论说的重点不同,或者随着时间推移他自己的思想发生了变化,但笔者认为,这三种不同的君主类型正好反映了荀子对君主主义的一些问题有深刻的认识。正像前面所论,荀子继承了前代思想家的王权思想,尤其是这个很重要的理论前提,即任何权威分散的做法都会导致灾难,任何对君主权力进行制度性限制的做法都会引发国家内乱。然而同时,荀子也清醒地认识到无能君主——其地位不是基于才能而是完全基于血缘——拥有毫不节制的权力的弱点。他最终混合了不同类型的统治方式,创造了新颖的统治方法,以符合各种类型的君主,包括能胜任的君主、平庸的

---

① 另参看《荀子·王霸第十一》;第 212 页;《荀子·君子第二十四》,第 452 页。

② 《荀子》中的各篇及各章的写作年代被 Knoblock 在其 *Xunzi* 中讨论;并参看 Knoblock,"Chronology"及廖名春《〈荀子〉各篇写作年代考》。

君主和无能的君主。① 在每个类型中,君主与其近臣以及与民众的互动,在很大程度上随其才能而改变,君权原则一直得到维持,但具体的一些统治内容会发生变化。

我们晚些时候将讨论荀子对中华帝国政治文化的影响,但先要讨论荀子解决昏庸君主问题的方法是否是独特的,还是类似的方法也被其他的同时代的思想家提出过。为了回答这个问题,我们要聚焦于荀子最著名的弟子,即韩非子。韩非子很可能是中国历来最主张集权于君主的一位政治思想家。

第二节　韩非子:无上权力的去人性化

韩非子是荀子的学生和思想上的对手,其思想成熟程度与老师荀子类似,但是在一些关键观点上意见相左。对我们的讨论而言有两个方面比较重要:个人修养在政府事务中的角色,和君臣关系的实质。就第一点而言,韩非子反对国家依赖君主个人德行这一思想,更不认为民众的道德修养对国家有什么影响。只有完善的制度和严厉而公正的法律,才能确保民众的服从和社会的健康运行。第二,韩非子强烈否认君臣长期合作的可能性。在一个私利至上的社会中,君主应该慎防臣下而不是依赖他们。正如荀子承认奸臣存在的可能性,韩非子也基本上承认存在着真正忠诚的大臣,但是两者对于君臣关系的观点是正好相反的。②

除了这两个主要的区别,荀子和韩非子在如何将他们的理论付诸实践方面也存在严重的分歧。荀子可谓是中国历史上最伟大

---

① 第4种君主,即邪恶的君主,并不属于我们的讨论范围。在这种君主的统治之下难以确保正常的生活。

② 关于韩非子对君臣关系的观点,以及与荀子的比较,参看小崎智则《〈韩非子〉の'忠'について》;Goldin,(金鹏程)"Han Fei's Doctrine."

的政治理论家,而韩非子则更多聚焦于君主直接面对实际问题,而不是理论建构。尽管韩非子屡屡展现出超高的理论水平,他主要的关注点是如何解决实践中君主权威所面对的挑战。在其著作中直接给君主所提的实践层面的建议在全书占有显要地位,远非《荀子》可比。[①] 金鹏程(Paul Goldin)甚至注意到韩非子完全没有真正强有力的政治理论,而"其主要目的就是阐述他的私利原则,并提醒读者忽视这一原则将会导致严重的后果"。[②] 我认同金鹏程的分析,但是我也相信韩非子执着于创立无所不利的统治秩序这样一个更高的目标,而这一执着——尽管是微妙的——与他愤世嫉俗的分析相冲突,因而在其有关君主的思想中产生了很大的紧张。

确保君主权力

韩非子的理论观点大多集中于传世《韩非子》的前两卷,特别是《扬权》篇。在《扬权》中,韩非子将君主的一统权力和道的一元化联系在一起:

> 夫道者,弘大而无形;德者,覈理而其至。至于群生,斟酌用之,万物皆盛,而不与其宁。道者,下周于事,因稽而命,与时生死。
>
> 参名异事,通一同情。故曰"道不同于万物,德不同于阴

[①] 关于韩非子的政治哲学的详细讨论,参看 Wang and Chang(王晓波和张纯),*The Philosophical Foundations*;关于韩非子思想对战国现实的反映,虽短但极富创见的研究,参看尹振环《从王位继承和弑君看君主专制理论的逐步形成》。我在分析中摈弃了与《老子》思想关系密切的《解老》和《喻老》(第 20—21 篇)两篇,因为它们的出处依然存在激烈的争论,而且很明显是由不同作者编辑而成的,参看 Sarkissian, "*Laozi*"。对《韩非子》各章真伪的判断,参看 Lundahl, *Han Fei Zi*。

[②] Goldin, "Han Fei's Doctrine," 65.

阳,衡不同于轻重,绳不同于出入,和不同于燥湿,君不同于群臣。"凡此六者,道之出也。道无双,故曰一。是故明君贵独道之容。君臣不同道,下以名祷。君操其名,臣效其形,形名参同,上下和调也。①

韩非子将君主和道相比拟并不是特例,它呼应了《老子》之后的一些文献——这些文献在第二章讨论过。对韩非子来说这个比拟,正如我们下文将要揭示的那样,有助于表现其所主张的君主无为的理念。而在上面所引章节中,道的象征意义被用来支撑君主权力的独一无二;然而在《扬权》篇的后文中没有再讨论这一话题。对韩非子——很可能也对他的大多数听众而言——君主的无上地位已经很明显,不需要再做进一步的细致描述。韩非子在与不同对手的辩论中有效地运用了这一自明之理,比如对提倡禅让的思想家,或者提倡正义革命的思想家。韩非子在《忠孝》篇中提出了如下的批评:

> 天下皆以孝悌忠顺之道为是也,而莫知察孝悌忠顺之道而审行之,是以天下乱。皆以尧、舜之道为是而法之,是以有弑君,有曲父。
>
> 尧、舜、汤、武或反君臣之义,乱后世之教者也。尧为人君而君其臣,舜为人臣而臣其君,汤、武为人臣而弑其主、刑其尸,而天下誉之,此天下所以至今不治者也。夫所谓明君者,能畜其臣者也;所谓贤臣者,能明法辟、治官职以戴其君者也。今尧自以为明而不能以畜舜,②舜自以为贤而不能以戴尧,

---

① 《韩非子·扬权第八》,第46—47页。对"形名"理论的详细讨论,参看 Makeham(梅约翰),"The Legalist Concept of *Hsing-ming*."

② 指在尧统治下及在突然被拔擢之前,舜的卑微地位,参看《韩非子·难一第三十六》,第349—350页。

汤、武自以为义而弑其君长，此明君且常与而贤臣且常取也。故至今为人子者有取其父之家，为人臣者有取其君之国者矣。父而让子，君而让臣，此非所以定位一教之道也。①

韩非子从荀子关于王权对保持道德社会秩序（基于"孝悌忠顺之道"）极为重要的理论假设而得出逻辑推论：如果君主是这种秩序的顶端，那么对君主的攻击就是极其恶劣的，而世袭王权本身就是神圣的。韩非子反对禅让和正义革命这两种试图选择最佳君主人选的制度安排，因为其中任何一个都会损害王权的根基，因而从整体上损害社会秩序。从逻辑上说，维护君主的绝对权威变成思想家和政治家最为重要的任务，而这正是韩非子在大部分篇章中所着重论述的内容。

正是基于维护君主权力的层面，韩非对战国政治思想做出了他最重要的贡献。没有任何其他的思想家——甚至包括商鞅和申不害，其思想部分为韩非子所吸收——像他一样明确地倡议维护君主的利益，也没有任何一个已知的思想家敢于像韩非子一样强烈地抨击君主的大臣，将任何君主身边的大臣都描述为君主潜在的致命敌人。君主最苛刻也最具威胁的敌人，准确地说，就是大臣。这些人是荀子所赞颂的，而韩非子却将其形容为饿虎——除非君主能够压服他们，不然就会被他们吞噬。② 在《扬权》篇中，韩非子解释道：

> 黄帝有言曰："上下一日百战。"下匿其私，用试其上；上操度量，以割其下。故度量之立，主之宝也；党与之具，臣之宝也。臣之所不弑其君者，党与不具也。故上失扶寸，下得寻

---

① 《韩非子·忠孝第五十二》，第 465—466 页。
② 《韩非子·扬权第八》，第 49—50 页。

常。有国之君，不大其都；①有道之臣，不贵其家。有道之君，不贵其臣。②

这是一段令人吃惊的论述：大臣的本性是阴谋和谋杀者，他们之所以不谋害君主只是因为还没有做好充足的准备，而不是不想这么做。韩非子对弑君和篡位话题的执着显得非常怪异，在他所处的时代此类事件的发生毕竟是非常少数；他或许想通过恐吓君主而获取后者的信任。③ 他的警告并不局限于大臣：君主应该提防他身边的所有人。他的"贵夫人"、宠妾、太子——所有这些人都盼望着他的暴毙从而确保自己的地位。威胁也来自君主的"父兄"、"同床"、侏儒等身边人，当然也来自善辩的"士"们——他们与外国势力串通来威胁他的国家。君主不应该相信任何人；所有人都应该被怀疑；任何的不察都会害君主丢掉性命和权力。④

韩非子所描述的猜疑的君主，与 Gabriel Garcia Marquez（加西亚·马尔克斯）的 *Autumn of Patriarch*（家长的没落）中的独裁者非常相似，但君主还有机会避免悲惨的命运。尽管他不能相信大臣的意见，但是他必须比臣下聪明并且能够利用他们为自己服务。韩非子以他惯有的坦率谈道：

---

① 国中第二重要的城市会成为京师的竞争者，当反叛发生时，就会成为反叛的基地，在春秋时期，有好几次这样的叛乱发生，因此在当时这一观点已经变得为人熟知。参看《左传》隐公十一年，第 11—12 页。

② 《韩非子·扬权第八》，第 51 页。

③ 在晋国和齐国的统治家族被推翻之后的一百五十年中，仅仅在少数国家发生了篡位事件，包括宋国、周王室的分支，以及燕国发生的子之事件，这清楚地表明韩非子对大臣谋乱的规则仅仅是一种异常的事情。整个战国时代，只有六个君主为臣下所弑，与春秋时代相比，数量显得非常少(尹振环《从王位继承和弑君看君主专制理论的逐步形成》，第 21 页)。是否韩非子所述是基于春秋的史实而非战国的？或者他察觉到那些没有实现的、因而在历史上没有留下痕迹的政变企图呢？

④ 参看《韩非子·八奸第九》，第 53—55 页；《难四第三十九》，第 382—383 页；《三守第十六》，第 113—114 页；《备内第十七》，第 115—117 页。

且臣尽死力以与君市，君垂爵禄以与臣市，君臣之际，非父子之亲也，计数之所出也。君有道，则臣尽力而奸不生；无道，则臣上塞主明而下成私。①

那么君主如何才能压服大臣呢？一方面，这一任务的完成需要极富睿智。韩非子沿用申不害的观点，明确地指出，"明君"将不会被大臣的花招所误导，反而会严厉地监督他们，避免个人感受的陷阱，永不展现自己的情绪，严格地将权威——赏罚——牢牢地掌握在自己手中。② 另一方面，韩非子并不真心相信君主的智慧足以恰当地维护君主权威。相反的，君主应该首先依靠"道"：也就是完善的法律和行政机构：

夫为人主而身察百官，则日不足，力不给。且上用目，则下饰观；上用耳，则下饰声；上用虑，则下繁辞。先王以三者为不足，故舍己能而因法数，审赏罚。先王之所守要，故法省而不侵。独制四海之内，聪智不得用其诈，险躁不得关其佞，奸邪无所依。远在千里外，不敢易其辞；势在郎中，不敢蔽善饰非；朝廷群下，直凑单微，不敢相逾越。③ 故治不足而日有馀，上之任势使然之。④

韩非子呼应了荀子以及之前思想家有关君主不能独自管理国事的警告，但是他们的原因则完全不同。荀子认为君主的问题在于个人能力有限而无法掌握庞大的信息，因此他建议君主应该依靠自己的臣下。对韩非子而言，这些臣下正是问题所在：正是由于

---

① 《韩非子·难一第三十六》，第352页。
② 关于申不害的观点，参看 Creel（顾立雅），*Shen Pu-hai*，59—79。
③ 根据王先慎（1859—1922年）的见解，那些"直凑"的人指的是强势的大臣，有着大量追随者。参看王先慎《韩非子集解》，第36—37页。
④ 《韩非子·有度第六》，第36—37页。

他们的险恶阴谋导致君主得不到可靠的信息。因此解决问题的方法不是增强大臣的权力，而是操纵压服他们。公正的法律、对大臣行为的检查和再检查、对形和名（即分派给大臣的工作和他实际的成就）的严格监督，所有这些是健康统治的保证。运用这些办法，并且充分垄断赏罚的权力，君主就能确保自己的地位，而且，即便有臣下的阴谋和恶意作为，君主仍然能够实现自己的政治目标。

隐形的君主

韩非子清醒地认识到一个如他所追寻的完美体制，可能会成为暴君——一个极恶君主——实现自己邪恶目的的工具，进而给自己和臣民带来灾难和毁灭。然而，对韩非子而言，这仅仅是维护一个普通君主治下合理社会秩序所要付出的代价，尽管可惜但是无法避免。作为一个现实主义者，韩非子并不奢望有一个真正的明君来统治，但是同样的，像桀、纣这样的怪物也是特例。因此，当他在维护慎到有关君主应该依靠"势"而不是个人修养治理国家时，韩非子勉强承认制度性方法存在偶尔不恰当的可能性，但是他又论述道：

　　且夫尧、舜、桀、纣千世而一出，是比肩随踵而生也；世之治者不绝於中，吾所以为言势者中也。中者，上不及尧、舜而下亦不为桀、纣，抱法处势则治，背法去势则乱。今废势背法而待尧、舜，尧、舜至乃治，是千世乱而一治也；抱法处势而待桀、纣，桀、纣至乃乱，是千世治而一乱也。且夫治千而乱一，与治一而乱千也，是犹乘骥骓而分驰也，相去亦远矣。①

---

① 《韩非子·难势第四十》，第392页。

　　韩非子的立场非常清楚：公正的法律和规定能使君主将自己的权力发挥到极致，相对于天真地期盼道德王者的出现，这更可取。但上面的论述还有别的意思。通过明确阐明其建议主要是针对"中"君而言，韩非子调整了自己经常提到的对"明君"的期望。"明"作为一个形容词，不仅有见识清晰的含义，而且带有神圣的意思——它也作为神明的修饰语——对韩非子而言，这一形容词可以用到普通君主身上。实际上，倡导合理的制度安排，从而使没有杰出智慧和圣人品质的君主也能够确保自己的地位，是《韩非子》中反复论说的主题。值得指出的是，尽管韩非子的解决方案是制度性的，并不基于一个贤臣，但是他与荀子在涉及君主"无为"方面，则有着类似的观点。韩非子对"无为"的倡导相当普遍，甚至带有一种乌托邦的色彩，这对韩非子而言相当不寻常：

　　　　古之全大体者：望天地，观江海，因山谷、日月所照、四时所行、云布风动；不以智累心，不以私累己；寄治乱于法术，托是非以赏罚，属轻重于权衡；不逆天理，不伤情性。①

　　在这个被创造出来的并不明确的"古"时代，韩非子描述了一个理想统治，这一统治形式混合了君主对天道和人情的顺从。对"大体"规则的遵守将使君主获得幸福的安宁：

　　　　故至安之世，法如朝露，纯朴不散，心无结怨，口无烦言。故车马不疲弊于远路，旌旗不乱于大泽，万民不失命于寇戎，雄骏不创寿于旗幢；豪杰不著名于图书，不录功于盘盂，记年之牒空虚。故曰：利莫长于简，福莫久于安。②

　　韩非子所描述的完美状态再次印证"无为"思想在战国思想家

①　《韩非子·大体第二十九》，第209页。
②　同上，第210页。

之间的普及,而且,如荀子一样,韩非子的描述是在诱使君主采纳其设计的统治秩序。然而在《韩非子》中,乌托邦式的描写是相当少见的。对于君主的无为,韩非子采取了各种不同的论述,其中有一些论述具有复杂的哲理,比如《主道》篇中的论述:

> 道者,万物之始,是非之纪也。是以明君守始以知万物之源,治纪以知善败之端。故虚静以待令,①令名自命也,令事自定也。虚则知实之情,静则知动者正。有言者自为名,有事者自为形,形名参同,君乃无事焉,归之其情。②

韩非子劝诫君主遵从"道"而保持宁静,这与其他战国晚期文献的类似论述如出一辙,而这些文献往往与所谓"黄老"传统联系在一起。③《老子》的巨大影响——至少在《韩非子》的词汇方面——在上述章节中也清晰可见。然而,韩非子很快就抛开了纯粹的哲学论述,转而从实务方面劝导君主无为:

> 故曰:君无见其所欲,君见其所欲,臣自将雕琢;④君无见其意,君见其意,臣将自表异。……明君之道,使智者尽其虑,而君因以断事,故君不穷于智;贤者敕其材,⑤君因而任之,故君不穷于能;有功则君有其贤,有过则臣任其罪,故君不穷于名。是故不贤而为贤者师,不智而为智者正。臣有其劳,君有其成功,此之谓贤主之经也。⑥

---

① 很可能,"令"是"命"(即天命)的意思,否则难以解释君主在等待谁的命令。
② 《韩非子·主道第五》,第 26 页。
③ 比如,参看马王堆出土《经法》的《道法》和《论》篇(《黄帝书》,第 1—13 页和第 55—66 页;Yates[叶山],*Five Lost Classics*,第 50—54 页和第 80—86 页)。或者参看《管子·任法四十五》,第 900—901 页。
④ 即大臣会美化君主的愿望进而引诱他信任自己。
⑤ 我接受卢文弨(1712—1799)的意见,将"敕"读作"效"。
⑥ 《韩非子·主道第五》,第 26—27 页。

从保持沉默和打消欲望中，君主可以获得双重好处。第一，他避免了上奸猾大臣的当；第二，他可以操纵大臣进而获得荣耀和名声。在这里，韩非子对君主将获得超预期名声做出许诺，旨在诱使君主接受其观点。韩非子暗示即便君主不贤不能，也可能成为其贤臣的老师和矫正者，这再一次揭示了韩非子对君主道德和智慧的超低预期。作为社会政治秩序的顶端，君主非常重要，但是君主也是人——甚至经常是无能的人。而这正是完美行政体制的目标，正如作者所展望的那样，使得平庸的君主也能履行自己的职责而不危害自身和过分压榨他们的臣民（这一点多有暗示，但是从未清晰地表述出来）。

韩非子展望的结论——完美运行的行政机器维护着甚至是平庸的君主的权威——似乎是解决昏庸君主情况的令人信服的方法，但是这一方案有着难以解决的内部冲突。第一，最明显的问题是，公正的法律和规定也是由人——韩非子所定性的狡猾阴险的官员——来执行的。如果如韩非子所论，君主不能信任任何大臣，那么法律规定如何工作呢？第二，君主呢？既然君主被法律和规定所绝对压制，不能表达自己的欲望，甚至不能表现出自己的感受，那么他的权力还剩下什么呢？难道韩非子所谓的至高无上的君主不会变成自己职位的奴隶吗？

这一问题并非没有意义。我们越细读韩非子倡导的君主应该掩饰、公正、没有感情流露、不干涉日常政务，我们越能感觉到君主不但是隐形的，而且变成某种程度上无用的、没有个性的东西。他永远被督促着表现"公"的属性，这意味着他必须舍弃表达个人意见的权力，而且不能让他的"私"影响到政策的制定。① 所有这一

---

① 韩非子主张君主应该"去私曲就公法者"，否则 "人主释法用私，则上下不别矣"（《韩非子·有度第六》，第 32 页）。在别处韩非子主张"人主"要"去好去恶"（《韩非子·二柄第七》，第 43 页）、"去私恩"（《韩非子·饰邪第十九》，第 128—129 页；（转下页注）

切造就了一个彻底去个人化的君主，他变成一种权力工具，当然是他个人权力的工具，但是没有任何可能实践其真实意志或者对政策制定施加个人的影响。像他的老师荀子一样，韩非子宣扬的理想君主的象征性存在非常重要，但其个人影响应该降到最低。

第三节　臣下的陷阱？

　　荀子和他的弟子韩非子之间的共同之处似乎比我们第一印象要明显。两个人都认为君权是社会政治秩序的基础，因此君主的权力从理论上应该是不受限制的；两个人都赞同王朝世袭的继承模式，而反对树立贤王的替代方案。虽然他们在王者问题上存在分歧，荀子比韩非子对王者存在较高的期望，然而，他们对平庸君主的实际建议却令人惊奇的类似。尽管荀子建议君主将权力委托给臣下，而韩非子反对这种观点，但是最终两人都认为君主不能独立运作政权，也不应该干预日常政务。君主地位至高无上的代价是要从其不受限制权力的实际运作中退出来。

　　这两种表面相对立的思想的最终重合并不是偶然的。战国晚期文献常常主张诸如君主要公正、抑制感情和无为，而这些被认为是政治智慧之精髓。比如，《管子·任法》篇就清楚地建议，君主不应依赖自身的知识或者个人的好恶，而应该遵从中道，最终达到幸福的无为境地，而且，君主明确被要求守公法，"任法而不任智，……任公而不任私"。几乎所有的战国晚期的主要文献，从《管子》到

（接上页注）参看《用人第二十七》，第205—206页）。因为上述这些话，我不同意 Goldin（金鹏程）的意见，即认为《韩非子》中的"公"跟君主的"私"没有区别（"Han Fei's Doctrine，"第59页）。笔者认为韩非子像其他战国时代的思想家一样，以国君为公共利益的代表者，他只担心君主由于私人的"好恶"或者由于其臣下的谋略而抛弃"公"。韩非子跟其他思想家所不同的是，他认为君主应该保护"公"的行为，不是为了抽象的道德而是为了其个人利益。

《吕氏春秋》，从申不害的残篇到马王堆"黄老"帛书，都同样建议君主保守公正，而不过分地干预国家政事。[①] 不同的文献为君主的去个性化提供不同的论证：或者需要遵从天道，或者要守公法，或者有道德的要求，或者是对付奸猾大臣的需要。有人建议君主应该信任自己的大臣，而有的则警告其防范大臣的阴谋；有的建议保持秘密姿态，有的认为他应该扮演道德楷模，但是相互辩论的思想家中似乎没有人支持君主在日常政务中扮演积极角色，或者以个人身份干预大臣事务的想法。

　　是什么原因导致相互敌对的思想家达成一致？或许有两个原因，第一，很可能许多或者绝大多数思想家真的认为，君主干预日常行政事务会使他筋疲力尽；为了避免这种情况，君臣之间的分工变得必要和可以接受。但是，另外一种阴谋式的解释也浮现出来：这些思想家可能只是想把实际权力把持在自己阶层的手中，也就是说，在大臣手中。君主被推到理论上至高无上的地位，但实际上仅仅是不重要的傀儡。这些思想家们通过"法"、"礼"和"道"的要求来约束君主，这有效地使君主中立化。君主保持自己的象征地位，但是并不直接实践自己的意志。以这种方式思想家们力图确保，即便是平庸的君主也不会危及自己的国家。如果在不同的文化语境中理解，我们会得出结论说君主应该是"万能的上帝"（Almighty God），而大臣相当于他的祭司和先知，是其高深莫测的意

---

　　① 参看《管子·任法第四十五》，第 900—912 页；《管子·君臣上第三十》，第 545—567 页；《吕氏春秋》卷十七《审分第一》，第 1029—1030 页；卷十七《君守第二》，第 1049—1051 页；卷十七《任数第三》，第 1064—1067 页；卷十七《勿躬第四》，第 1077—1079 页；卷十七《知度第五》，第 1091—1093 页。《黄帝书》之《道法》、《国次》、《君正》、《大分》、《四度》篇，第 1—55 页；Creel, *Shen Pu-hai*，346—352（《大体》篇）。类似的思想也影响了《周礼》这部战国晚期的（很可能是汉朝早期）、对理想君主制做蓝图描述的著作。Lewis（鲁威仪）认为，在《周礼》中，"隐形的、无形的和无为的君主藏身于可见的、有形的和积极的官员之后"（*Writing and Authority*，48；关于《周礼》的年代，参看彭林《〈周礼〉主题思想与成书年代研究》）。

志和日常生活之间的媒介。①

通过将君主拔高到超人类高度而使之中立化的思想，尽管看起来非常富有说服力，但也难以避免内在的冲突。在第二章结尾，我提到过，在战国时代（甚至之后）都没有思想家敢于提出制度性约束君主的建议。相反，他们倾向于通过劝谏术来达到约束的效果，劝诫君主为了国家和自己的利益，约束和压缩自己的活动。问题是，劝谏术有其局限性。尽管很多君主会满足于自己理论上的超人类的权力，而作为礼制领袖享受好的生活，另外一些君主则有更为长远的打算，他们的个性也并非偏于清静无为；这样的君主要掌控，而不是仅仅统治。他们想要获得有效的权力，而这个在制度上合理的诉求，不可避免地与大臣的普遍情绪形成冲突。这种冲突在第一个统一王朝——秦朝建立之后不久就确实发生了。

第四节　尾声：秦始皇和他的余波

公元前221年秦国统一"天下"是中国历史上最重要的事件。尽管通过一百多年，秦国的军事和经济力量不断增强，给予了其他诸国沉重的、致命的打击，并逐步蚕食它们的领土，但是极少有人相信，在十年之中，经过大规模的战争，秦国能够将其他"六雄"全部吞灭。统一的巨大胜利和其他诸国根本没有组织起有效的抵抗，使秦王和其大臣志得意满，充满自信。骄傲地宣称自己的成就超过三皇五帝，秦王采纳了一个新的头衔——皇帝（emperor），字面意思

①　无为"陷阱"的复杂性解释了为什么当代学者对这一思想及其在整个战国时期君主理论体系中的地位具有不同的评价。有些学者（比如张分田《中国帝王观念——社会普遍意识中的"尊君—罪君"文化范式》，第467—472页）认为这是君主约束臣下的又一体现；而有的学者（如张星久《儒家"无为"思想的政治内涵与生成机制——兼论儒家"自由主义"问题》）则认为这是约束君主的一种手段。更加清晰地界定"无为"理论的明显理由和微妙后果可能有利于澄清这一矛盾。

相当于西方的"August Thearch"①——从此开启了中国历史上的一个新纪元。

秦始皇的巨大成功或许是其傲慢态度的原因,因此后世他经常被尖锐批评。实际上秦始皇确实有理由将自己定位为一个救世主,他奇迹般地终结了战国时期持续不断的混战和混乱,给人类带来安宁与和平。刻在圣山之巅的石碑上的帝国宣言显示,秦始皇吸收了战国诸子的话语来树立自己的形象。② 例如,他频繁地谈到对和平和稳定的普遍诉求,向他的臣民宣告,"兵不复起",他已经"既平天下","黔首康定,利泽长久";他"烹灭疆暴,振救黔首,周定四级";通过"壹家天下,兵不复起。灾害灭除",他已经达到了"太平"。③ "壹家天下",统一"六合"、"四极"之内,秦始皇完成了战国思想家们长期的梦想,明显达到了"定于一"的目的。④

这些碑铭的另外一个重要主题是秦始皇带来的社会和政治秩序。"贵贱分明,男女体顺";皇帝"以明人事,合同父子",进而"尊卑贵贱,不逾次行。奸邪不容,皆务贞良"。这种社会稳定和个人安全相得益彰,所谓"六亲保持,终无寇贼"。⑤ 在秦朝的"明法"之

---

① 英文的"emperor"有纯政治的意思,"August Thearch"则有明显的神圣色彩.我在英文版本会交换使用这两个头衔(笔者对中文本脚注)。

② 秦始皇纪功碑碑文内容对秦朝文化研究的重要性,已经被学者细致研究过,参看两本杰出的研究,一本是Martin Kern(柯马丁),*The Stele Inscriptions*,一本是刘泽华《中国的王权主义》,第128—137页。这两种研究都纠正了之前存在的一种偏见,即认为秦朝是一个"野蛮"的王朝,是文化的破坏者,而没有什么文化创造。

③ 引文分别来自峄山碑铭(公元前221年,《史记》并未记载这一碑铭);泰山碑铭(公元前219年);琅琊碑铭(公元前219年);之罘碑铭的西观和东观碑铭(公元前218年);会稽碑铭(约公元前211年)。参看《史记》卷六,第243、245、249、250、261页,以及Kern, *The Stele Inscriptions*, 14, 21, 32, 36, 39, 49。

④ 引文分别来自峄山、琅琊、之罘碑铭(《史记》卷六,第245、249页;Kern, *The Stele Inscriptions*, 13, 32, 36)。关于"定于一",参看《孟子·梁惠王上》,第17—18页。关于秦朝诉求统一的成功,参看贾谊(公元前200—前168年)的证据(《史记》卷六,第283页)。

⑤ 引文出自泰山和琅琊碑铭(《史记》卷六,第243、245页;Kern, *The Stele Inscriptions*, 22, 26, 30, 32)。

下政治秩序得到保障:"职臣遵分,各知所行,事无嫌疑","莫不顺令";而且皇帝下令在域内"堕坏城郭,决通川防,夷去险阻。地势既定,黎庶无繇,天下咸抚"。① 这些措施导致了普遍的富庶和繁荣,"男乐其畴,女修其业,事各有序"。皇帝让"黔首是富",所以"皆终其命,莫不得意",而皇帝大恩甚至"泽及牛马"。② 根据Martynov 的雄辩定义,这些宣示是将那些思想家的"乌托邦"(utopia即"乌有之乡")变成皇帝的"在此之乡"(entopia)。③

秦始皇并没有忘记自己作为臣民道德楷模的职责。他骄傲地宣称自己"圣智仁义,显白道理",宣称"专隆教诲。训经宣达,远近毕理","禁止淫泆"。④ 人民因而相应移风易俗,"奸邪不容,皆务贞良","男女絜诚"。皇帝下令"大治濯俗,天下承风"。⑤

拥有了王者的所有属性,行使了王者的所有任务,秦始皇自然认为自己就是所宣扬的救世主(messianic figure)。他的自我神化(self-divinization,用普鸣[Michael Puett]的话说)在他统一之后马上使用新的头衔皇帝——这个头衔有明显的神圣的意涵——中表现得淋漓尽致。下一步是自我宣示为"圣人"——这一头衔在战国话语系统中仅仅用来指代先代圣王,从未被用来指代现实中的君主。而秦始皇直接称自己"躬圣"⑥,他如此喜欢这个头衔,以至于在七块

① 分别参看之罘东观、会稽、和碣石(公元前 215 年)碑铭(《史记》卷六,第 245、261、252 页;Kern, *The Stele Inscriptions*, 39, 48, 42—43)。

② 分别参看碣石和琅琊(两次)(《史记》卷六,第 252、245 页;Kern, *The Stele Inscriptions*, 43, 27—28)。关于"泽及牛马",参看同一碑铭(《史记》卷六,第 245 和 252 页;Kern, *The Stele Inscriptions*, 33, 42)。

③ 参看 Martynov, "Konfutsianskaia Utopiia," 25—30. Martynov 讨论汉代早期文献,但是他的观察也适用于秦朝的碑铭。

④ 分别参看琅琊、泰山、会稽碑铭(《史记》卷六,第 245、243、261 页;Kern, *The Stele Inscriptions*, 26, 22—23, 48)。

⑤ 分别参看琅琊和会稽碑铭(《史记》卷六,第 245、261 页;Kern, *The Stele Inscriptions*, 31, 48)。

⑥ 泰山刻石(《史记》卷六,第 243 页;Kern, *The Stele Inscriptions*, 21)。

碑铭中提到了不下十次。通过这种做法，皇帝直接对臣下宣布从此以后理想和现实达到了统一。圣人和君主合而为一。[1]

在大胆地披上王者的外衣之后，秦始皇创建了前所未有的政治情势。战国诸子给君主的实践性建议，如我们上文所论，是给平庸君主设计的，他们应该依赖臣下，将日常事务相委托。但是如果君主是个圣人，他自然会合法地进行积极的统治、干预政策制定——而秦始皇正好非常热衷于实践这个建议。相应的，在其刻石铭文中，秦始皇宣称，自己"不懈于治，夙兴夜寐"、"视听不息"、"兼听万事"。[2] 我们不知道秦始皇是否真的每天处理奏章，不达到一定重量就不休息，[3]但是刻石碑铭上的记载和他经常到偏远地方巡视的史实都显示，他不是一个消极的名义上的君主。秦朝的"大圣"希望能够掌握实际统管权力而不仅仅安于王位。

这一皇帝的新形象，战国思想家们所梦想的王者的真实体现，可谓是秦始皇为后世子孙作出的最大的一项贡献。[4] 然而，秦始皇激进地将一个有数百年历史的理想加以实践，遇到了相当大的反弹。秦朝的历史被后来带有偏见的解释和指责过分地扭曲了，以至于我们无法对当时的宫廷氛围进行可靠的复原。但是现存证据决定性地显示，大臣对皇帝的政策存在不满。[5] 非常清楚的是，

---

[1]　关于秦始皇占有这些头衔的重要性，参看刘泽华《中国的王权主义》，第131—136页。另也参看张分田《中国帝王观念》，第170—182页。

[2]　泰山、之罘东观、会稽（《史记》卷六，第243、250、261页；Kern, *The Stele Inscriptions*, 21, 39, 47）。

[3]　这是由秦廷的方士所说的，作为他们不能教授皇帝长生之术的借口，参看《史记》卷六，第258页。

[4]　关于秦汉时代皇帝的介绍性讨论，参看 Lewis（鲁威仪），*The Early Chinese Empires*, 51—64。根据鲁威仪（p. 2），这一形象并不是帝制时代的"发明"，而是战国时代理论发展的结果，正如文献中所显示的那样。

[5]　《史记·秦始皇本纪》是我们关于秦朝历史的主要史料，对于它的批评，参看 Kern, *The Stele Inscriptions*, 155—163。谨记这一批评，我们会注意到，大臣与秦始皇之间的紧张关系并不只是后世历史学家的杜撰，尽管大量有关秦朝　（转下页注）

秦始皇的狂妄自大后来成为汉代及其以后思想家抨击秦朝的主要原因之一，而且它作为秦始皇死后不久秦朝速亡的主要原因之一通常被提及。① 目睹了对秦朝的激烈批评，汉朝及以后朝代的帝王不可能再照搬秦朝的政策，但是他们也不愿意彻底抛弃秦朝的政治遗产。这种对过去的秦朝充满矛盾的评价，影响了新兴的汉帝国吸收和改造秦朝统治模式的复杂过程。

　　汉朝及后来朝代的帝王毅然沿袭了秦始皇自我塑造的一些方面。他们保留了秦始皇创造的"皇帝"头衔，以及秦朝创制的大部分皇帝用语。最为重要的是，秦始皇把圣人和君主合二为一的做法成为中国皇帝形象的核心特征。"圣"字变成了一个常规的对皇帝的形容词，被用于形容之前和在位的皇帝。② 然而，这类尊荣的词汇尽管变成君主的通常属性，但是并不意味着它依然还具备之前的字面意涵。不像秦朝，至少对于君主的神圣性还存在一些真实的信仰，在后来的朝代中基本上变成了——再次引用 Martynov 的话说——一个理想乌托邦的"标准"，而根本上脱离了它本来的内涵。③ 皇帝们常规性地将政治事务委托于自己的大臣，并且经常表现出可贵的谦卑，宣称自己才德不足，要聆听大臣的建议。大多数中国皇帝都清楚秦朝的历史教训，有意地与放纵的秦始皇保持距离。

　　表面上的谦卑和理论上的神圣并存于皇帝一人之身，从而造

（接上页注）暴政和独裁的生动细节可能是后代的发明——至少是强烈的添油加醋。

　　① 关于较早总结秦朝速亡原因的尝试，参看陆贾（约公元前 240—前 170 年）《新语·无为第四》，第 62 页。贾谊《过秦论》在《史记》卷六，第 276—284 页。

　　② 有关细节，参看刘泽华《中国的王权主义》，第 440—449 页。君主使用先秦话语中最神圣的"圣"的概念，部分地解释了为什么"圣"这一概念在非帝制语境中的使用变得不断敏感起来，正如 Csikszentmihalyi（齐思敏）在 *Material Virtue* 中论述的那样，参看 232—250。

　　③ 参看 Martynov, "Konfutsianskaia Utopiia," 29。

就了复杂动因,影响到君主与其大臣的关系。很多君主默认仅仅充任象征性、高度礼仪性的领导地位,将权力放给自己的大臣换取特权的生活和无与伦比的尊敬。但是同时,也有很多君主并不满足于仅仅充当一个礼仪性的橡皮图章。这些积极的君主——尤其是但并不局限于王朝的建立者及其直接继承人——并不想放弃影响大卜政事的企图心。但是,他们将自身神圣性和不谬性(infallibility)转化为实际权力的企图,导致他们与固执的大臣发生冲突;大臣们当然更倾向于喜欢一个清静无为的君主。这种君臣之间的紧张关系并不容易消解。一种微妙的政治"阳"(君主的神圣性和至高无上)和"阴"(普遍认识到君主也是普通人)之间的区隔并不是对每个人而言那么清楚。大臣们可以以道德和历史教训来劝谏冒失的君主,但是只要君主的无为没有被真实地制度化,大臣们更经常做的只能是通过委婉的或者直接的不顺从来阻碍君主的企图。这个情况会带来悲剧性的结果,如黄仁宇的不朽之作《万历十五年》中所描述的凄凉的政治僵局。① 回顾历史,可以说,中国的政治体系对"圣人"皇帝具有相当的"过敏",这与战国时代思想家们所宣扬的理想恰恰相反。

这是否意味着战国时代思想家们建立有效的君主集中政治体系的努力失败了呢? 未必。如果我们不以理想的王者的标准来评价中国帝制体系的成败,而将其与其他古代和现代政治制度相比,成就是相当优秀的。在正常的环境下,帝制体系允许大臣在政治决策中发挥重要的作用,而皇帝则保持在大家意见相左时最高仲

---

① "活着的祖宗"("Living ancestor")这一概念是黄仁宇在《万历十五年》中使用的概念,用于描述万历皇帝(1572—1620 年)被大臣们所赋予的角色。大臣们从内心反感皇帝表达个人感受,这常常导致尴尬的局面,比如大臣们干扰皇帝与自己活着的父亲的关系,或者干涉其怀念故去祖先的责任。参看 Ebrey 的精彩讨论,Ebrey(伊沛霞),"Imperial Filial Piety";另参看 Fisher, *The Chosen One*。

裁者的地位。尽管难以适应特别杰出和特别昏庸的君主，帝制体系，如韩非子所描述，非常适合平庸和一般的君主。由于世袭传承的原因，平庸和一般的君主多为一般情况而非特殊例子。这一体系能够延续两千年，通过改造后能适应不同类型的君主，包括农民皇帝、武将皇帝、游牧民族皇帝，等等，足以说明其不同寻常的成功。

第二编　士：知识精英

第五章

士的崛起

予尝求古仁人之心,或异二者之为,何哉?不以物喜,不以己悲;居庙堂之高则忧其民;处江湖之远则忧其君。是进亦忧,退亦忧。然则何时而乐耶?其必曰"先天下之忧而忧,后天下之乐而乐"乎。噫!微斯人,吾谁与归?

——范仲淹

这段引文出自范仲淹(989—1052 年)的《岳阳楼记》,包含了这个北宋杰出文人最为著名的一句话。[1] 作为北宋思想复兴的关键人物之一,范仲淹简单明了地总结出了中国精英自画像的主要特征。忘我地投身于崇高理想,具有天下为公的精神而又深深卷入政治(忧其民、忧其君),具有群体的认同,这一点可以从范仲淹所谓"微斯人,吾谁与归"的表述中看得出来——所有这些都是中国的君子(士阶层)自战国以后形成的特征。

在范仲淹总结的中国知识精英的特征中,两个特征——自信的理想主义和政治参与——将是本篇讨论的核心问题。在第五章

---

① 范仲淹《岳阳楼记》,《范仲淹全集》第 168—169 页。关于范仲淹的生平和思想,参看 James T. C. Liu (刘子健),"An Early Sung Reformer";Bol(包弼德),*This Culture of Ours*,166—175.

中，笔者将揭示士作为一个阶层从世袭贵族的下层脱胎而来，成为统治精英，从而改变了士对自身形象的定位，而且士阶层成功地把自己描述为整个社会的道德领袖。在第六章中，笔者将分析士对于参与政治的不同态度，揭示出尽管对肮脏的政治生涯通常表达出抵制情绪，但是辅佐君王的必须性——不管是基于自利的原因还是理想主义的考虑——对战国时代的士来说依然是主要的指导方针。在第七章中，笔者将揭示士高傲的自我意识和现实中却作为君主奴仆之间的矛盾，威胁着政治稳定，也正因为如此战国晚期的思想家们开始提议要约束士的独立性。在第七章的尾声，笔者将集中讨论这些提议在统一以后很快被付诸实践，在这种情况下，战国士阶层的继承者，帝国文人，又是如何与帝国权力拥有者之间形成一种紧张而又可持续的关系。①

　　我们以一段引自战国最晚期文献之一的论述开始我们对战国士阶层自我形象的讨论。《吕氏春秋》编纂于秦始皇统一中国的前夜，其中有一段赞扬得"道"之士的话：

> 得道之人……以天为法，以德为行，以道为宗。与物变化而无所终穷，精充天地而不竭，神覆宇宙而无望。莫知其始，莫知其终，莫知其门，莫知其端，莫知其源。其大无外，其小无内。此之谓至贵。士有若此者，五帝弗得而友，三王弗得而师，去其帝王之色，则近可得之矣。②

　　这段话显示了战国晚期与士有关的话语的一些普遍主题。非同一般的骄傲、坚定相信自己可以掌握"道"的精髓、傲慢地面对君

---

①　关于战国时期士阶层的兴起及其思想内涵，参看几位中国学者的杰出研究，尤其是刘泽华《先秦士人与社会》、余英时《士与中国文化》，特别是第 1—83 页；阎步克《士大夫政治衍生史稿》，特别是第 29—367 页；也参看 Shirley Chan（陈慧），*The Confucian Shi*.

②　《吕氏春秋》卷十五《下贤第三》，第 878—879 页。

主、甚至最好的君主需要"去其帝王之色"，才能"近可得"贤士，这些成为士形象的组成部分，也反映在很多其他的文献记载中。在本章中笔者将探索这一自我形象的形成过程并界定导致其出现的社会与思想发展脉络。笔者特别将集中于中国先秦知识阶层的两个成就：他们劝服君主相信他们对于国家福祉必不可少，以及他们获得思想独立并凌驾于权力拥有者之上。达到了这两个目标，一些士就用超人类的话语赞美自己，正如引文所描述的那样。

在谈到士阶层思想活跃的成员时，必须提醒读者的是，我所谓的"士"的概念与现代西方概念"知识分子"（intellectual）不能等量齐观，其内涵要广阔得多。在不同的语境里，士可以指武士、丈夫、侍从，或者低级官吏。在英语中它可以被指代"绅士"（gentleman）、"学者"（scholar）、"士大夫"（scholar-official）、"军官、官员"（officer）、"公务员"（man of service）、"骑士"（knight），等等。上述这所有概念都不能准确涵盖"士"的广发语义，尽管我有时用"知识分子"（intellectual）来称呼思想活跃的士——这样做或许有启发目的，但是我更倾向于不翻译而直接用"士"来称呼我的研究对象。在讨论士之前，也许应该先简要分析一下"士"作为一个概念内涵的变迁。在春秋时期，它指代的是一个明确的、但是政治意义并不突出的社会阶层，但是到了战国时期，它成为一个宽泛的称谓，指那些实际的和有志成为精英成员的人。

早在半个世纪之前，许倬云先生所做的开拓性研究已经从战国和汉代文献中扒梳出士兴起的痕迹，解释了这些最初处于边缘的社会政治角色，如何在战国时期进入到政治机器的核心。[①] 由于考古资料提供的新的数据，许倬云的研究可以得到更新和完善，该考古资料对于研究从春秋到战国时期精英阶层构成的变迁具有

---

　① 　Hsu, *Ancient China*, 34—52, 86—106.

重要意义。罗泰(Lothar von Falkenhausen)先生对楚墓的系统研究揭示,在春秋时代高级和中级贵族的墓葬,与"次级精英"(sub-elite,大体上可以界定为士阶层)的墓葬存在着刻意为之的明显区别。该区别表现在几乎所有主要的随葬身份元素上,例如成组的青铜器、墓葬用的玉器、战车部件以及武器等。但是,到了战国时期,这些明显的区别几乎消失了,至少在楚国首都附近的地区是这样。在战国时期,青铜礼器组合(或者更常见的是其陶制"明器")在以前的中低级贵族和"次级精英"的墓葬中都能看到,从而混淆了阶层的边界。尽管还没有像罗泰对楚墓那样系统的研究,但是同样的趋势在中原墓葬中也清晰可见。① 因此,从春秋晚期到战国中期,精英阶层的结构似乎发生了重要变化,这一变化或可初步定义为统治精英内部的分层化的减少和其社会基础的扩大化。

结合考古出土资料阅读文献,为研究士的崛起提供了更多的思路。士与更高贵族之间的显著区别在春秋时期的文献记载中清晰可见,特别是在《左传》中。在这段时期,士基本上是大夫的非嫡长子们,他们组成了世袭贵族中最低的阶层。正因为如此,他们大多被排除在本国的政治进程之外。诸侯国中最高的位置通常由少数几个卿大夫氏族所控制,他们有效地将其他人阻止在权力核心之外。士主要以充当贵族的家臣和管事为生,只有在极个别特殊的情况下他们才能获得举国瞩目的地位。② 而且,因为士没有自

---

① 关于罗泰的研究,参看 Falkenhausen,"Social Ranking in Chu Tombs"和 *Chinese Society*,370—399;关于北方地区的研究,参看印群《黄河中下游地区的东周墓葬制度》及氏著《论北方诸地区的春秋战国墓》。

② 西周时期存在着一定的向上的社会流动(参看 Li Feng(李峰),"Succession and Promotion"),但是在春秋时期,随着世官及世禄的制度化(参看钱宗范《西周春秋时代的世禄世官及其破坏》),这种社会流动衰落了。春秋时期士人成功地取得政治上高地位的例子较少,其中不得不提到曹刿,其卓越的战略才能使其成为鲁庄公(公元前 693—前 662 年在位)的重要助手。后世的文献要么把他描述为鲁庄公的侍从中 (转下页注)

己的世袭土地，所以也不能建立祭祀祖先的家庙，也就意味着他们在礼制上受到削弱。他们在礼制上地位的卑微可以从鲁国《春秋》看得出来，没有一个士（或者庶人）的名字在书中被提到，显然表明了其地位的卑微。①

春秋时期士的边缘化最重要的表现，也许并不是他们实际地位的地下，而是当时不利的思想环境，严重制约了他们的发展。从《左传》反映的春秋时代的思想环境来看，与士有关的"尚贤"思想并不是当时话语的一部分。在一些有关士的社会地位的记载中，有些春秋时期杰出的思想家，比如晏婴（约公元前 580—前 520年），被引用作为反对士向上流动的证据。晏婴批评齐景公："县鄙之人，入从其政"；而且提倡一种社会体系，在这种社会体系之中，士"不滔"（即不傲慢）大夫。②非常重要的是，在《左传》中，没有一个士被称为"君子"——尽管这一称呼主要的意涵是描写个人品德和智识，而不是纯基于血缘（参看下文论述）。对卿大夫——其声音记载于《左传》之中——来说，士不应该加入上层权力之中。

卿大夫的反对并不持久，到了春秋末叶，士的崛起已经成为一种普遍的现象。随着高等氏族在血腥的自相残杀中被摧毁殆尽，一些诸侯开始任命更加顺从和更少威胁的士来填补高级官僚的空

（接上页注）的刺客，曾劫持齐桓公迫使其归还鲁"汶阳之田"（《公羊传》卷七《庄公十三年》，第 2233 页），要么将其描述为一个军事战略家和政治智囊（参看《左传》和最近出土，上博出版的《曹沫之阵》）。加入未来晋公子重耳（即后来晋文公，公元前 636—前628 年在位）阵营的一群士也取得了事业的成功；在晋文公即位之后，他们被委以重要的职务。然而，这些都是极个别的例子，而这也说明春秋时期向上的社会流动是极端有限的。

① 《春秋》记载士人的负面行为时，称他们为"盗"，但是并不称其名字：参看有关郑国乱局的记载（《左传》襄公十年，第 973 页）和鲁国的阳虎之乱（《左传》定公八年，第1562 页）。值得指出的是，对一个贵族而言，其名字作为罪犯被《春秋》提起是一种耻辱，但是对士而言，甚至不值一提。

② 《左传》昭公二十年，第 1417 页；昭公二十六年，第 1480 页；以及 Pines（尤锐），"The Search for Stability," 28.

白。还有一些士由于其服务的对象地位崛起而受益,比如晋国的韩氏、赵氏、魏氏,以及齐国的田氏这些极其强大的卿氏族,到了公元前5世纪的时候,他们已经将自己的采邑变成了独立的政治实体。在成为诸侯之后,这些原来的高贵族继续任命士来充任政府官员,从而使这个阶层的成员能够跃升到权力金字塔的顶端。之后,随着战国时期行政和军事改革的觉醒,带来了政府机构的膨胀,但也为士提供了更多的任职机会。① 虽然由于缺乏可信的史料,这一演进过程的细节(实际上也是公元前5世纪总的历史的细节)无从得知,但是本世纪中士崛起的总体趋势是无法否认的。罗泰所注意到的考古证据显示的高级和低级精英的出现,也清楚地反映在战国晚期文献的记载中,而战国晚期的文献通常用"士"这一概念来称呼这一精英阶层。

因此,我们也应该注意到,战国时期兴起的社会流动模糊了士阶层的明显边界。战国文献谈到"士"的时候,指代的是非常广泛的人群,既包括带官衔的官员,又包括想成为精英成员的人。有时文献记载暗示一种共同的社会背景,有时则暗示共同的行为规范。"士"概念的多样性应该被考虑进去,以防止简单地将士等同于诸子的门徒(schoolmen)或者官员(officials);我们也不能假设所有的士都存在一种统一的意识形态和行为模式。然而,就我们所讨论的士阶层中思想活跃的部分,我们可以清楚地辨别其群体意识。在下文中,笔者将主要聚焦于这一思想群体及其不断提高的意识形态自信。

---

① 参看 Hsu (许倬云), *Ancient China*, 92—105;赵伯雄《周代国家形态研究》,第237—251页。关于战国时期政府机构的膨胀,参看 Lewis (鲁威仪), "Warring States."

第一节　"尚　贤"

士的兴起是先秦时期最为重要的历史发展之一,这一演变不但是社会变迁,而且是思想沿革,因为它带来了对精英地位实质的重新定义。思想活跃的士——孔子是这一阶层最重要的发言人——提倡对精英身份界定的新标准,瓦解了之前依据血缘决定贵贱高低的旧模式。他们的观点对于中国上层统治精英的构成具有长时段的、重大的、革命性的影响。尽管出身依然对个人的发展具有重要作用,但是其个人能力被认为应该扮演更加重要的角色。而且,这种理解深刻地影响了数千年帝制时期的士人的行为规范。

吸收并将"尚贤"思想纳入政治话语是长期演变的结果。这种思想的种子在春秋时期已经种下,这可以从当时对"君子"这一称呼的道德方面的重新阐释就能看得出来。君子是对精英成员的共同称呼,尽管这一概念的血缘内涵依旧清晰(因此《左传》从来不以此称呼士),但是它所具有的道德内涵越来越浓厚。只有行为恰当而谨慎的贵族成员才配得上这样崇高的称呼;不然他只能被叫做"小人"——这一称呼暗示其不配享有贵族地位。在一个卿大夫家族不断衰落的时代,这种对"君子"个人品质的强调,给当时的贵族阶层提供了一种令人信服的解释,说明为什么他们阶层中有的成员衰落下去了。①

孔子及其追随者是最先通过道德化"君子"的概念来为本阶层服务的思想家。在《论语》中,"君子"这一概念具有的清晰血缘世袭含义更少了,相反的,基本上成为描述仁、智、勇者的概念;这已

---

① 关于《左传》对"君子"这一概念的使用,参看 Pines(尤锐),*Foundations*,165—171。

经具备了用其称呼士的条件。但是，如果士是"君子"，那他们是否应该享有相应的社会和政治权力呢？《论语》并没有清晰地回答这一问题，这或许反映了在一个士的崛起尚不普及的时代，孔子及其弟子的自我抑制。孔子的许多名言都揭示了他的崇高理想，而他对"举直"的提倡，是有益于士向上的社会流动的，但是他没有明确地将士视为与卿大夫具有同样地位的人。① 最起码的，《论语》跟后来的文献大不一样，并没有直接支持社会流动的理念。②

尽管《论语》不如后来的著作在政治上那么激进，但是它在新兴精英塑造自我形象中扮演了关键的角色。它最先将"士"这一概念本身变成探究的对象，并且以论述"君子"的方式阐述"士"——即，首先将其作为道德概念，而不是血缘世袭的称呼。孔子反复被自己学生问到谁才可以被称为"士"，孔子的回答极其类似其对君子的讨论。士是"有志者"，而其"志"，如孔子自己一样，指道，"志于道"，也就是向往道德政治秩序的理想状态。"行己有耻，使于四方，不辱君命，可谓士矣。"简单地说，士应该因其孝悌而知名，"宗族称孝焉，乡党称悌"，或至少要"言必信，行必果"。"切切、缌缌、怡怡如也，可谓士矣"。最为重要的，他应该投入于自己的最高使命中，"士而怀居，不足以为士矣。"③

那么，士的使命到底是什么？从下面的对话中或许能看出些

---

① 关于"举直"和"举贤才"，参看《论语·为政》，第 19 页；《论语·子路》，第 133 页。然而，《论语》并未指明士必须为诸侯服务，而是为不确定的"君"服务，而"君"这个概念也可以指代卿大夫，不必指国君。而且，《论语》中特别提到卿大夫为士服务的对象，例如《论语·卫灵公》，第 163 页；《论语·子罕》，第 93 页。

② 到了战国时期，孔子思想的追随者们可能已经决定更新孔子有关社会流动的观点，将他变为一个"尚贤"原则的重要支持者。这一倾向在新发现的文献，即上海博物馆所刊布的《季庚(康)子问于孔子》中表现得很明显："尚贤"成为孔子最为重要的政策论述和建议。

③ 引文出自《论语·里仁》，第 37 页；《论语·颜渊》，第 130 页；《论语·子路》，第 140、143 页；《论语·宪问》，第 145 页。

许端倪：

> 子路（公元前 542—前 480 年）问君子。
>
> 子曰："修己以敬。"
>
> 曰："如斯而已乎?"
>
> 曰："修己以安人。"
>
> 曰："如斯而已乎?"
>
> 曰："修己以安百姓。修己以安百姓,尧舜其犹病诸?"①

　　修己的最终目标因而是政治性的——"安百姓",即恢复一种可以媲美尧、舜的统治秩序。然而,这一目标是极为困难的,几乎是不能实现的:甚至先代的圣王也不那么容易实现它。因此,士（君子）的任务成为一种沉重的负担。孔子的弟子与其老师具有类似观点:子张（公元前 503—? 年）将士定义为"士见危致命,见得思义"。② 曾子（公元前 502—前 435 年）则将士的任务如此定义:"士不可以不弘毅,任重而道远。仁以为己任,不亦重乎? 死而后已,不亦远乎?"③

　　曾子的定义是先秦文学中与士相关的最为经典的叙述之一,反映了这一新兴阶层高度的自豪感:他们在上提升统治方法,在下则提升公众利益,因此他们认为自己是社会的精神领袖。这类感情,很明显被大多数——如果不是全部——孔子的弟子所共有,预示着由士主导社会和精神生活的新时代即将到来。

　　《论语》决定性地促进了思想活跃的士的自我形象的塑造,而战国的第二个主要著作《墨子》,则给士的自信增加了新的层面,从而为其崛起提供了意识形态的支持。不像《论语》,在谈到士的社会地位时,《墨子》毫不犹豫,也不自我抑制。《墨子》自豪地宣称,士对于

---

① 《论语·宪问》,第 159 页。
② 《论语·子张》,第 199 页。根据子张的意见,士也应该"祭思敬,丧思哀"。
③ 《论语·泰伯》,第 80 页。

国家的福祉必不可缺："是故国有贤良之士众，则国家之治厚；贤良之士寡，则国家之治薄。故大人之务，将在于众贤而已。"①

在《尚贤》篇中——上述引文即出自其中——墨子开出了一张详细的旨在吸引和推崇"贤良之士"的方法。我们将在第六章详细论述他的建议，在这里笔者将聚焦于墨子对社会流动的明确支持。先描述了"尚贤"政策为古代圣王付诸实施，即"官无常贵而民无终贱"，②之后，墨子描述了其幸福的结果：

> 故当是时，虽在于厚禄尊位之臣，莫不敬惧而施；虽在农与工肆之人，莫不竞劝而尚意。故士者，所以为辅相承嗣也。故得士则谋不困，体不劳，名立而功成，美章而恶不生，则由得士也。③

墨子非常明确：即便是农与工肆这种低级阶层，也有人为国家的福祉作出贡献；相应的，不应该对社会流动设置任何限制，个人的地位只应该反映其贤能和"义"。同时，取得高位的人应该警醒于向下的社会流动。在墨子理想化的体系中，没有人的社会地位是固定的。因此，他这样解释古代圣王的选贤与能：

> ……不党父兄，不偏贵富，不嬖颜色，贤者举而上之，富而贵之，以为官长；不肖者抑而废之，贫而贱之，以为徒役。④

这里关于贵族的言外之意非常明显：在一个个人才能是唯一决定自身地位的社会里，他们的世袭特权地位不再安枕无忧。令人惊讶的是，墨子对具有几百年历史的秩序的抨击似乎没有受到反驳，没有明显举动来试图维护以血缘为基础的社会秩序。也许

---

① 《墨子·尚贤上第八》，第 66 页。
② 同上，第 67 页。
③ 同上，第 67—68 页。
④ 《墨子·尚贤中第九》，第 74 页。

在士的崛起已经变成一个不得不接受的事实以后，原先反对社会流动的声音因此被后人隐藏了；可是即便如此，在传世文献和新出土文献中找不到任何这类的声音也是令人瞩目的。因此，即便墨子说，"今天下之士君子，居处言语皆尚贤"，①或许夸大了对尚贤思想的支持，但是这清晰地反映出了从《左传》的时代开始的，发生在思想世界的巨大变化。"尚贤"已经变成了政治生活中的经典规则，而贵族悄然间放弃了他们的权力和世袭特权。

战国中期以后，很多——如果不是绝大多数的话——的君主已经坚定地接受了"贤良之士"对国家福祉不可或缺的理念。士，缺乏独立的权力基础，相对桀骜不驯的贵族而言更少威胁君权；而且他们在军事和行政事务上的经验，在一个经历着巨大政治社会变动的时代非常急需。对君主而言，招纳士为自己服务的好处变得非常清楚，国君们为了招纳贤良之士的竞争就成为一种新的思想氛围。战国以及稍后的文献，生动地描述了在这种竞争的氛围中，有些国君为了招纳贤士，甚至表现出极端的礼貌和慷慨。② 尽管我们对这些故事不可避免地要半信半疑地进行解读，但是从战国中期之后对于招纳贤士的整体态度的变化，是不可否认的。

撇开逸事记载不说，"尚贤"的政策，而更重要的，以血缘为基础的社会秩序的终结，在战国大多数诸侯国中变成了现实。尽管君主宗族的成员以及功臣子弟能更容易地获得好的官位，但是统治精英的组成发生了深刻的变化。最具决定性的变化发生在秦国，其引入了新的晋升规则，以军功和缴纳税收为准则，带来了前

---

① 《墨子·尚贤下第十》，第 96 页。

② 诸侯为了招纳贤士而表现出谦卑，其中一个典型的例子是魏文侯（公元前446—前396 年在位），他也是最早招纳贤士为其服务的诸侯之一。参看《吕氏春秋》卷十五《下贤第三》，第 880 页；卷十九《举难第八》，第 1310 页；卷二十一《期贤第三》，第1447 页。关于战国诸侯礼贤下士的记载，散见于《战国策》和《史记》之中，参看刘泽华《先秦士人与社会》，第 104—109 页。

所未有的社会流动。这一切都反映在秦国的出土文献资料中。①
在其他的国家，像楚国，虽然变化不如秦国深刻，但是其总体趋势
与秦国相当类似。② 尽管还有一些思想家批评"尚贤"思想——
或者因为贤人之间不休止的竞争会带来负面的效果，或者"贤"的
定义太过模糊——但是没有人再建议恢复之前以血缘为基础的
社会秩序。③ 士的不流血革命，在意识形态和政治实践中都完
成了。

第二节　"有道之士"

自战国中期以来"尚贤"思想获得的广泛支持，以及士崛起伫
立在政府机器的顶端，都极大地激发了士的自豪感。但该自豪感
更重要的来源是士阶层中的领导知识分子确立其思想权威的能
力。到了战国中期，士的精神领袖们——也可扩展到士阶层的全
体——成功地将自己定义为"有道之士"，即作为社会的思想和道
德领袖。"道"这个概念，笔者此处是用作指代合理的道德、社会、

---

　　① 关于秦国的军功爵制，参看高敏《从〈睡虎地秦简〉看秦的赐爵制度》；李零《〈商
君书〉中的土地人口政策与爵制》。秦国的社会流动生动地反映在出土于湖北睡虎地、
甘肃放马滩的，主要用来预测小孩的前途命运的秦国《日书》竹简中。《日书》针对秦国
一个新生儿的命运，提供了极其丰富的描述，从成为卿、大夫、吏、邑杰，到相反地，成为
奴妾。参看日书研究班《日书：秦国社会的一面镜子》；蒲慕州《睡虎地秦简〈日书〉的世
界》。睡虎地法律文书提供了更多的秦国社会流动的细节，比如其中一条规定提到王室
没有爵位的子孙（内公孙毋爵者）；法律条文中规定，即便是隶臣也可以通过战功（"斩
首"）获得公士的爵位，参看《睡虎地秦墓竹简》，《法律问答》，第 137 页和《军爵律》，第
55 页；Hulsewé(何四维)，*Remnants of Ch'in Law*，D164：174 and A91：83。关于后
者的讨论，参看 Yates(叶山)，"Slavery," 313。
　　② 关于楚国的情形，参看 Blakeley(蒲白瑞)，"King, Clan, and Courtier in
Ancient Ch'u."
　　③ 关于对"尚贤"原则应用于实践的批评性评论，参看《老子》第三章，第 235 页；
《孟子·梁惠王下》，第 41 页；《商君书·慎法第二十五》，第 136 页；《韩非子·显学第五
十》，第 456—461 页。

政治以及宇宙规则,它对于个人福祉和国家福祉都具有核心意义。① "道"变成了士独一无二的资产,不但使其能够保持在权力拥有者面前的独立性,甚至屡屡宣称自己高于统治者的道德权威。

士垄断"道",这个历史过程的某些层面至今还不清楚,而且在新的资料出现之前仍会继续不清楚,但是,梳理出这个过程的大致轮廓是可能的。② 在春秋时期,似乎并没有宫廷以外的独立的思想权威。意识形态的领导权在卿大夫手里,他们的声音主宰了《左传》的记载。即便在孔子之前存在思想活跃的士,我们得到的史料记载中也没有他的声音。到了战国时代,情况发生了巨大的变化。士阶层的思想家的权威不是来自尊贵地位(这正是他们通常所缺少的),而是来自他们的思想技能,也就是说,他们被认为是"得道"的人。因为目前并不清楚的原因,世袭贵族并没有作出任何有迹可循的努力,来和士阶层的思想家竞争,或者将意识形态的讨论牢牢地控制在自己手中。也许,春秋时期极其深刻的社会政治危机对应对方案的急迫需求,使得即便是士思想家的建议也受到欢迎。

几个意识形态的建构使得士阶层的大师们,即"诸子"能够确立自己的思想权威地位。第一是他们对过去的借用,特别是——但不局限于——与商、周的圣王联系在一起的经典性的遗产《诗经》和《尚书》。早期诸子,包括孔子和墨子,将他们很多的论述植根于他们是先代智慧的传承者这一根基之上,尽管我们已经注意

---

① 在下文的讨论中,笔者不会囿于"道"这一概念,其他的概念也会被用来指代社会和宇宙规则(比如《墨子》中的"义"、《荀子》中的"礼"等等)。"道"似乎是最方便使用的概念,正如 Graham (葛瑞汉)的 *Disputers of the Tao*(《辩道者》)所使用的那样。关于"道"这一概念的语义学探讨,参看张立文《中国哲学范畴发展史(天道篇)》,第 40—51 页。

② 关于士阶层思想家中独立思想权威的出现,存在不同的分析,参看余英时《士与中国文化》,第 26—33 页;Lewis (鲁威仪),*Writing and Authority*,53—97;刘泽华《先秦士人与社会》,第 22—39 页及第 113—119 页。

到墨子已偏离了先代模式（在第二章和第三章我们讨论过）。后来的思想家修正和丰富了"以古事今"的传统：他们引入了许多新的古代"圣王"、修改了现存的对过去的记载、而且很可能创造了一些《尚书》的新篇章。[①]　值得注意的是，春秋时期在保存历史记载方面扮演最重要角色的宫廷史官，从战国图景中消失了，从而使编辑过去历史记载的工作落入了彼此竞争的思想家手中，"先王之道"因此确定无疑地被其转述者，即士阶层诸子所利用。[②]

到了战国中期，对于过去的矛盾叙述使得对"先王之道"的诉求消退：关于它的有关记载彼此矛盾，被彼此竞争的思想家所操弄，失去了吸引力。[③]　最终，新的论述线索出现了，其中植根于宇宙对政治秩序的规定，对我们的讨论很有意义。《老子》或许是最早的倡导这些观点的著作，如果从士追寻思想独立的角度而重新考虑这个文献的思想，则很有启发性。尽管《老子》常常对"道"的不可名状及其神秘性表示抱怨，但其书仍然全面地讨论了"道"的本质，而将"道"和"先王之道"分离开来，并将其置于宇宙的高度。一旦脱离了与先王的联系，"道"就变成了任何人（当然也包括《老子》的作者）都能探寻和达到的目标。《管子》的《内业》篇（在第二章我们讨论过）将这一过程论述得更加清楚：任何熟练者通过合理的"内修"，就能获得有道者的宇宙力量。君主和大臣在"得道"的

---

① 一个典型的例子是《书经》中的《尧典》篇，参看第三章的有关讨论。

② 关于孔子称自己是"述"（转述）先王之道而不是"作"（创造）任何新的思想，参看《论语·述而》，第 66 页。墨子也有类似的观点，他宣称自己有争议的思想代表了先王真实的精神遗产；参看《墨子·尚贤下第十》，第 97 页；《兼爱下第十六》，第 178 页；《天志下第二十八》，第 322 页。关于彼此竞争的思想家创造出过去的模范君主，并用之于自己意识形态的论述，参看顾颉刚《古史辩》；尽管顾颉刚的很多观点都被推翻了，但是他的基本论述依然具有说服力。参看更多的将历史叙述用于意识形态论述的讨论，Pines（尤锐），"Speeches"（论述了史官的机能）；Petersen, "Which Books"；Goldin（金鹏程），"Appeals to History"。

③ 在许多战国著作中，全面操弄过去的记载而故意忽略其他版本的记述，是非常普遍的，特别是《庄子》，也包括《韩非子》甚至《荀子》，参看 Pines, "Speeches"。

过程中,并不比普通的士更具优势。或许《内业》篇因为关注于得道的方法而显得比较例外,然而其作者关于永恒之道可以为熟练者所掌握的思想,跟许多其他的思想家所共有。①

许多思想家都提出了自己认为的"得道"之法并认为其方法是唯一的方法,这里笔者并不想对每种方法都进行考查。对我们而言更为重要的是,这些思想家的共识,即"道"可以在宫廷之外得到。尽管还有很多思想家继续执着于寻觅圣王。理论上圣王的统御能力需要与其思想和道德高度相匹配,但是在实践中,正如我们在第一编中所讨论的,士阶层诸子压倒性地拒绝承认现行君主能够达到圣王的高度。这就意味着,至少暂时的,道要为诸子所垄断,而他们将自己塑造成重要的思想智识的拥有者。在第七章中,我们将看到,这种对王权含蓄的蔑视,带来了反对士阶层的行动,而这种反士运动在秦朝统一之后不久,在公元前213年,李斯建议焚书时达到高潮。但是在贯穿战国时代的大部分时期,士阶层诸子在得道方面的权威高于君主从未遭到质疑。思想活跃的士阶层难以置信地轻易获得了思想和道德的独立,乃至凌驾于王权之上的地位。

为了考察这种独立和凌驾于王权之上的意识如何决定了战国中期士的话语系统,笔者将集中论述三个主要的思想家:孟子、庄子和荀子。孟子首先被纳入考察,是由于通过比较他和其先驱孔子的言论,我们可以辨析战国上半叶士阶层自我意识演变的程度。众所周知,《论语》和《孟子》在意识形态和风格方面都具有很多相似性,因而比较二者论述重点的不同会很有意义。在这些不同之中,孔子和孟子对于君主的立场截然不同,具有很大的启发意义。尽管在《论语》中也有一些记载表达了孔子对统治者不够礼貌的不

---

① 关于个人成圣的详细讨论,参看 Puett(普鸣),*To Become a God*.

满，但是这类话题处于边缘位置。① 在《孟子》中，却截然相反，此类话题占据了重要的位置。孟子坚持君臣行为规范的立场，导致他屡屡离开那些对他不够尊重的君主。孟子的这一原则成为其与弟子不断讨论的话题。在一次讨论中，孟子非常清楚地提出了一种理念，几乎将君主和其顾问摆到了同等的地位上：

> 曾子曰："晋楚之富，不可及也，彼以其富，我以吾仁；彼以其爵，我以吾义，吾何慊乎哉？"夫岂不义而曾子言之？是或一道也。天下有达尊三：爵一，齿一，德一。朝廷莫如爵，乡党莫如齿，辅世长民莫如德。恶得有其一，以慢其二哉？故将大有为之君，必有所不召之臣。欲有谋焉，则就之，其尊德乐道，不如是，不足与有为也。②

这里孟子勾画出三种平行的等级体系：一种是政治性的，君主处于其顶端；一种社会的（局限于小的社群），其尊崇长者；最后一种是道德体系，在这种等级体系中，他以及类似的人占据领导位置。尽管在政治上低于君主，但是杰出的士在道德上高于君主，因此两者的关系应该是彼此尊重的关系，这种彼此尊重则消除了等级差别。撇开这种思想对君臣关系的影响（我们将在第七章进行讨论），我们可以直观地感到孟子（和曾子）言论要比《论语》所反映出的士阶层的自豪和自信强烈得多。两者的区别不但体现在孟子对待君主的立场，而且也体现在文本中如何对待"士"这一概念。不像《论语》中弟子问"何如斯可谓之士矣"，孟子和其弟子竞相对士进行赞颂式的描述。孟子说道："无恒产而有恒心者，惟士为

---

① 《论语·微子》，第 192—193 页。此篇很可能是《论语》中较晚出的一篇。
② 《孟子·公孙丑下》，第 89 页。

能。"他又引用一句名言云："志士不忘在沟壑，勇士不忘丧其元。"①孟子的一个学生引述了另外一句名言："盛德之士，君不得而臣，父不得而子。"其另外一个学生则宣称士不应该接受诸侯非官方的资助。② 所有这些论述都包含着虚张声势的成分，但是却创建出一个自豪的群体，这个群体由共同的行为规范所维系，其成员并不觉得低于君主。

道德和思想等级体系平行于政治等级体系、前者独立于后者的思想，在《孟子》中是一以贯之的，而且这一理念激励着孟子及其弟子。这种自豪感，最清晰地反映在《孟子》提倡的理想"大丈夫"，该理想是对现实中牺牲自己的廉正以换取官位者的讽刺：

> 以顺为正者，妾妇之道也。居天下之广居，立天下之正位，行天下之大道；得志，与民由之；不得志，独行其道。富贵不能淫，贫贱不能移，威武不能屈，此之谓大丈夫。③

孟子将大丈夫描述为自立自足的人，向上是君主的对立物，向下是人民的对应物，自豪自信。他因为行天下之大道而受到内在的鼓舞，可以抵抗任何外在的挑战，包括那些企图诱惑或者压服他们的君主。大丈夫几乎是一种超人：他不是社会政治舞台上的一个次要角色，而是自己道德世界的创造者，为此他可以从不足的外部世界退出。这一道德世界，如孟子在其他地方所论述的，并不是孤立的，而是为有志成为大丈夫的人——即士——所居住。

> 孟子谓万章曰："一乡之善士，斯友一乡之善士；一国之善士，斯友一国之善士；天下之善士，斯友天下之善士。以友天

---

① 分别见于《孟子·梁惠王上》，第 17 页；《滕文公下》，第 138 页；《万章下》，第 248 页。

② 参看《孟子·万章上》，第 215 页；《滕文公下》，第 146 页。

③ 《孟子·滕文公下》，第 140—141 页。

> 下之善士为未足，又尚论古之人。颂其诗，读其书，不知其人可乎？是以论其世也，是尚友也。"①

由志同道合、并且具有相同教育背景的朋友组成社区，这一图景从逻辑上补充了自立自足的大丈夫的理念。这一超越时间和空间的社区，很明显独立于国家及其森严的等级制度之外，对于富有批评精神的人，比如万章，特别具有吸引力——万章曾经将他同时代的君主视为"盗"。② 道德高尚的士或许可以从这一自立自足的社区中获得慰藉，甚至是他们逃避服务于道德低下君主的窘境的一种方式。

孟子对于得道之士内心力量的坚定信仰，受到后来著作的共鸣，比如荀子和庄子的著作，这里我将对它们进行讨论。③ 说荀子和庄子是思想上的相反者，这是老套的说法。他们几乎对任何关键的问题都持激烈的相反态度，比如社会的性质、真理能否得到、对国家制度的期待，以及士的合理行为，等等。然而，在与两者有关的著作中，我们发现了许多有趣的关于得道之士的社会立场的论述，与孟子的思想相映照。荀子和庄子都将得道之士描述为绝对高于世俗掌权者。比如，《庄子》中有大量关于充满自豪感的"道人"的故事，而这些"道人"抵制社会规范、蔑视君主。其中有骄傲的隐士，他们对圣王持蔑视态度，表现出一种压倒性的、高于世俗君主的自我意识。比如《逍遥游》篇中记载的一个故事，圣王尧想将王位传给隐士许由：

> 尧让天下于许由，曰："日月出矣，而爝火不息，其于光也，

---

① 《孟子·万章下》，第 251 页。
② 同上，第 240 页。
③ 关于《孟子》中关于道德权威的"内在"源泉，参看 Brindley, "Human Agency," 206—215.

不亦难乎！时雨降矣，而犹浸灌，其于泽也，不亦劳乎！夫子立而天下治，而我犹尸之，吾自视缺然。请致天下。"[1]

尧非常自然地承认许由的优越感，而其唯一愿望就是将许由捧上王位，从而重整道德和政治秩序。然而，许由拒绝了尧的建议：

许由曰："子治天下，天下既已治也，而我犹代子，吾将为名乎？名者，实之宾也，吾将为宾乎？鹪鹩巢于深林，不过一枝；偃鼠饮河，不过满腹。归休乎君，予无所用天下为！庖人虽不治庖，尸祝不越樽俎而代之矣。"[2]

许由的回答包含了两个拒绝尧的理由。表面上他秉持自立自足的态度，蔑视地拒绝求名，并赞扬了尧的统治，这里许由的表现明显符合传统关于君子礼让的道德规范。但是在一种微妙的层面上，许由表现出对尧的蔑视，尧被比作低贱的"庖人"，而许由则自比为礼制上极其重要的"尸"。这样一来，政治权力及其拥有者就显得比得道者低下得多。当庄子赞颂"神人"时，他也清楚论述了这一点：

之人也，之德也，将旁礴万物以为一，世蕲乎乱，孰弊弊焉以天下为事！之人也，物莫之伤，大浸稽天而不溺，大旱金石流、土山焦而不热。是其尘垢秕糠，将犹陶铸尧舜者也，孰肯以物为事？[3]

庄子对"神人"的赞扬有两个目的：他肯定"神人"的永恒高贵，也取笑士人的政治参与。第二点我们将在第六章讨论，这里我们重点讨论"神人"无与伦比的高贵地位。《庄子》对这一概念的理解

---

[1] 《庄子·逍遥游第一》，第18页。
[2] 同上。
[3] 同上，第21页。

远超《孟子》。"神人"不但高于大众，高于君主，甚至也高于自然本身，甚至洪水和干旱都无法消灭他们。他们不但蔑视平常的君主，甚至贬低圣王尧、舜，认为他们不过是"神人"的"尘垢秕糠"。尽管他们的道，如同贯穿于《庄子》的隐士之道和"道人"之道，与《孟子》所谓的"大丈夫"之道有明显的区别，但是，他们对于世界的立场态度是近似的。

　　我们接下来讨论荀子。一般认为，荀子不像庄子和孟子一样会对士进行无限的赞美。与前人相比，荀子的思想更加以君主为中心，而且他对于思想复杂性和傲慢的士都有激烈的批评。在《非十二子》中，荀子批评他的思想对手舍弃了先王之道，而荀子则将"先王之道"视为是非的标准。他更进一步建议圣王应该禁止"奸事"、"奸心"、"奸说"。① 在第七章中我们将看到，荀子的思想对于后来攻击士的独立性起到了重要的作用，这种攻击在荀子的弟子李斯的时代达到高潮。然而，即便荀子反对思想多元化，他也依然认为，对于杰出的士而言，是可以保持思想独立和超高地位的；或者更准确地说，那些真正能遵循正道——即孔子和荀子之道——的士能做到这一点。除非世界由一个真正的圣王统治，得到正道及其附带的责任和荣耀，依然牢牢地作为君子的资产，正如荀子在《儒效》中所澄清的那样：

> 故君子无爵而贵，无禄而富，不言而信，不怒而威，穷处而荣，独居而乐，岂不至尊、至富、至重、至严之情举积此哉！……故君子务修其内而让之于外，务积德于身而处之以遵道，如是，则贵名起如日月，天下应之如雷霆。故曰：君子隐而显，微而明，辞让而胜。《诗》曰："鹤鸣于九皋，声闻于天。"此之谓也。②

---

① 《荀子·非十二子第六》，第98页。
② 《荀子·儒效第八》，第127—128页。所引之诗为《鹤鸣》。

这段对君子——他们也是自立自足，不受外界因素影响——的吹捧性描述，非常类似《孟子》和《庄子》：如在前者，君子基本上是一个政治动物；如在《庄子》中，君子获得了某些超人类（或者更准确地说，是类似君主）的面相，使其可以媲美太阳、月亮和雷霆的影响。君子（或者，在其他地方被称为大儒或者大丈夫）似乎独立于，并无限高于其周围的一切：

> 彼大儒者，虽隐於穷阎漏屋，无置锥之地，而王公不能与之争名；在一大夫之位，则一君不能独畜，一国不能独容，成名况乎诸侯，莫不愿得以为臣；用百里之地，而千里之国莫能与之争胜，笞棰暴国，齐一天下，而莫能倾也。是大儒之征也。……通则一天下，穷则独立贵名，天不能死，地不能埋，桀、跖之世不能污，非大儒莫之能立，仲尼、子弓是也。①

这段对大儒的赞颂，再一次超越了孟子，而接近于庄子描述的层面。大儒不但卓然独立于社会之外，而且部分地独立于天地之外，天地也不能摧毁他的"名"。不但独立，而且他也高于掌权者：如果给予一线机会，仅仅给予方一百里的小区域，他就能够击败诸侯。即便不给这样的机会，荀子讲到，在名声竞争方面，他也能击败王侯。因此，尽管鼓吹严酷的以君主为中心的体系，荀子依然热情地支持杰出之士的至尊地位。尽管在知识分子如何合理实现自我方面，荀子与孟子、庄子具有巨大的差别，但是荀子和他们一样，都认同士阶层中最好的部分可以超越于其他社会成员之上。这种超越反映了君子（大儒）已经独自得道，而得道又使他们获得了人类社会道德（最终也变为政治）领袖的地位。

---

① 《荀子·儒效第八》，第137—138页。关于"大人"" 明参日月，大满八极"，参看《荀子·解蔽第二十一》，第397页。

第三节　自我推崇的膨胀

不论庄子还是荀子，都不认为普通的士可以凌驾于社会其他成员之上，这种崇高地位只局限于士阶层中最具智识和杰出的代表人物。[①] 然而对于一部分思想活跃的士而言，正是他们这个阶层整体得了道。战国晚期的许多文献，比如《战国策》、《吕氏春秋》等等，都赞颂士的卓越才能而将士推崇为"最为高尚"者。这些文献反映了思想活跃的士阶层崛起的自信和自豪感，他们中的一些人开始酝酿极端远大的抱负。例如，《墨子》讲述了一个鲁国南鄙之人，叫吴虑，他"冬陶夏耕，自比于舜"。[②] 是否这个无名之辈的吴虑期待一个像尧一样的君主找到他将王位禅让呢？根据当时几个关于舜的文献记载，这种想法似乎具有合理性。[③] 有的士甚至不等尧来认可他们的优越地位。《战国策》中的一个故事讲道：

> 齐宣王（公元前 319—前 301 年在位）见颜斶，曰："斶前！"斶亦曰："王前！"宣王不悦。左右曰："王，人君也；斶，人臣也；王曰'斶前'，亦曰'王前'，可乎？"斶对曰："夫斶前为慕势，王前为趋士；与使斶为趋势，不如使王为趋士。"王忿然作色曰："王者贵乎，士贵乎？"对曰："士贵耳，王者不贵。"王曰：

---

① 《荀子》和《庄子》的作者对士的分等是依据其"得道"的程度，他们的赞颂只局限于其中最好的。这些分等或许反映了持续加强的士基层的分化，正像上述引文所说的那样。参看《庄子·刻意第十五》，第 393 页；《天下第三十三》，第 855 页；《荀子·不苟第三》，第 49—51 页；《儒效第八》，第 129—134 页。然而，荀子对所谓"布衣纵屦之士"的描述，和其他对大儒和君子的描述非常一致（比如《荀子·富国第十》，第 196 页），意味着他对士的总体上的高度期待。

② 《墨子·鲁问第四十九》，第 736 页。

③ "自比于舜"的潜在期望在上海博物馆刊布的《子羔》中表现得很明显，参看 Pines（尤锐），"Subversion Unearthed," 161—164.

"有说乎？"厲曰："有。昔者秦攻齐，令曰：'有敢去柳下季垄五十步而樵采者，死不赦。'令曰：'有能得齐王头者，封万户侯，赐金千镒。'由是观之，生王之头曾不若死士之垄也。"宣王默然不悦。①

这个故事讨论了一个严肃的话题，颜斶对齐宣王愤怒的左右进行了解释，他说一个好的国王应该尽自己最大的可能招纳贤士，这是他能够在激烈的诸国竞争中生存下去，并获得好名声的唯一方法。"夫尧传舜，舜传禹，周成王任周公旦，而世世称曰明主，是以明乎士之贵也。"②受到了启发，齐宣王最终表现得像一个礼贤下士的明君：

> 宣王曰："嗟乎，君子焉可侮哉！寡人自取病耳。及今闻君子之言，乃今闻细人之行。愿请受为弟子。且颜先生与寡人游，食必太牢，出必乘车，妻子衣服丽都。"③

颜斶拒绝了齐宣王慷慨的馈赠，他以一种庄子的格调阐述道，自己更喜欢简单的、自由自在、远离宫廷阴谋的生活。但即便在拒绝之前，颜斶已经达到了自己的目的。齐宣王已经被劝服要尊重士，不惜一切代价招纳他们。值得注意的是，为了打动齐宣王，颜斶既没有提出任何政治和军事战略的建议，也没有讨论玄妙的长寿之道——这是很多其他贤人常常采用的路数，他仅仅是嘲笑了国王并赞颂了士——这些就足够保证了他求职的成功！尽管从史实考虑或许不真实，但是这个故事反映了一些士想在宫廷制造的氛围——对士阶层无限尊敬的氛围，而该氛围会提高士阶层的职

---

① 《战国策·齐策四第五》，第395—396页；关于柳下惠作为一个士的典范，参看第六章的讨论。
② 同上，第397页。
③ 《战国策·齐策四第五》，第397页。

业机会。如果《战国策》确实包含供游士在宫廷辩论中使用的"教育材料"，而上述故事仅仅是其众多故事中的一个，这可能反映出战国时代许多文人的理想和态度。[①]

　　在第七章中我们将看到，颜斶及类似的士的傲慢行为最终引发了反扑，导致了反士思潮的出现，比如《韩非子》等都带有这种色彩。但是毫无疑问的是，这种傲慢在战国晚期是相对普遍的现象。《吕氏春秋》这一编辑于帝国建立前夕的重要著作，也是本章开头所引用的文献，或许可以作为一个很好的例子来说明战国晚期士自我理想化的现象。这一著作，是由不同思想背景的人，在秦朝统一之前聚集起来，在权势熏天的丞相吕不韦（卒于公元前 235 年）资助之下完成的，是作为战国思想发展的集大成者来设计的。其作者们在诸如政治、哲学、伦理等议题上都有很大的分歧，但是他们也有一些共同的认识。其中一个共识就是他们坚持推崇士的态度。这种推崇在《吕氏春秋》中非常普遍，以至于整部著作都可以看作是吕不韦门客的自我"推销"活动。《吕氏春秋》中有大量的故事，是关于明君招纳贤士并从他们的辅佐中获益良多；相反地，那些不招纳良士的君主，则遭受到灾难。[②] 常常提到"有道之士"这一叫法，暴露了作者认为"道"是他们阶层中贤良者普遍拥有的东西。频繁地为贫穷而正直的"布衣之士"欢呼，《吕氏春秋》的作者们宣称他们属于道德高尚而有操守的精英。下面这段话就表明了他们的观点：

---

　　① 关于《战国策》的性质，参看 Crump（柯润璞），*Intrigues*，88—109。也参看 Goldin（金鹏程），"Rhetoric"；Vasil'ev，*Plany*，33—164。

　　② 比如《吕氏春秋》卷五《爱士第五》，第 458—460 页；卷九《知士第三》，第 490—491 页；卷十二《士节第二》，第 622—624 页等。卷十二《介立第三》（第 627 页）甚至直白地指出，晋文公之所以不能成为真正的王者，唯一的原因是他亏待了自己的忠臣介子推。

> 士之为人，当理不避其难，临患忘利，遗生行义，视死如
> 归。有如此者，国君不得而友，天子不得而臣。大者定天
> 下，其次定一国，必由如此人者也。故人主之欲大立功名者，
> 不可不务求此人也。贤主劳于求人，而佚于治事。①

这段论述朴实无华而直白，如同很多类似的、散见于《吕氏春
秋》中的记载一样。第一，它推崇士的高尚节操，甚至舍生取义的
精神。第二，它推崇士的骄傲和自豪，一般的君主不能跟他们做朋
友，天子也不能将他们变成奴仆。② 接下来就是作者传递其思想
的最重要的部分：他们建议君主招纳骄傲的士为自己服务，而这是
君主取得全面成功的必备条件。找到贤臣的辅佐，君主就可以安
枕无忧，——贤人辅佐大臣会代替君主行使主权。

所有这些观点，赞美士的道德和自豪感、反复建议君主招纳贤
士为自己服务，等等，贯穿了《吕氏春秋》全书。该书极力歌颂士阶
层的崇高社会地位、理想及其领袖人物。其中的《当染》篇就毫不
吝啬地赞扬两个最有名的士阶层的精神领袖，一个是孔子，一个是
墨子。

> 此二士者，无爵位以显人，无赏禄以利人。举天下之显
> 荣者，必称此二士也。皆死久矣，从属弥众，弟子弥丰，充满
> 天下。王公大人从而显之；有爱子弟者，随而学焉，无时
> 乏绝。③

这里对孔子和墨子两个战国早期杰出思想家的颂扬，更体现
了我们之前在孟子和荀子著作中所感受到的士的自豪感。尽管没

---

① 《吕氏春秋》卷十二《士节第二》，第 622—623 页。
② 类似的观点，参看本章开头部分引用《吕氏春秋》（卷十五《下贤第三》，第 879
页）的话。
③ 《吕氏春秋》卷二《当染第四》，第 96 页。

有爵位，生活也很困苦，但是孔子和墨子的道德高度使他们在死后依然影响巨大；他们的名声使诸侯相形见绌。真正的社会等级结构确实应该是"得道之士"居于其顶端的结构：

> 有道之士，固骄人主；人主之不肖者，亦骄有道之士。日以相骄，奚时相得？……贤主则不然。士虽骄之，而己愈礼之，士安得不归之？士所归，天下从之，帝。帝也者，天下之适也；王也者，天下之往也。①

这段论述反映了士的自豪感达到了顶峰：他们的代言人指出士可以对君主表现出高傲，但是君主不应该以同样的态度应对，而正好相反，应该继续对"有道之士"更加礼貌和尊敬！这一宣言可以视为是上文所引述的孟子、庄子和荀子观点持续发展的结果——如果一个士在道德和能力上都超越了君主，那为什么君主不应该将士视为高于自己的权威？但是在自我颂扬和无与伦比的自豪表象下，我们觉察到不一样的内容。这段文字的作者热切地论道"奚相以得"表明了他们想得到国君任命的期望。就像上文中谈到的颜阖的故事，傲慢的态度只是为了强化士在国君人才市场中的重要性，而对独立和自主的坚持无非是为了在君主那里得到一个好的官位。

　　无限的自豪感和寻求官位的迫切之间的内在联系，是《吕氏春秋》的一大特点。这为我们理解通篇有关士的高傲的论述提供了新的启示。是否所有这些宣称都是为了讨价还价获得高位的手段？如果答案是肯定的话，这与本章中讨论的以士为中心的话语有何关系？寻求独立和寻求官位的欲望如何契合？对官位的不懈追求是仅限于《吕氏春秋》的记载，还是如这一著作的大多数主题

---

① 《吕氏春秋》卷十五《下贤第三》，第 878 页。感谢 Wolfang Behr（毕鹗）告诉我上述汉字的最初读音。

那样,反映了在秦朝统一天下前夜的思想共识? 所有这些问题都是下一章要聚焦的问题,在下一章的结尾我们会再次回到士阶层的独立性及其局限性的讨论上来。

第六章

仕还是不仕？

我们已经看到战国士阶层不断增强的自信和他们崛起达到国家机构的顶端之间存在着内在联系。但是，在多大程度上，士人要依靠这一国家机构？作为讨论的出发点，我们或可取两段孟子的论述。一方面，他宣称，"士之失位也，犹诸侯之失国家也。"又说，"士之仕也，犹农夫之耕也。"①但是另一方面，孟子也论道，"君子有三乐，而王天下不与存焉。"②意指，即使是职业的最高峰——统治天下——都不是君子的最高志向。这些观点的相互关系是怎么样的？在何种程度上它们反映了士对于仕途的看法？为了回答这些问题，笔者将首先梳理士与政府关系的社会与经济背景，然后分析对仕君主的不同看法。这一梳理将涵盖所有不同的态度，从厚颜无耻的求官者，到鄙视一切肮脏的权力纠葛的隐士，都将纳入讨论。笔者希望揭示，在似乎彼此矛盾的态度之中，我们依然能够分辨出参与政治的迫切性这样一条共线，这一共线决定性地塑造了战国时期士的职业模式，甚至对其继承者，即帝制时期的文人也产生了相当重要的影响。

---

① 《孟子·滕文公下》，第 142—143 页。
② 《孟子·尽心上》，第 309 页。"父母俱存，兄弟无故，一乐也；仰不愧于天，俯不怍于人，二乐也；得天下英才而教育之，三乐也。"

第一节　士与国家：社会与经济背景

对很多学者而言，士与政府服务之间的联系是不言自明的。这不但可以通过"士"和"仕"（经常和"事"可以互换，意思是政事）两个字之间语义的紧密联系看出来，而且也为最早关于士的职业的文献记载所支持。在春秋时期，士没有自己独立的财产来源，比如采邑，所以他们不得不为国君卿大夫服务。在《左传》的记载中，士往往要么以低级小吏的面目出现，或者更多的，以贵族家臣的身份出现。他们为贵族担当行政、礼仪和军事职责。即便早期有不以为国君或者贵族服务来谋生的士，我们也无从得知。

战国时代士的职业模式比起春秋时期，更加复杂和多样。特别是在战国后期，几个主要的大国，比如秦国，建立了一套新的选拔程序，通过新的程序依靠军功和赋税就可以换取爵位甚至官位，士阶层的社会边界变得模糊了。当时的文献记载提到士有时和大夫联系在一起，有时候和平民（庶人）联系在一起，这足以反映了士的社会地位的流动性。不可避免的，这个扩大的阶层也包含了并不想正式追求官位的人们。许多士最终被国家机器所吸收，但是也有从事各种其他活动的，比如，所谓的方士（包括医生、卜筮者、巫师等）。还有些史料显示，有的士成为工匠、商人，甚至农夫。有的士寻求国君和贵族的庇护，而成为后者的宾客，其中有专门从事刺杀的刺客，司马迁将他们正式立传记载在《史记》里。①

在揭示了战国士阶层不同的职业模式后，我们转过头来看看这个阶层中思想活跃的成员，新的就业机会是否降低了入仕在决

---

①　关于战国士的职业模式和社会地位，参看刘泽华《先秦士人与社会》，第1—14及48—101页。关于方士，参看李零《中国方术考》。关于战国宾客，参看沈刚《秦汉时期的客阶层研究》。关于刺客列传，参看司马迁《史记》卷八十六，第2515—2538页。

定其生活状况中的重要性呢？最清楚确定的回答来自鲁威仪
(Mark Lewis)。在其著作 *Writing and Authority in Early China*
中,鲁威仪指出,战国的诸子的门徒(schoolmen 他避免使用"士"
这一概念)在经济上是独立于国家之外的,他们不但能够以出仕为
生,也可以当教师、方士、甚至以充任强势贵族的宾客为生。这种
经济上的独立地位,根据鲁威仪的观点,对于士阶层诸子及其弟子
的思想独立具有关键意义,它使诸子和国家之间"永远和不可避免
的对抗"也得以出现。①

鲁威仪的论述有很多值得称赞的地方,特别是相对以前简单
地将士仅仅视为官员,鲁威仪的研究推进了一大步,但是他走得又
过远了,以至于过分疏离了士与国家的密切关系。也许我跟他的
分歧与对"schoolmen"和国家(state)的不同定义有关。对于第一
个概念,在战国时期并不存在一个独立的"schoolmen"的阶层:诸
子及其学生往往将自己定义为士,他们的职业模式应该在这个更
为广阔的社会语境中进行分析。第二,"国家"这个概念,不必像鲁
威仪所定义的那样,等同于统治的政权,甚至更狭窄到等同于国家
管理机器。鲁威仪将"schoolmen"任何的非行政性任职(比如作为
国君的私人顾问或者宾客)视为"独立于国家之外",并将任何的对
现行政治形势进行的批评都视为反国家立场。② 这种角度,我觉
得,可能具有一定的误导性。就我们所说,在更广义的"国家"含义
下,即作为集权于君主的政治权力体系,则所谓"schoolmen"的独
立性在很大程度上就消失得无影无踪。

接受君主或者强臣供养的思想家或者其他士人,可能在一定
程度上独立于单个权力中心,因为他们可以从效忠一个供养者转

① Lewis, *Writing and Authority*, 72;关于他的总论,特别参看 73—83。
② 参看 Lewis, *Writing and Authority*, 77—78。

移到效忠另外一个(参看第七章的讨论)。但是,他们无法独立于整个权力关系体系之外,而这个权力关系体系,我称之为国家。君主的供养和资助,是其作为国家主人权力的直接延伸,而那些所谓的私人宫廷或权力中心,也依然脱不开与国家权力秩序的联系。以养士著称的孟尝君田文(卒于公元前279年)、春申君黄歇(卒于公元前238年)以及吕不韦,有时与其国君处于敌对状态,但是他们并不"独立"。他们的权力、财富,以及他们能够招纳士人的能力,还是基于他们与宫廷的接近:或者是王室成员,或者占据高位;就我们所说的个人参与政治权力而言,辅佐这些人在很大程度上还是服务国家。①

先撇开供养不说,让我们集中讨论士在国家服务之外谋生的其他可能性。其中一项,鲁威仪已经举出的,是担任教师。这里我似乎不必讨论乡村教师,因为几乎没有人会认为作为乡村教师的收入和地位能够和官员相匹配。另外一种,作为"schoolmen"的老师,更加值得注意。鲁威仪指出,弟子会缴纳一定学费,使诸子能够有生活保障,从而确保了其经济独立。这一观察,主要是基于有关孔子及其弟子的故事记载,从这方面讲或许具有一定可信性,但是并不全面。哪些弟子富裕到可以供养老师? 他们的供养具有多大实质意义? 他们的收入来源是什么? 所有这些问题都将我们带回到战国时代财富和政治权力的话题。

在传统中国,除了从政之外,最主要的两种致富的途径,一是从土地积累财富,二是贸易或者与贸易相关的制造业,比如盐和铁的生产。对前者而言,战国时代的情况和后来帝制时代截然不同。尽管学者们持续争论有关私有土地的起源问题,但是非常清楚的

①　在 *Construction of Space* 中(第86页),鲁威仪缓和了他之前的论调,承认"战国时代的大家族越来越多是被政府制造出来的"。事实上,我们依然找不到任何证据证明这个时代的任何一个大家族是独立于"政府"之外的。

是，即便其出现在先秦时代，它的社会和经济影响在那个时代还是处于边缘位置。刘泽华先生富有洞见地注意到，尽管土地转让在先秦时代非常普遍，但是并没有证据显示那个时候存在一个土地市场。土地是通过夺取、交换、君主赏赐功臣的方式获得，也可以在任何时候被剥夺。就大宗土地而言，压倒性的证据显示，土地的所有权与其主人在国家认同的等级体系中所处的地位之间存在着内在联系。超越这一社会等级体系而致富的土地所有者不见诸史料记载。似乎他们作为一个社会基层出现，是发生在汉代早期。①因此寻觅作为私人土地主的士、或其供养者或支持者的尝试，都是徒劳的。

　　另外一种更加突出的积累个人财富的途径是贸易，或与贸易有关的产业。司马迁所记载的富商列传，此类记载也散见于其他文献中，都显示战国时代蓬勃发展的经济为个人迅速积累财富提供了条件。然而，从这些记载中推断有关商人在战国时代作为整体的社会地位是极其困难的。传世文献和出土文献都清晰地证明当时国家对贸易和产业进行着积极的干预，不太可能出现一个具有群体意识的、独立的商人群体活跃在舞台上。更不可能存在商人供养思想智识更高的士，没有任何证据能证明上述观点。②

---

　　① 关于刘泽华的研究，参看其《中国的王权主义》，第 20—25 页；关于士作为地主的例子，参看他的《先秦士人与社会》，第 58—59 页。关于早期中国的土地所有权，参看胡方恕《周代公社所有制下的贵族私有土地》；特别是袁林《两周土地制度新论》。关于早期出售被继承的土地，参看《包山楚简》，第 28 页，简 151—152；王颖《从包山楚简看战国中晚期楚国的社会经济》，第 14—15 页；关于汉代早期富裕地主作为新的社会力量来源，参看 Mao Han-Kuang（毛汉光），"The Evolution in the Nature of the Medieval Gentell Families," 74—80.

　　② 国家对贸易的积极干预，在赞成干预的文献记载（比如《管子》的《轻重》篇，或者《商君书》）和不赞成干预的文献记载（比如《孟子》和《荀子》）中都得到了印证。睡虎地出土的秦朝法律文书以及安徽省寿县所出土的楚国的鄂君启都显示国家对商人进行严厉的监控。秦国甚至禁止商人给价格等于或高于一定价格商品贴上价格标签（参看《睡虎地秦墓竹简》之《金布律》，第 37 页；Hulsewé［何四维］，　　（转下页注）

　　如果没有确实的独立于国家之外的收入来源，那么显然，大多数诸子的资助者和弟子都无法避免地牵涉进入以国家为后盾的权力关系网，而所谓诸子独立于国家之外，在很大程度上仅仅是一种想象。而有关仕途和供养体系之外的士生活极端贫困的故事，也进一步证实了他们在经济上的独立程度是很有限的。据记载，这些士"朝不食，夕不食，饥饿不能出门户"，住在"穷阎漏屋"，缺衣少食，处于最悲惨的境地。[①] 贫穷如此紧密地和没有官位联系在一起，以至于它变成了真正的士的标志，他们骄傲地自称为"布衣"——这一称呼和低收入紧密地联系在一起。[②] 所以，尽管在仕途之外存在着其他谋生手段这一点不容否认，但其对士阶层的基本生存的影响不能被过分夸大。

　　我们关于仕途对士人的经济吸引力和其他谋生手段的比较，可以以下面这则与吕不韦有关的故事结尾，或许有些启发。作为一个富裕的商人，吕不韦在未来的秦庄襄王（公元前249—前247年在位）身上进行政治投资，此时后者还在秦国的敌国赵国作人质：

　　　　濮阳人吕不韦贾于邯郸，见秦质子异人，归而谓其父曰："耕田之利几倍？"曰："十倍。""珠玉之赢几倍？"曰："百倍。"

（接上页注）*Remnants of Ch'in Law*，A46；53；关于鄂君启节，参看 Falkenhausen［罗泰］，"The E Jun Qi"）。关于国家控制和干预私人企业和手工业的活动，参看 Wagner（瓦格纳）的研究 *Iron and Steel*；也参看洪石《战国秦汉时期漆器的生产与管理》；王颖《从包山楚简看战国中晚期楚国的社会经济》。司马迁关于商人的传记，参看《史记》卷一二九，第 3256—3260 页。

　　① 　分别参看《孟子・告子下》，第 298 页；《荀子・儒效第八》，第 117—118 页；关于战国时代不走仕途的士的悲惨处境，参看景红艳、蔡静波《试析战国晚期士的禄利思想》；刘泽华《先秦士人与社会》，第 61—62 页；关于生活富裕的士，参看刘泽华《先秦士人与社会》，第 58—59 页。

　　② 　关于"布衣"这一概念在战国时期的广泛使用，参看 Pines（尤锐），"Lexical Change，" 701—702. 特别是在《吕氏春秋》中，"布衣"成为自豪的士的普遍称呼。

"立国家之主赢几倍?"曰:"无数。"曰:"今力田疾作,不得暖衣余食;今建国立君,泽可以遗世。愿往事之。"①

尽管这只是逸事,但它显示了与政治前程相比,农业和商业活动并不是受尊崇的职业。吕不韦的"投资"和他最终的成功是不同寻常的,我们不能揣测如果一个普通士人从商人转变为政客是否也会这样获利非凡。但是这个故事显示,这是一个聪明的选择。韩非子说道:"今之县令,一日身死,子孙累世絜驾,故人重之。"②至少与务农相比——根据吕不韦的说法,力田疾作,不得暖衣余食——当官的优势是非常明显的。

除了经济收入的考虑之外,社会地位同样也是吸引士人走上仕途的重要考虑因素。官位不但是稳定的收入来源,而且也是社会威望的来源。入仕意味着在国家等级体系中占有一席之地,而这反过来又赋予其一系列的、涉及生活方方面面的特权,从葬礼特权、衣着、住宅,甚至食物,都与众不同。尽管到目前为止,战国时代的官品制度和相关的特权还不清楚,官位和等级在社会中的重要作用则不言而喻。③ 而且,入仕还可以给士人带来"名"。尽管对"名"的追求对个人行为的影响难以估量,但是其对于战国职业模式的强大影响,反映在几乎所有传世文献的记载中。

第二节　禄及名:追求富贵者

很多,甚至很可能是大多数战国士人求仕主要是基于经济考

---

① 《战国策·秦策五第五》,第 269 页。
② 《韩非子·五蠹第四十九》,第 444 页。
③ 关于战国爵制以及相应的特权待遇,参看刘泽华《中国的王权主义》,第 25—32 页。睡虎地秦法律文书规定每个爵位在具体的司法程序中享受特权。这些好处揭示了为什么富裕的商人和工匠也愿意花钱买爵(参看《韩非子·五蠹第四十九》,第 455 页;《韩非子·外储说左下第三十三》,第 301 页)。

虑和社会原因,这并不奇怪。这一动机在当时的文献记载中体现得非常明显。比如,墨子给希望招纳贤士的国君提出如下建议:

> 曰:"然则众贤之术将奈何哉?"
>
> 子墨子言曰:"譬若欲众其国之善射御之士者,必将富之,贵之,敬之,誉之,然后国之善射御之士,将可得而众也。况又有贤良之士厚乎德行,辩乎言谈,博乎道术者乎,此固国家之珍,而社稷之佐也,亦必且富之,贵之,敬之,誉之,然后国之良士,亦将可得而众也。"①

墨子的建议很简单:像其他领域内的行家里手一样,"贤良之士"也对赞扬和奖赏感兴趣,为了吸引他们,君主应该慷慨地资助他们。值得注意的是,除了显著的才能外,对名和利的追求似乎也是士入仕的普遍动机。墨子或许已经意识到他的观点贬低了士的动机,但是很可能他认为"富之、贵之、敬之、誉之"的政策太有效,以至于不能因为士的形象问题而被放弃。然而,在其他地方,他觉得有必要论述其观点的合理性:

> 故古者圣王之为政,列德而尚贤,虽在农与工肆之人,有能则举之,高予之爵,重予之禄,任之以事,断予之令,曰:"爵位不高则民弗敬,蓄禄不厚则民不信,政令不断则民不畏。"举三者授之贤者,非为贤赐也,欲其事之成。②

这里墨子提出了给予士财富和权力的更有诡辩性的理由:这些不仅仅是招纳贤士的必要手段,而且也是为了向大众表明,这些出身贫贱的人真的被赋予领导人民的权力。尽管貌似合理,但是墨子并没有否认士对于财富和官位的兴趣,而是提出了更多的满

---

① 《墨子·尚贤上第八》,第66页。
② 同上,第67页。

足他们欲望的理由。这种清醒的对士的评价不仅仅局限于墨子,也为战国行政管理思想的主要人物所广泛认同,比如商鞅、申不害、韩非子,以及《管子》中一些篇节的作者们。这些思想家强调奖赏和惩罚作为政府管理的两种基本手段的重要性,而这种思想是基于他们认为,士,和其他大众一样,主要都是受私利驱使的。很多战国的思想家和政治家都自然而然地认为,士和任何"小人"一样,都是贪婪的。这种理解偶尔被用作有效的政治手段,正如下面这则出自《战国策》的故事:

> 天下之士合从相聚于赵,而欲攻秦。① 秦相应侯曰:"王勿忧也,请令废之。秦于天下之士非有怨也,相聚而攻秦者,以己欲富贵耳。王见大王之狗:卧者卧,起者起,行者行,止者止,毋相与斗者。投之一骨,轻起相牙者,何则? 有争意也。"②

应侯范雎(卒于前 255 年)自己也是从无名之辈崛起而成为秦国国相的杰出之士。③ 他如此粗鲁地谈到他的同类们,而且其无礼之举并没有惊倒秦王或者这则逸事的作者。这则逸事最后的结局证实并赞颂了范雎的敏锐:其派出行贿的使者轻易地就瓦解了反秦联盟。先撇开将士比作饿狗这一有趣——也罕见——的说法,我们基本可以得出结论,这个故事的作者对士的判断和墨子是一样的:士"以己欲富贵耳"。

《战国策》以其客观的记载,给我们提供了珍贵的信息,揭示了自我以为高贵的士阶层隐藏的一面。除了那些赞颂士人高尚道德和自豪感的故事外,《战国策》也收集了一些故事,揭露了当时思想

---

① "合从"是关东诸国联合抗秦的联盟。
② 《战国策·秦策三第十四》,第 192 页。
③ 关于范雎的职业生涯,参看《史记》卷七十九,第 2401—2418 页。

环境并不值得称道的层面。特别值得关注的是那些关于"游说"的故事，寻求官位的士人，朝秦暮楚，只为求得官位。而关于这类士人中的典范人物苏秦（卒于公元前 284 年）的一系列逸事，尤其具有启发性。其中第一个逸事讲道，苏秦最初是到了秦国，企图说服秦惠王（公元前 337—前 311 年在位）接受他的非常自信的军事战略建议，"可以并诸侯，吞天下，称帝而治"。但是秦惠王拒绝了苏秦的建议，也拒绝任用他，从而使苏秦陷入悲惨的境地：

> 说秦王书十上而说不行。黑貂之裘弊，黄金百斤尽，资用乏绝，去秦而归。嬴縢履蹻，负书担橐，形容枯槁，面目犁黑，状有归色。归至家，妻不下纴，嫂不为炊，父母不与言。苏秦喟[然]叹曰："妻不以我为夫，嫂不以我为叔，父母不以我为子，是皆秦之罪也！"①

为了雪耻，苏秦发奋学习，日夜读书，为了保持清醒，甚至"引锥自刺其股，血流至足"。他对自己说："安有说人主不能出其金玉锦绣，取卿相之尊者乎？"最后苏秦真的实现了自己的目标。他成为抗秦联盟的缔造者，在几个国家同时做到了相的地位并获得了巨大的财富。这个故事的作者赞颂他说：

> 且夫苏秦特穷巷掘(门)[穴]，桑户棬枢之士耳，伏轼撙衔，横历天下，廷说诸侯之王，杜左右之口，天下莫之能伉。②

这个故事最后以苏秦荣归故里见他的父母、妻子、嫂子结束。嫂子"蛇行匍伏，四拜自跪而谢"，表现出无比尊敬。苏秦感叹道：

> 嗟乎！贫(穷)[贱]则父母不子，富贵则亲戚畏惧。人生

---

① 《战国策·秦策一第二》，第 75 页。
② 同上，第 75 页。

世上,势位富(贵)[厚],盖可忽乎哉!①

这个故事的历史真实性不需要在这里讨论,我们也没必要纠结于故事本身的矛盾之处。(比如,如果苏秦在最初是非常贫贱的话,他在去游说秦惠王时,哪里来的黑貂之裘、黄金百斤呢?)重要的是这其中包含的一些道理。对苏秦而言,其所提的政策建言的内容无关紧要——他终生都在与他当初想辅佐的秦国斗争。苏秦在乎的只是自身的福利,而不是别的。而作者则赞扬了这种以自身利益为重:在作者看来,这是天下之道;甚至家庭伦理与职业考虑与之相比都相形失色;一个士人的目标就是获得荣耀与财富。苏秦在思想上的朝三暮四,并没有遭到批评,反而被赞颂为士之楷模。

《战国策》的直率,超过了大多数其他记载,甚至可能是全部的当时的文献记载,但是其区别多在于直率性的程度而不在于逸事的内容。更具道德论述倾向的《吕氏春秋》在谈到入仕时呼应了《战国策》的记载,将物质享受视为士人修身养性唯一的高尚目标。在鼓励努力学习时,其作者们讲述了下面一则故事:

> 宁越,中牟之鄙人也,苦耕稼之劳,谓其友曰:"何为而可以免其苦也?"其友曰:"莫如学。学三十岁则可以达矣。"宁越曰:"请以十五岁。人将休,吾将不敢休;人将卧,吾将不敢卧。"十五岁而周威公师之。②

宁越是战国早期的一位重要思想家,③他开始入仕仅为了避

---

① 《战国策·秦策一第二》,第 76 页。
② 《吕氏春秋》卷二十四《博志第五》,第 1619 页。
③ 宁越的著作是一卷的《宁越子》,为《汉书》所著录,但是在隋代(581—618 年)之前就亡佚了。最近,《宁越子》部分佚文在一座战国中期的墓葬中出土,即湖南省慈利县石板村 M36 号墓。关于该墓出土的文献的报告,参看张春龙《慈利楚简概论》。

免辛苦而没有报酬的农业劳作，但是这一动机对于《吕氏春秋》的作者而言，并没有什么值得羞耻的。在其眼中，唯一特别的是宁越的勤勉和巨大的成功。财富和荣耀对士人的激励是合法的，甚至是常规的——至少对战国时代的士来说是这样。

这些故事的重要性不能被低估。令人尊敬的士人的并不令人尊敬的动机，在这些故事中展现得非常清楚，而这或许仅仅是冰山一角。因为公众人物往往倾向于将自己的个人利益用高尚的理由进行包装，很少有人会像苏秦和宁越那么坦率。许多人将追随苏秦和宁越的足迹，但是很少会表现出来类似的直率追求富贵的理念。《战国策》和其他类似文献坦率的记载显示，自私自利地追求官位的行为不但广泛存在，而且获得了思想合法性。在这种语境下，我们应该更合理地评估孔子及其追随者所面对的挑战。他们寻求以道德需要和保持个人诚信的名义来使士人的个人利益变得高尚。

第三节　以入仕为使命：孔子和孟子

孔子是最早的士人的思想领袖，也是决定性地塑造了他们对于入仕态度的人。他支持士人入仕的要求，这是士人谋生的重要手段，但是另一方面，孔子提出了一个新的理念，他把入仕视为一项高尚的道德使命，是士人志于道的重要组成部分。孔子指出：

> 富与贵，是人之所欲也；不以其道得之，不处也。贫与贱，是人之所恶也；不以其道得（去）之，不去也。[1]

---

[1] 《论语·里仁》，第36页。

　　在孔子眼中，入仕具备经济、社会和道德的层面。对财富和荣耀的追求，与入仕做官联系在一起，是完全合法和可接受的，但是这种考虑应该次于士人对道的伦理职责。如果一个人在追寻自身利益时表现得符合道德，是可以的；但是如果这两个目标不能同时达到，就应该舍弃前者而取后者。这种观点被孟子强烈呼应，孟子说自己宁可"舍生取义"，①这或许可以被视为"儒家"解决入仕政治困境的方法之精髓。

　　众所周知，孔子认为"朝闻道夕死可也"，他将"道"作为君子行为的最高准则，而坚守正道往往导致他与掌权者的冲突。② 然而，较少被注意的是，坚守正道和入仕是内在联系在一起的，后者是实现思想家理想的手段。孔子许诺云："苟有用我者，期月而已可也，三年有成。"他甚至愿意辅佐政治上可疑的人物，只要能够复兴"东周"；他的弟子呼应着他的希望。③ 为了实现自己的理想，孔子颠沛流离，穿梭于各国之间，寻求合适的官位。他认为"君子疾没世而名不称焉"。他还坦白承认自己在等待，希望把"美玉"——也就是自己的才能——卖个好价钱。④ 孔子也同样指导自己的弟子寻求入仕，讨论如何辅佐君主的内容在《论语》中占有很大的篇幅。⑤而且，孔子将"修己以安百姓"视为自我修养的终极目标，而这一目标脱离了政府职位则无法做到。⑥ 子夏（公元前507—?）作为孔子

---

　　① "生，亦我所欲也；义，亦我所欲也；两者不可得兼，舍生而取义者也。"《孟子·告子上》，第265页。

　　② 《论语·里仁》，第37页；关于道在君子生命中的至高地位，参看《论语·里仁》，第37页；《卫灵公》，第168页。

　　③ 分别参看《论语·子路》，第137页；《阳货》，第182、183页；《子张》，第205页。

　　④ 分别见于《论语·卫灵公》，第166页；《子罕》，第91页。

　　⑤ 比如，《论语·八佾》，第30页；《先进》，第115页；《宪问》，第153页；《卫灵公》，第163—164页及第170页。在一个有意思的讨论中，弟子们表达了他们的志向（《宪问》，第118—119页），孔子明确地支持唯一表达了非政治性理想的公西华，但即便如此，这个故事也清楚地反映了孔子弟子们标准的入仕取向。

　　⑥ 《论语·宪问》，第159页。

的主要弟子之一，总结其老师的思想云："仕而优则学，学而优则仕。"①

孔子将政治行为解释为达到道德目标的手段这一思想，对士人的行为产生了两方面的巨大影响。一方面，它使得入仕成为一种责任，进一步强化了士人对国家的依附；另一方面，孔子决定性地将自己和弟子与无耻的求官者区分开来，对于后者孔子持明确的鄙视态度。② 而这又制造了区分"君子"与"小人"的新问题。君子将入仕作为自我道德修养的手段，而肆无忌惮的小人则将入仕仅仅作为攫取财富和荣耀的手段。为了避免任何对其正直廉洁的质疑，君子必须时常审视自己的行为，一旦察觉自己的行为已经偏离正道，他就应该辞去职务。孔子为后来的高尚之士树立了一个榜样，他不断地从之前服务的宫廷中离开，造成了一系列的任命和辞职（或者说，是未达到目标的任职）。孔子最终没有能够实现自我，这或许解释了《论语》中的一些悲剧注脚和他对自己不被认可的感伤。③

寻求合适的官位，放弃崇高理想向现实妥协而为不贤君主服务，这两者之间的冲突产生了巨大的紧张，而这种紧张弥漫于孔子及其弟子的思想之中。没有（也许根本不可能有）轻易解决这一冲突的办法。在变化无常的政治环境中，并没有"做"还是"不做"的严格规则可以适用。孔子有时显得非常沮丧；有时他暗示个人修养几乎仅仅是件自足的事情，而不将其与仕途联系

---

① 《论语·子张》，第202页；关于这段论述的争论，参看苏宾荣、宋永培《"学而优则仕"应作何解?》；张鸣岐、毕诚《也谈"学而优则仕"》。

② 关于孔子对于求官者的批评，参看《论语·颜渊》，第130页；《子路》，第140页。

③ 孔子悲叹"道不行"，威胁要隐居于海滨，"乘桴浮于海"。（《论语·公冶长》，第43—44页）他把自己比作一个干枯的葫芦，可以悬挂但是不能吃（《阳货》，第183页）；因为"吾已矣夫"而绝望痛哭（《子罕》，第89页）；威胁要从自己贡献了毕生精力的教育事业中退出（《阳货》，第187—188页）。

在一起；一个君子应该学"为己"。① 这种在仕途之外实现自我的
理念，最终导致了拒绝出仕的强大浪潮，下面我们将会论及。但
是孔子自己从来没有支持这种对其态度的激进解读方式。对孔
子而言，辞职仅仅是暂时的。学习，尽管让人有"乐"的感觉，但
其本身并不是目标，而是为了影响天下的手段。因此，归根结底
孔子强烈地建议自己的弟子出仕——但是仅仅在环境允许的情
况下：

> 宪问耻。子曰："邦有道，谷；邦无道，谷，耻也。"②
>
> 子曰："……君子哉蘧伯玉！邦有道，则仕；邦无道，则可
> 卷而怀之。"③
>
> 子曰："笃信好学，守死善道，危邦不入，乱邦不居。天下
> 有道则见，无道则隐。邦有道，贫且贱焉，耻也；邦无道，富且
> 贵焉，耻也。"④

以上三段论述具有很多共性，都认为个人接受或者拒绝入仕
是由外在环境决定的，也就是这个国家是否合乎道。只要道未衰，
那么入仕不但是可以接受的，而且是必须的：抱持"贫且贱"在这样
的环境下是可耻的。但是在邦国不合于道的时候入仕也是可耻
的——在这种情况下一个士人或者应该跑到别的邦国，或者洁身
自好，"卷而怀之"。君子应该听从孔子的建议，根据环境的变化改
变自己以适应新的环境，而永远不能忘记道德理想应该置于其他
考虑之上。调整的艺术，什么时候退什么时候进，就成为孔子思想

---

① 《论语·宪问》，第 154 页。这种意思已经在《论语》的开篇《学而》中透露了，其
谈到"学而时习之"的"悦"，"有朋自远方来"的"乐"，而且警告避免因为不被承认而导致
的愤怒（即"人不知而不愠"）。

② 《论语·宪问》，第 145 页。

③ 《论语·卫灵公》，第 163 页。

④ 《论语·泰伯》，第 82 页。

的一个重要标志，以至孟子将孔子赞誉为"圣之时者也。孔子之谓集大成"。①

在本章开头，我们引入了孟子矛盾的观点，孟子不但继承了孔子复杂思想的遗产，而且将其进一步完善了，创造了可谓中国思想史上关于入仕最为成熟的理论。孟子将孔子视为榜样，②而两者的入仕模式确实有很多相似之处。像孔子一样，孟子也周游列国希望找到合适的入仕机会。他曾经成功地在齐国任职，而齐国是当时诸国中最强大的国家之一。秉持对道德职责至高无上的信念，孟子坚韧不拔地向掌权者和士阶层的同道宣扬自己的思想，希望能够建立正道。尽管孟子展现了极大的热忱，但他也不得不屡屡辞官，离开他曾经极力宣扬自己道德思想的地方。这种追求入仕然而又辞官的内在矛盾激发了孟子、其弟子以及其反对者之间的频繁讨论。在这种语境下孟子概括了自己有关入仕的基本理论假设：

> 陈子曰："古之君子何如则仕？"
>
> 孟子曰："所就三，所去三。迎之致敬以有礼，言，将行其言也，则就之；礼貌未衰，言弗行也，则去之。其次，虽未行其言也，迎之致敬以有礼，则就之；礼貌衰，则去之。其下，朝不食，夕不食，饥饿不能出门户。君闻之，曰：'吾大者不能行其道，又不能从其言也。使饥饿于我土地，吾耻之。'周之。亦可受也，免死而已矣。"③

孟子概括的三种入仕的原因似乎也作为其自己行为的导引。最理想的情况是，君子应该为了实现正道而辅佐君主；但是如果这

---

① 《孟子·万章下》，第 233 页。
② 《孟子·公孙丑上》，第 63 页。
③ 《孟子·告子下》，第 297—298 页。

一目标短期内无法实现，君子也可以立身于君主身旁换取后者的尊敬和礼貌；最后，如果他存于绝望的经济状况下，君子也可以接受君主的资助作为生存下去的手段。然而，引人注目的是，在讨论了入仕的条件时，孟子感到需要立即概括出应该在什么情况下辞职。此两者的相近是不祥之兆：在孔子之后，能够辞职被认为是和能够入仕一样，都被看作是君子的标志。

孟子与弟子有关入仕的讨论，反映了在入仕的道德责任和担心会有无耻求官的嫌疑之间，存在着巨大的张力。两个问题困扰着孟子：何时入仕，又何时辞官。孟子尽力想概括出士人合理的行为准则，但是最终他承认并不存在某种单一的规则；许多同样合理的可能性都存在着。孟子以过去的圣人为例，来描述这些可能性。伯夷，一个自豪的隐士，拒绝为不贤的君主服务而牺牲自己的高尚情结。相反的，我们也看到柳下惠，谦卑地接受任何官位；还有伊尹，商朝建立者商汤的大臣，因为怜悯被剥夺了贤明统治环境的大众，"任天下之重"，无止境地寻求官位来完成自己的责任。

孟子认为上述圣人都值得效仿，尽管他轻微地批评了伯夷过分的洁身自好和柳下惠太过明显缺乏自尊的举动。然而，对孟子而言，最值得仿效的是孔子。孟子认为孔子才是一个知道"可以仕则仕，可以止则止，可以久则久，可以速则速"——一个将先代圣人的优势结合在一起，所谓"集大成者"，而又超越了先代圣人的人。① 根据孟子所说，孔子对入仕非常执着，乃至于只要三个月没有担任官职就必须获得安慰，然而同时他又屡屡辞官。孟子解释了孔子辞官背后的原因，也是他自己不愿意入仕的原因："古之人

---

① 关于孟子对前代圣人的讨论，参看《孟子·公孙丑上》，第63页（在这段里面孟子称孔子至高无上）；《万章上》，第225页；《万章下》，第232—233页；《告子下》，第248页。

未尝不欲仕也，又恶不由其道。不由其道而往者，与钻穴隙之类也。"①

　　回到孟子回答陈子时概括出来的三种入仕的情况，我们就能看到经济因素在其中的重要作用，并不像孔子那样宣扬"君子谋道不谋食"，②孟子承认君子对君主经济上的依赖关系。这种承认，以及孟子愿意接受君主的资助，时常激怒其更加洁身自好的支持者，这促使孟子解释了与君主发生经济往来的原则。孟子指出，如果接受君主的资助不伤及其高尚和自尊，就是可以容忍的。如果一个人出于经济困窘而出仕，那么他应该只接受不重要的职位；而只有在思想家和君主都有志于道时，前者才能接受贵重的礼物和慷慨的资助。（在这种情况下，即便接受整个天下作为馈赠，就像舜接受尧的禅让一样，也不会被认为过分。）③

　　洁癖主义者攻击孟子承认士人的经济依附性，以及愿意接受君主的资助，别的人则批评孟子因为抗议君主在他看来不够礼貌的态度而做出的极端姿态。由于我在第五章已经讨论了这个题目，在此我想聚焦于论述孟子的最后一个规则：除非许诺实现思想家的道，君子才能出仕辅佐该君主，而这个道，就是仁义之道。孟子个人希望能够实现这种与君主的关系，他与君主们的谈话中长篇累牍地试图"正"心。然而，这些努力，明显地是徒劳的，就跟孔子的努力一样。孟子周游列国，最后还是以辞职而结束：他离开了魏襄王——他认为其缺乏君主的格调；在齐宣王忽视他的建议之后，他也离开了齐宣王。④ 齐国可能是孟子终生获得的最重要职

---

①　《孟子·滕文公下》，第 143 页。

②　《论语·卫灵公》，第 168 页；另也参看第 170 页。

③　参看《孟子·公孙丑下》，第 92—93 页；《滕文公下》，第 145—146 页；《万章下》，第 239—240 页；《万章下》，第 244—245 页。

④　关于孟子的生平，参看杨伯峻《孟子译注》的前言，第 1—3 页。

位的地方,在离开齐国之后,孟子绝望地悲叹道:

> 五百年必有王者兴,其间必有名世者。① 由周而来,七百
> 有余岁矣,以其数则过矣,以其时考之则可矣。夫天未欲平治
> 天下也,如欲平治天下,当今之世,舍我其谁也? 吾何为不
> 豫哉!②

发自内心的感慨透漏了孟子对救世主形象的王者及其代理人
的坚定信仰。这个代理人可以"名世",也就是孟子自己。孟子的
努力最终失败,因而其惨痛不但是经济上的,而且也是道德上的,
因为其终生的抱负被摧毁。惨痛也是近乎宗教性的,因为孟子似
乎真心祈求天的帮助。很可能就是在这样的背景下,孟子发出绝
望的论述,如同我们在本章开头部分所引用的其令人震惊的话语,
即,"君子有三乐,而王天下不与存焉。"在其他地方,孟子又论道:

> 尽其心者,知其性也。知其性,则知天矣。存其心,养其
> 性,所以事天也。殀寿不贰,修身以俟之,所以立命也。③

孟子进一步感慨道:"万物皆备于我矣。反身而诚,乐莫大焉。"④
这些话显示了孟子思想中一个关键的"转向内在"层面。先撇
开其哲学意义,让我们集中论述其政治涵义。如果一个将生命的
大部分时间都用于周游列国游说国君与其大臣的思想家,突然宣
称自己要"存其心,养其性",享受"反身而诚"的乐趣,这是否意味
着他已经放弃了自己的政治抱负? 这是否意味着获得自身满足或

---

① 我接受杨伯峻的解释,将"名世"读作"命世"。Csikszentmihalyi(齐思敏)
(*Material Virtue*, 195, n. 65)讨论了这些字,而他倾向于将其翻译为"给时代命名"。

② 《孟子·公孙丑下》,第 109 页;也参看 Csikszentmihalyi, *Material Virtue*,
195—200,其提供了一个不同的讨论。

③ 《孟子·尽心上》,第 300 页。

④ 同上,第301页。

者"诚"，和给世界带来和平与秩序同等重要？是否孟子已经对改变世界失去了信心，转而寻求改变自身？

《孟子》这些篇章中所展现的绝望理念，和前文提到的《论语》中所记载的类似内容一样，变为高尚之士的特征。并不是所有士人都得出结论认为"反身而诚，乐莫大焉"，但是被广为接受的是，当面对不理想的环境时，士人应该集中于自身修养，等待其命运转折的到来。"命"、"时"、"遇"（辅佐圣王的机会）这些概念在士人文本中成为普遍的，而后又被吸纳入帝制时代文人文学作品中。[1]自身修养的理念逐渐和遇见明君的期待连在一起，而明君将会认识他的贤明。郭店出土的一段文献《穷达以时》总结了这些思想：[2]

> 有天有人，天人有分。察天人之分，而知所行矣。有其人，无其世，虽贤弗行矣。苟有其世，何难之有哉？舜耕于历山，陶埏于河浒，立而为天子，遇尧也……[3]

这段文字首先澄清了人类在世界上的举动是由外在力量，即天所决定的，然后举了一些历史例子来证明这一观点。舜的例子特别典型：一个以务农和制陶为生的人，由于遇见了尧，最后变成了天子。这正是一种模式：《穷达以时》勾画出了曾经出身贫贱的士人，由天命的导引，为明君所瞩目，进而崛起为政治权力的顶峰。相比较而言，那些命运不好的人则遭遇了悲惨的遭遇，比如伍子胥（卒于公元前484年）辅佐吴王夫差（公元前495—前473年在位），

---

[1] 关于文人所代表这些概念，参看 Pankenier（班大为），"The Scholar's Frustration".

[2] 对于《穷达以时》的研究，参看 Meyer（梅德克），"Structure"；李锐《郭店楚简〈穷达以时〉再考》；李锐的研究提供了一个较为方便的学术史回顾，以及传世文献与《穷达以时》的对照。

[3] 《穷达以时》，第1—3简，李零《郭店楚简校读记》，第111页。

前者的忠诚不为夫差认识，而最终导致伍子胥被命自杀。一个士人，不管他的能力多强，都不能决定其终生的成败：而是由外在的力量——天命所决定的：

> 遇不遇，天也。动非为达也，故穷而不（怨，隐非）为名也，故莫之知而不吝。……穷达以时。幽明不再，故君子敦于反己。①

作者要传达的意思非常明确：个人无法决定自己的成功还是失败，但是个人应该怀着对机遇的期望而持续地修身。修身对君子而言是内在要求，并不依赖外在环境。"反身而诚"变成解决士人因为"时"逆而无法实现自己抱负所导致的尴尬处境的办法。②

尽管貌似雄辩，"反身而诚"的提议似乎并不是一个有说服力的解决方案，可以解决士人的远大抱负和阴暗现实之间的紧张关系。作者集中于描述先代模范大臣的职业生涯，表现了他们对出仕的执着和对不允许士人实现志向的不利的现实环境的沮丧。在《穷达以时》以及类似文献中显示的入仕的吸引力如此强烈，仅仅凭借引入修身的概念难以克服这种吸引力。将入仕视为一种道德自我实现的手段，同时又担心会牺牲自身理想而辞官而去，同时存在于士人身上，高傲的士人在未来的时代会继续在这种挫折感中煎熬。

第四节　弃官：隐士理想

到目前为止我们讨论了两类士：无耻求官者，和将出仕视为自

---

① 《穷达以时》，第 11—12、15 简，第 112 页。
② 对于《穷达以时》和其他将修身视为个人自有目标的文献的研究，参看 Brindley, "Human Agency," 176—206.

我实现手段的高尚之士。这两类士都对出仕具有强烈的执着，尽管后者将当官置于更高目标之下的愿望造成了其与掌权者之间严重的紧张关系。然而在战国时代极其丰富的思想图景中，还存在第三类士：那些被不贤宫廷和昏庸君主所骇倒，进而考虑全面从政治生涯中退出的士。这种情绪导致了隐逸现象的兴起，对中国政治传统产生了巨大的影响。

隐逸现象，或者更精确地说，是拒绝做官的现象，在最近一些重要的研究中已经受到深入而广泛的讨论，尤其是文青云（Aat Vervoorn）对先秦隐逸传统的分析非常有价值。① 笔者不再赘述其观点，而是集中于一个问题：隐逸思想是如何与普遍的执着于出仕当官的思想——不管是出于私利还是理想原因，如前文所讨论——相关联在一起的。更具体的地说，"隐逸"（文青云称之为"eremitism"）是提供了一个不同于出仕当官的职业模式，还是仅仅为入仕这一模式的一部分？

为了回答这个问题，有必要区分两种完全不同的"不出仕"（disengagement）。② 遵从孔子将道置于出仕之上的思想，有些士提出了一种模式，这种模式导致了士人将辞官当作对掌权者的抗议。在这种情况下，"隐"于世仅仅是暂时的手段，因为道将会复兴，"隐藏之士"也会再现。另外一种不出仕的形式，是庄子那样的，拒绝任何的政府职务，将其视为不值当的生活方式。这种拒绝的观点尤其值得我们关注，因为它包含了对士依附于国家的最为

---

① 参看 Vervoorn, *Men of the Cliffs*；其他的重要研究，参看 Berkowitz（柏士隐），*Patterns of Disengagment*（这本著作主要研究汉代以后的隐逸传统）；杨胡云《中国隐逸文化》；许多富有洞见的关于隐逸文化的观点，被刘泽华总结在《先秦士人与社会》中，第 125—132 页。

② 我倾向于用"disengagement"这一概念（这一概念为柏士隐所使用）来描述"隐逸"或者"eremitism"，因为它并不假设割断与社会的联系，像隐逸传统（或者叫 eremitism）所寓意的那样。

显著的抗议。

第一类"不出仕"，从概念上与符合道德的辞职并无不同。君子应该辞职以证明自己的高尚，因此一些士放弃寻找合适雇主也是可以期待的，至少暂时如此。在大多数思想家都在周游列国寻找出仕机会的时候，一些士得出结论认为这种努力是徒劳的，为了保持自身道德高洁，应该从外在的这些肮脏环境脱身而去。在这种拒绝者中，伯夷和叔齐这一对高士，为了抗议周朝推翻商纣，拒绝为周朝的圣王武王服务，后来被视为楷模。根据有关故事的记载，他们将自己饿死，希望能够"不食周粟"，他们极端地体现了孔子的名言："邦无道，谷，耻也。"①孟子敬仰伯夷，但是他将自己和伯夷的极端高洁主义区分开来。不过，并不是孟子，而是他的一些学生将伯夷和类似伯夷的人化为一种激发源泉。

在第五章中我们提到了在孔子和孟子之间的时代士阶层自信和自豪的勃兴。这一过程也伴随着对一些高尚之士涉入政治的渐渐增强的批评态度。孔子的弟子们，其中最明显的是子路，多次批评孔子的举动，但是他们从未反对过入仕以事君。②　而对于孟子，他必须忍受那些将接受诸侯的资助视为牺牲自身高尚道德以妥协的人的激烈批评。万章是孟子最重要的弟子之一，明显地激怒了自己的老师，因为他宣称，既然现在的君主都是盗贼（"御"），那么接受他们的雇佣就是不道德的。③　这种观点并不仅仅局限于孟子的一个持反对意见的学生。越来越多的高尚之士为无休止而又徒劳的周游列国所挫败，感到沮丧，这导致他们得出结论认为现实世界的君主从道德上讲都是错误的。因此，从政治参与中退出是唯

---

①　《论语·宪问》，第 145 页。有关伯夷和叔齐的传说，参看 Vervoorn（文青云），"Boyi and Shuqi"；Rubin，"A Chinese Don Quixote."

②　关于子路对孔子举动的批评，参看《论语·阳货》，第 182 页；《雍也》，第 64 页。

③　参看《孟子·万章下》，第 240 页。

一的保持自己高尚情结的办法。不再寻求官位进而辞职，他们明确地主张要抵制那些君主们！

洁癖主义者对政治参与的彻底拒绝是孔子将道置于出仕之上论述的产物，但是它挑战了另外一个著名论述，即在社会领域内实现正道。这解释了孔子追随者中更为"正统"的人对于洁癖主义者的复杂态度，这种态度在《孟子》中的对话中表现得淋漓尽致．

> 匡章曰："陈仲子岂不诚廉士哉？居於陵，三日不食，耳无闻，目无见也。井上有李，螬食实者过半矣，匍匐往，将食之；三咽，然后耳有闻，目有见。"

> 孟子曰："于齐国之士，吾必以仲子为巨擘焉。虽然，仲子恶能廉？充仲子之操，则蚓而后可者也。夫蚓，上食槁壤，下饮黄泉。仲子所居之室，伯夷之所筑与？抑亦盗跖之所筑与？所食之粟，伯夷之所树与？抑亦盗跖之所树与？是未可知也。"①

孟子的回答，以及他进一步对陈仲子不够孝顺的批评，表现出其在面对极端道德主义时的不安情绪。陈仲子是齐国王室成员，因见其兄食禄万钟，以为不义，故避兄离母，与妻子一起织屦。他的高洁是毫无疑问的，但是在孟子看来，他做得太极端了。在人类社会中，绝对的高洁是无法达到的，因为经济关系的本质将任何人都会带入与品德不明的人的接触中去。在这种情况下，坚持像伯夷那样不吃不道德的国君"被污染"的粮食，显然是不可行的。②但是同时也应该看到，孟子对陈仲子的批评是非常委婉和温和的，这与他针对当时那些玷污道德准则，追逐权力、财富和地位的政客

---

① 《孟子·滕文公下》，第158—159页。
② 陈仲子类似伯夷的行径被记载于《淮南子·氾论训第十三》，第449页，根据这个记载，陈仲子为了避免吃"乱世之食"而饥饿而死。

的尖锐抨击,形成了鲜明对比,同时也与荀子将陈仲子抨击为盗取名声的"贼"形成鲜明对比。①

　　洁癖主义者从政治生涯中退出的极端行为,困扰着孟子(根据记载也困扰着孔子的弟子以及后来的荀子),②但是它对士与掌权者的关系模式的影响依然有限。拒绝出仕仅仅是一种抗议的手段,从概念上与因为道义而辞职并无不同,并没有挑战政治参与的原则。③ 真正的挑战来自另外一群异见者,他们质疑为实现自我理想而出仕的基本思想。

　　战国思想中反政治趋势(有时候会被称为"道家",但是这一叫法很有问题)的源头是一个充满争论的话题。历来学者倾向于将这一理念追溯到《老子》和《庄子》,但是现在持怀疑态度的学者开始质疑这种观点,尤其是怀疑关于《老子》早期起源的传统记载。相应的,他们为"道家"或者"个人主义"思想的历史引入了新的角色,最为有名的是杨朱(前4世纪)。杨朱的地位被极度夸大,以至于许多西方学者用"杨朱主义"(Yangism)来命名这种臆想出来的思想遗产。我在此处无意加入此类分歧。我认为《老子》的年代早于《庄子》,而杨朱对中国思想史的贡献在很大程度上无法证实,但这些话题对下面我们的讨论的重要性相当有限。关于对知识分子参与政治的批评,毫无疑问,不管《老子》和《庄子》是谁写的,它们

---

　　① 参看《孟子·滕文公下》,第140—141页;《告子下》,第293页;《荀子·不苟第三》,第52页;也参看《荀子·非十二子第六》,第92页。

　　② 《论语》第十八篇《微子》(第193—196页)可能是《论语》中最晚出的几篇之一,保存了几则孔子会见几个骄傲的隐士的故事。这些隐士"避世",让孔子及其弟子非常不安。关于荀子的观点,参看下文。

　　③ 这类抗议不能被低估。荀子将王者统治成功的一个标准表述为"野无隐士"(《荀子·正论第十八》,第331页)并不是偶然的。韩非子清楚地将不参与政治界定为"非上"(《韩非子·有度第十八》,第35页)。此后,在中华帝国时期,拒绝当官成为思想异见者强有力的抵抗手段。

都是战国时代此类思想倾向最为重要的代表性著作。①

《老子》最终成为反对参与政治者的经典著作，但是它本身并不必须被当作一部反政治的作品来解读。相反的，正如我在第二章所论证的那样，《老子》可谓是中国思想史中最早的集中于君主论的著作。不过，《老子》中最少有两个理念有助于从政治中退出的思想的发展。第一，自然、"无为"、"不争"等思想，将《老子》显著地和那些急切求官的普遍倾向——为了个人原因或为了理想考虑——区分开来。不再呼吁周游列国寻求出仕，它建议通过隐退获得力量：

> 江海所以能为百谷王者，以其善下之，故能为百谷王。是以欲上民，必以言下之。欲先民，必以身后之。是以圣人处上而民不重，处前而民不害。是以天下乐推而不厌，以其不争，故天下莫能与之争。②

这段论述中《老子》提倡的并非是从公共生活中退隐，而实际上是提倡一种完全不同的道路来实现自己的目标：保持谦卑和不

---

① 冯友兰(1895—1990年)是最早重振对杨朱的兴趣的学者之一（参看 Fung, *History of Chinese Philosophy*，133—143）。在西方，这一研究兴趣被 A. C. Graham（葛瑞汉）的研究所激发。葛瑞汉将《庄子》和《吕氏春秋》中的几章界定为反映了"杨朱主义"的传统（参看 Graham, *Disputers of the Tao*，53—64；关于这一理论的影响，参看 Shun [信广来], *Mencius*，35—37；Lewis [鲁威仪], *The Construction of Space*，16—20）。这一研究路径带有明显的推理臆测的成份，其问题已经被 Goldin（金鹏程）令人信服地在其"Review of A. C. Graham"一文中进行了总结。推而广之，以我们目前的知识水平，任何将"杨朱主义者"(Yangist)或者其他称呼加诸传世文献的任何章节，都不可避免地属于臆测；因此，我倾向于避免使用这种概念。而且，现在随着(原始的)《老子》的早期起源及其早于(原始的)《庄子》的事实被郭店楚简的出土所证实，我们应该聚焦于《老子》和《庄子》的内容本身，而将尚未解决的作者问题暂时搁置一边——至少搁置到新出土文献为此提供更多的信息。最近的关于《老子》早期起源的讨论，参看第二章；关于《庄子》的讨论，参看 Graham, "How Much"；Liu Xiaogan（刘笑敢），*Classifying the Zhuangzi Chapters*.

② 《老子》第六十六章，第145—149页，我引用的是王弼注的版本；参看《郭店老子甲》，第2—3简。

争的态度，圣人可以轻易获得权力，"天下莫能与之争"。就这一思想佐证了从仕途退隐而言，它也对我们可称之为"假的辞职"（feigned resignation）的行为构成支持：这种拒绝官位的行为的目的只不过是为了将来获得更好的位置。这也正是一些战国士人对《老子》思想的解读（参看下文）。然而通过这种解读将《老子》的建议贬低到纯粹操弄公众意见的层次是非常不公平的。

　　《老子》中也包含着另外一种更重要的理念，质疑出仕的好处，或者说，对个人福祉的好处，这就是《老子》的"保身"观念。《老子》可谓是第一个将"身"作为合法关注对象的著作。① 《老子》与《论语》和《孟子》截然相反，《论语》清楚地提倡"杀身成仁"，而孟子则鼓励"以道殉身"。② 然而《老子》则建议"保身"：顺于道，则可以终生不遇危险，"没身不殆"。是以"圣人后其身而身先，外其身而身存"。③

　　在《老子》所提出的新的优先顺序中，"保身"比其他成就具有大得多的重要性。《老子》夸张地问道："名与身孰亲？"而答案是明确无疑的。求名与"保身"相比，则显得苍白无力；为了获得长寿一个人需要"知足不辱，知止不殆"，然后"可以长久"；这可以解读为

---

　　① 正如在上文所叙述的那样，西方学者将中国思想中对身的关注归属于杨朱及其追随者（参看 Emerson，"Yang Chu"；Defoort［戴卡琳］，"Mohist and Yangist Blood"）。撇开"杨朱主义"的臆测，我们应该认识到，"保身"的思想在西周青铜铭文中就已有体现，在那些铭文中，追求长寿是所谓"嘏辞"中最为普遍的主题（参看徐中舒《金文嘏辞释例》，尤其是第 537—539 页）。然而，在《老子》之前并没有证据证明"保身"和政治生命已经被并列在一起，也没有证据证明"保身"已经成为一种政治价值观。或许，持续增加的对身体和自身的关注反映了以宗族为中心的心理形态的消亡，但是这一问题需要进一步的探讨。更多的关于战国时期与身体有关的论述，参看 Sivin（席文），"State, Cosmos, and Body"；Lewis（鲁威仪），*The Construction of Space*，14—76；Brindley，"Human Agency"；McNeal（罗宾），"The Body as Metaphor."

　　② 分别出自《论语·卫灵公》，第 163 页；《孟子·尽心上》，第 321 页。

　　③ 《老子》第七章，第 251—252 页；关于更早的出处，参看《老子》第十六章，第 302 页；第五十章，第 67 页；第五十二章，第 74 页。

限制其对政治的参与。① 就像通常那样，《老子》的章节都可以做不同的解读；比如，当一些语句解读为对君主而言时，就与解读为对士而言存在巨大差别。然而，就目前讨论而言，对这些语句的重要解读是为了保身而可以牺牲自身的政治生涯。②

　　排除不确定性，为了保身而从政治生活中退出的思想，也清楚地见诸其他几类文献的记载。这　思想和杨朱紧密地联系在一起，而杨朱以不拔一毛以利天下而著称。他的这种思想令孟子非常震惊以至于孟子激烈批评他："杨氏为我，是无君也……无君，是禽兽也。"③清醒地认识到政治生涯的危险，许多士拒绝以自己最珍贵的生命来交换名声与权力。楚国狂人接舆歌而过孔子曰："凤兮凤兮！何德之衰？往者不可谏，来者犹可追。已而，已而！今之从政者殆而！"这或许反映了上述拒绝为官的趋势。④ 保身这一理想，和孔子的追随者所主张的为了孝道而不敢伤害身体的观念相呼应，成为战国乱世中的为官者所关注的。⑤《战国策》中的一则故事讲述道，一个游士蔡泽（公元前 250 年前后）指出从政的巨大风险，进而劝说秦国的丞相范雎放弃官位。刚开始范雎试图回绝蔡泽，云："君子杀身以成名，义之所在。身虽死，无憾悔，何为不可哉？"⑥但是范雎很快就被蔡泽关于适时而退的好处的论述所打动。不管这则故事的真实性，起码它反映了保身在战国语境，很可

---

　　① 参看《老子》第四十四章，第 39—40 页；《郭店老子甲》，第 35 简。
　　② 这一文献的复杂性可以从对《老子》第十三章（第 276—282 页，《郭店老子乙》，第 5—8 简"故贵以身为天下，若可寄天下；爱以身为天下，若可托天下"）的矛盾解读看出来。它的意思或者可以解读为"只有爱其身胜过天下者，才可以被托付天下"，或者也可以解读为"只有为了天下而忘其身者，才值得托付天下"。有关总结参看聂中庆《郭店楚简老子研究》，第 267—270 页。
　　③ 《孟子·滕文公下》，第 155 页；《尽心上》，第 313 页。
　　④ 参看《论语·微子》，第 193 页；也参看《庄子·人间世第四》，第 140 页。
　　⑤ 关于身体发肤，受之父母，不敢损伤，孝之始也，参看《论语·泰伯》，第 79 页；《吕氏春秋》卷十四《孝行第一》，第 732—733 页；《孝经》卷一，第 49 页。
　　⑥ 《战国策·秦策三第十八》，第 204 页。

能也是战国政治实践中的重要性。

在所有已知文献中,《庄子》可谓最清楚地表达了对出仕的反对态度,它从几个不同的角度批评了出仕为官。首先,它认为,为政府服务会危及自己的生命,为了保身应该避免当官。散见在《庄子·人间事》和《外篇》、《杂篇》中的故事,反复指出参与政治的风险,并建议从仕途中退出。① 庄子的思想简练地总结于下面这则故事中:

> 庄子钓于濮水。楚王使大夫二人往先焉,曰:"愿以境内累矣!"庄子持竿不顾,曰:"吾闻楚有神龟,死已三千岁矣。王巾笥而藏之庙堂之上。此龟者,宁其死为留骨而贵乎? 宁其生而曳尾于涂中乎?"二大夫曰:"宁生而曳尾涂中。"庄子曰:"往矣! 吾将曳尾于涂中。"②

这则故事传递的信息非常明确:为了名望和财富而当官的好处,不能弥补宫廷政治中潜在的风险;计算得失则损害了出仕的合理性。然而出仕不但危及生命,而且对于自我道德实现也是无用的。在君主的宫廷里,高尚的目标无法实现。试图影响君主的努力就像螳臂当车一样可笑。③ 在不道之世当官不但是危险和幼稚的,而且本身就是不道德的。就君主而论,他们中最好的,也仅仅是"盗贼"而已,任何和掌权者的纠葛都意味着为盗贼服务。在第三章我们已经讨论过的"盗跖"这则故事里,孔子在可怕的强盗面前令自己蒙羞,而盗跖一边把人肝当作午餐一边会见孔子。孔子谦卑地介绍了自己,并建议盗跖可以建立一个自己的国家,从而将自己变成可敬的君主。盗跖回应以激烈的批评,将孔子视为逐利的小人,

---

① 关于《内篇》、《外篇》和《杂篇》的区别,参看 Graham, "How Much"; Liu Xiaogan, *Classifying*.
② 《庄子·秋水第十七》,第 441 页。
③ 《庄子·人间事第四》,第 129 页。

并称其为"盗丘"。① 这一故事的主题,即君主和辅佐其的"义士"的不道德,在《庄子》中其他地方也出现过,"彼窃钩者诛,窃国者为诸侯,诸侯之门而仁义存焉。"②又云:

> 今世殊死者相枕也,桁杨者相推也,形戮者相望也,而儒墨乃始离跂攘臂乎桎梏之间。意,甚矣哉!③

庄子推翻了儒家为道德而出仕的观点:事实上,当官是彻底的不诚实。那些为了实现自己的道而当官的人实际上有效地合法化和参与了罪恶的政权,他们高尚的道德准则也因此荡然无存。因此,寻觅政治生涯是危险的、轻率的和不道德的。作为坚持批评社会和国家的思想者,庄子(以及其他为《庄子》成书作出贡献的人)毅然拒绝了参与国家政治的责任和使命。

《庄子》的颠覆性立场是广为人知的,但是它是否提出了替代出仕的实践性方案呢? 根据我的理解,答案是否定的。从经济层面讲,《庄子》并没有提出任何可以替代从政和接受官方资助的、有吸引力的职业规划。其主人公——残疾人、盗贼、怪物、渔夫,以及其他处于人类社会边缘的人群——在实现自己的道时展现了令人难忘的能力,但是这些例子并不能吸引那些可以获得官位者的注意力。《庄子》中"庄周家贫,故往贷粟于监河侯"的故事,反映了士人对掌权者的依赖程度,尽管有那些高傲的标榜。④

---

① 盗跖云:"天下何故不谓子为盗丘,而乃谓我为盗跖?"《庄子·盗跖第二十九》,第 778 页。"丘"是孔子的名字。

② 《庄子·胠箧第十》,第 257 页。这句话也被《盗跖》篇所呼应(第 790 页),也被引述在郭店楚简的《语丛四》中,两处都将"义士"替换为"仁义"。参看李零《郭店楚简校读记》,第 44 页,第 8—9 简。

③ 《庄子·在宥第十一》,第 274 页。

④ 参看《庄子·外物第二十六》,第 705 页。可能是为了平衡上述故事,《庄子·列御寇第三十二》(第 839 页)也讲述了一个故事,故事里庄子高傲拒绝出仕,并且讽刺劝他出仕的曹商说:"秦王有病召医。破痈溃痤者得车一乘,舐痔者得车五乘,所治愈下,得车愈多。子岂治其痔邪? 何得车之多也? 子行矣!"

进一步的问题,庄子所宣扬的无心政治的道德态度,是否真正地挑战了士人加入政府的选拔体系? 答案也是否定的。尽管庄子明确地反对参与政治,但是这一反对态度是有条件的。高傲的隐士,比如许由(参看第五章),他们的道德高度只能在被许诺给予官位(甚至是君主之位),而再加以拒绝的时候才能体现出来。这意味着远离政治世界的举动,只有在参与政治被认为是正常情况时才有意义。在骄傲地宣称拒绝当官的同时,庄子无意间却强化了他所激烈批评的那个社会体系。而且,如果拒绝出仕是一个人得道的最高证明,那么就会出现一个具有讽刺意味的情况:一个人越是宣扬自己远离政治,他就会被考虑给予更重要的位置。最终,隐逸的立场变成了获取官位的绝佳途径!

这种假的退隐不可能不被战国时代的士人所注意。第五章中讲述的颜阖的故事,高士颜阖来见齐宣王,后者希望能够成为颜阖的弟子,但是颜阖拒绝了齐宣王的邀请而离开了宫廷。但是,讥诮的读者或许会问,那么他跑到齐宣王宫廷来最初的目的是什么呢? 拒绝出仕是不是增加了颜阖的名望——而最终提高了颜阖的身价? 这些疑问也同时适用于其他正义凛然的拒绝者。《吕氏春秋》中收录了大量这样的故事,一方面赞扬隐逸的精神,一方面则呼吁君主采取措施招纳贤士。《吕氏春秋》论道:

> 故当今之世,求有道之士,则于四海之内、山谷之中、僻远幽闲之所,若此则幸于得之矣。得之则何欲而不得? 何为而不成?①

讥诮的读者又会问,为什么这些能够救世界的高士都跑到偏远的地方去了?《吕氏春秋》没有提到这个问题,其对隐士的推崇

---

① 《吕氏春秋》卷十三《谨听第五》,第705页。

和对官位的追求是同时并存的。这种并存关系没有比《贵生》篇展现得更清楚的了。《贵生》篇记载的几个故事来自《庄子》的《让王》篇。① 其中有一个故事，如果对比两者的不同结尾，会非常有意思。这个故事讲的是鲁国的颜阖，顽固地拒绝鲁国国君的馈赠，为了躲避鲁国国君，他逃离了自己的家乡。《庄子》结尾赞扬他说："故若颜阖者，真恶富贵也。"②然而，《吕氏春秋·贵生》结尾的态度则完全不同：

> 故若颜阖者，非恶富贵也，由重生恶之也。世之人主多以富贵骄得道之人，其不相知，岂不悲哉？③

这段论述突兀地歪曲了《庄子》的故事，不仅调整了颜阖厌恶富贵的面貌，更为重要的是，它在颜阖故事中引进了一种新的重要因素：《贵生》篇的作者们用颜阖逃走的故事批评鲁国的国君对贤士不够尊重。作者针对贤士隐退发出"岂不悲哉"的感慨，似乎是发自内心的呼声。吕不韦门客间对官位的渴望如此热烈以至于在"贵生"这样一个高尚的话题中也无法掩饰。

这种对隐士毫无羞耻的自我抬高不可能没有引起注意。荀子——战国时期最为敏锐的思想家之一——就激烈地评论道：

> 古之所谓处士者，德盛者也，能静者也，修正者也，知命者也，著是者也。今之所谓处士者，无能而云能者也，无知而云知者也，利心无足而佯无欲者也，行伪险秽而强高言谨悫者也，以不俗为俗，离纵而跂訾者也。④

---

① 《庄子·让王》早于《吕氏春秋》，参看晁福林《〈庄子·让王〉篇性质探论》。
② 《庄子·让王第二十八》，第 751 页。
③ 《吕氏春秋》卷二《贵生第二》，第 75 页。
④ 《荀子·非十二子第六》，第 101 页。

这一抨击，使我们不由得想起《庄子》对伪善的儒、墨门徒的批评，①反映了隐士的理想多么简单地沦为了获取权力和荣耀的另外一个途径。荀子小心翼翼地将古代高尚的隐士和现今"虚伪的隐士"区分开来，后者用高尚的话语包装邪恶的目的，对后者荀子进行了严厉的谴责。对虚伪的"洁癖主义者"的批评也见诸其他文献。《战国策》中有一个故事讲述了齐国思想家田骈拒绝出仕的行为被一个乡下人讥笑的事情：

> "臣邻人之女，设为不嫁，行年三十而有七子，不嫁则不嫁，然嫁过毕矣。今先生设为不宦，赀养千钟，徒百人，不宦则然矣，而富过毕也。"田子辞。②

就如上文所引《荀子》和《吕氏春秋》一样，这个故事也说明了在何等程度上，隐逸的理想被纳入盛行的以君主为核心的思想论述中。经济因素和道德准则的强力结合，使士阶层严重地依附于权力。而这种依附关系，就算是庄子等杰出思想家及其雄辩的理论，都不能真正地挑战它。对有些人而言，当官是财富和名望的来源；对有些人而言，它是一种使命；而对另外一些人，比如墨子、商鞅和韩非子，它只不过是士的一种顺理成章的职业。面对当官的压倒性吸引力，异议分子，比如庄子及其同类，并不能提供一种具有吸引力的替代方案。尽管在战国以后的世代里，隐逸理想依然和高尚情操联系在一起，但是将它作为一种获取更好官位的手段的做法越来越频繁。③ 最终，庄子和其他人对出仕的蔑视，被纳入

---

① 王念孙（1744—1832 年）注意到《荀子》和《庄子》中互相批评的共同的词汇；详见其注释，《荀子》第 101 页。

② 《战国策·齐策四第八》，第 411 页。

③ 参看 Maliavin（马良文），*Gibel' Drevnej Imperii*，132—144。对隐士的尊崇在帝国时代依然存在，尽管偶尔的，会因为隐士对合理的职业模式的藐视而导致官方的愤怒（Vervoorn［文青云］，*Men of Caves*；Mote［牟复礼］，"Confucian　（转下页注）

到知识分子参与政治的一般模式中去，从而支持了入仕的合理性——甚至在尊崇隐逸的时候。

第五节　结语：出仕和"精神病"

基于现实和理想考虑的，出仕当官的准则，把士人强有力地依附在国家之上。这种依附关系具有很强的灵活性，在历史的起伏中可以生存下来，因为在接下来的两千年中，它依然是中华帝国时代文人生活中影响最大的因素。在帝国时代初期，土地私有制出现了，它带来了很大的影响，包括大地主阶级的出现等，从而使部分士人可以获得国家之外的经济支持。但是，或者为了获得名望，或者是基于真实的道德责任感，帝国时代的文人依然寻求当官，进而与掌权者发生关联，尽管他们时常会因此有挫折感。回顾来看，这似乎是中国知识阶层的最重要的选择。他们把自己的智识和道德声望献给国家，换回影响政治事务的能力；因而战国士人及其后来者——帝国时代的文人——变成了一个非常强大的社会阶层。这一阶层将精神和政治权威集于一身，这在其他的政治文化中是相当罕见的。通过这样，他们极大地强化了国家机器的威望，也可以轻易地将他们的意识形态转化为日常的社会政治生活，这一点在世界其他地方要困难得多。

对文人而言，参与政事绝对是权力来源，但是同时也是尴尬的来源。自愿成为以君主为核心的政体的奴仆，知识分子已经接受了对君主的依附关系，从而导致最终丧失自身的思想和个人自由。

（接上页注）Eremitism"）。直到20世纪这种情况才发生了根本变化。隐逸传统被现代化的中国知识界所彻底抛弃。鲁迅（1881—1936）一如既往地敏锐，揭露了隐逸的虚伪。他提到一个隐士，喜欢《庄子》但同时却担任着一个巡士（参看《起死》，载 Old Tales Retold《故事新编》）。

痛苦地评估了这一尴尬,刘泽华指出这是无休止的挫折感的来源,甚至可称为"精神病",它损害了帝制统治下的士人生活。[①] 在本书中,笔者不着力分析他对帝国时代文人评价的正确性。就目前我们的讨论而言,重要的是要指出,战国时代,士的主要情绪并不是挫折感和精神病。在第七章中,笔者将力图揭示,士人尽管在经济上依附君主,但是他们具有足够的自主性采取自豪和自信的姿态,而不是奴颜婢膝。然而,士人自豪的自我意识和他们作为君主奴仆之间的不可避免的冲突,导致了战国政治中巨大的紧张关系,最终导致了帝国统一之后对士人与君主关系进行重新的评估。

---

① 参看刘泽华《中国的王权主义》,第 175—181 页。

第七章

士与君主

　　在第五、第六章中，笔者重点谈论了战国时代塑造士人形象和行为模式的两个主要发展。第一个是他们不断增长的自豪感，感觉自己作为有道者和君主导师是不可或缺的。第二是他们对官位更强的依附关系，这种关系的基础是他们在经济上对政府的依赖，以及他们自身制定的必须为君主服务的思想准则。这两种趋势的并存，创造一种独特的情况，即士人一方面自认为在道德伦理上高于君主，但是同时却又充当君主的臣子和奴仆。这个情况给士人生活带来了内在的紧张，而这种紧张，对于那些跻身高层的士而言，变得尤其尖锐。他们热衷于寻觅忠诚辅佐君主的机会，但是同时仍将自己视为独立的政治参与者。

　　在本章中笔者将探讨这一紧张对于战国时代君臣关系的影响。笔者将分析在一个以君主为核心的政治体中，大臣如何保持自己的独立政治参与者的地位，以及他们是如何论述偶尔藐视君主命令或者抛弃主人的合理性。笔者也将揭示，在战国时代跨国人才市场的特殊背景下，大臣们可以由服从于一个宫廷，转而与另一个宫廷结盟，进而强化了他们将君臣关系视为相互关系，而不是上下关系的意识。此类大臣的大胆举动最终导致回火，因为它危及了政府机器的稳定。最终的对大臣权力的意识形态的反击，或者更广泛地说，是对士的独立性的反击，给秦朝统一天下之后士的地位蒙上了阴影，他们最终屈服于以君主为基础的统治秩序。

第一节　有条件的忠诚

　　君臣之间的紧张是中国政治文化的一个永恒的主题，其源头可以追溯到早期政治文献，比如《书经》中的《召诰》和《君奭》篇。① 在一个以君主为核心的政治体制中，大臣如何保持自己的独立性？ 而且，如何避免这一独立性成为破坏稳定的力量？ 对一个大臣而言，能够既保持忠诚又不遵守君主命令吗？ 对这些问题的回答几百年间起起伏伏，反映了君臣权力平衡的变化。比如在春秋时期，在大臣权力勃兴的时代，卿大夫将君臣关系以有利于反映和加强自身权力的方式进行描述。傲慢的世袭贵族把自己和国君都看作是政治统治的利益相关者，因此他们仅仅将国君视为"同僚中的第一人"（*primus inter pares*）而不是至高无上的君主。他们宣称自己是忠于社稷（即国家）②，而不是忠于国君本人。因此春秋时代的大臣能够以社稷的名义藐视国君，甚至——正如第一章中提到的师旷所暗示的那样——宣称有匡扶国君，乃至取代那些错误的国君的权力。春秋时期的政治语境造成了一种环境，在这种环境中大臣可以作为君主的同类而不是他的臣民而存在。③

　　正如我们在第一、第二章所看到的那样，春秋时期特殊的大臣

---

　　① 参看 Shaughnessy（夏含夷），"The Duke of Zhou"；Nivison（倪德卫），"An Interpretation of the *Shao gao*."

　　② 关于社稷代表国民全体，参看增渊龙夫《中国古代の社会と国家》，第 139—163 页；Lewis（鲁威仪），*The Construction of Space*，147—148.

　　③ 关于春秋时期君臣关系，参看 Pines（尤锐），*Foundaions*，146—153. 关于春秋时期大夫家族的权势，参看第一章的有关讨论。

权势最终引发了回火，直接导致了政治稳定的退化。随着新的、以君主为核心的战国时代的政体的形成，大臣丧失了世袭地位，也不再被认为是忠于社稷而不是忠于君主本人的"民之主"。[①] 但是，这并不意味着大臣独立立场的消除。骄傲的战国士人并不愿意成为君主统治的驯服工具，正如孔子所清晰论述的那样。[②] 他们转而用一种全新的方式来论述自己对君主的义务，进而保持了自己的独立性。孔子显然是最早的提倡一种新臣下忠诚观的人："所谓大臣者，以道事君，不可则止。"[③]

将"道"作为忠诚最高准则的思想，和孔子关于只在有助于提升自身道德原则的情况下才能出仕的思想之间，存在着内在联系。站在大臣的立场上看，这是一个绝妙的设计，使得他们能够在君主面前保持独立性。在战国士人保持作为有道者地位的情况下，他们总能够挑战君主的权威，合法地藐视君主的命令，或者辞职而断绝与君主的关系。正如在第六章揭示的那样，孔子自己为后来者树立了最好的榜样，他为了合于道宁可牺牲当官的机会，离开那些并不听从其建议的国君。这类行为模式成为杰出士人的楷模，特别是孔子的那些追随者。孟子则不断地宣称道高于君主的思想。正如我们前面已经讨论的那样，孟子将对君主的忠诚限定于君主支持其道德准则的基础上。值得指出的是，孟子支持的不单是从一个无道国君的宫廷辞职，而且是将自己的服从转移到别的君主身上，包括那些之前辅佐的君主的敌人。在这种语境下，孟子推崇

[①]　春秋时代的大臣被定义为"民之主"，比如《左传》宣公二年，第 658 页；襄公二十二年，第 1070—1071 页；襄公三十年，第 1178—1179 页；昭公五年，第 1270 页；这种对大臣的称呼在战国时代的文献中消失了。关于在《荀子》之前"忠于社稷"的概念从战国文献中的消失，参看 Pines（尤锐），"Friends or Foes," 63.

[②]　参看《论语·为政》云"君子不器"，第 17 页。

[③]　《论语·先进》，第 117 页。

伊尹,他在寻找仁道时,"五就汤,五就桀者"。① 伊尹交替为敌对的夏桀和商汤服务,只要他没有丧失自己的道德信条,就没什么值得羞耻的。正如我们在下文中所看到的那样,转换忠诚的合法性是战国士人最为重要的精神资产之一,也是对君主集权的政治秩序的一个主要挑战。

孔子和孟子的思想对战国士人的影响是显而易见的。因此尽管墨子自己从来不宣称"从道不从君"的思想,但是这一主题被墨子的弟子们明确地纳入到与墨子有关的一系列逸事中,存在于《墨子》第46到50篇。② 同样的主题也主导了许多隐士和洁癖主义者的故事,比如我们在第六章讨论过的伯夷,以保持高尚节操的名义藐视君主。正如荀子引用的那句不知名的传统说法,"传曰'从道不从君'",③明显表达了一种为高尚之士所共同分享的信仰。

从大臣的角度,或者从更广的士的角度看,道作为忠诚的核心价值的思想是最值得赞扬的。只要思想上的制高点——即定义道的能力——被士阶层牢牢地垄断,就使得任何大臣能够自主地行动,仅接受自己道德准则的指引,并且凭着自己对国家利益的理解来行事。对于士所辅佐的人,结果则是复杂的。一方面,任用智识杰出的人当然比任用毫无主见的人来辅佐自己有利,而且只要君主默认其臣下具有更高的思想上的权威,那么赋予他们一定的活动自由也是非常可取的。但在另一方面,存在着明显的可能性,或者一个太过热忱的有道者会损害君主的权威,以至于到危及政治稳定的程度;或者一个阴险的操弄者会打着高尚的旗号追寻自身

---

① 参看《孟子·告子下》,第284页。值得提醒读者的是,商朝的建立者商汤,正是推翻夏朝王桀的人。

② 参看《墨子·耕柱第四十六》,第659页;《鲁问第四十九》,第737—739页;《公输第五十》,第764—765页。

③ 《荀子·臣道第十三》,第250页;在下文中参见更多。

邪恶的目的。君主们必须被说服,其大臣的"道"不会损害他们的利益。正如我们在下文将看到的,只有在荀子成功地解决了君主的担心之后,"从道"的理念才能被纳入到帝国时期的臣德中去。

君臣关系服从于道,或者说是服从于意识形态的考虑,并不是战国大臣采取的保持自身对君主的独立性的唯一措施。更具代表性的战国时期政治习俗,则是广为所知的君主必须尊敬大臣的自豪意识。这一要求反映了一种占主导地位的观念,即将君臣关系看作私人关系,而非制度化的安排。这种私人化或许是春秋时代的遗产,因为在那个时代大多数士在协议基础上被雇佣作有权势的大夫贵族的家臣。然而,春秋士人的地位毫无疑问地低于其主人,在签订终生协议之后其忠诚也不能再随便摇摆,而到了战国时代则相反,士的后辈们开始更加强调两者之间的互惠关系,而不是服从关系。这种互惠反映了战国时代的宾客在选择服务于某雇主或者离开雇主方面具有前所未有的灵活性。[①] 正如我们将要看到的那样,这种雇佣的自由性大规模地增强了战国士人的自信心,也决定性地塑造了这一时期的君臣关系,特别是大臣的政治话语。

将君臣关系刻画为互惠关系而不是之前的上下关系,充分表现在孔子追随者的著作中。根据引用,孔子自己说过:"君使臣以礼,臣事君以忠。"[②]这一表述意味着大臣的忠诚并不是没有条件

---

① 关于春秋时代的家臣,参看朱凤瀚《商周家族形态研究》,第531—540页;邵维国《周代家臣制述论》。关于家臣的忠诚观,参看 Pines(尤锐),*Foundations*,154—158;铃木喜一《春秋时代の君臣伦理》,第9—11页。到了春秋末期,家臣与主人之间的终生契约已经不能保证家臣始终忠诚于其主人,以至于一些贵族被迫恢复使用带有明显宗教性质的盟誓仪式来确保家臣的忠诚。其中两个"盟"的例子发生于公元前5世纪早期的侯马和温县盟书(关于前者,参看朱凤瀚在《商周家族形态研究》中的讨论,第539页;以及 Weld[罗凤鸣],"The Covenant Texts";关于后者,参看赵世纲、赵莉《温县盟书的历朔研究》)。然而,这些努力并没奏效,在主人和家臣之间的关系在战国时代呈现出高度的不稳定性,正像很多逸事反映的那样,比如《史记》卷七十五至七十八,第2351—2399页。

② 《论语·八佾》,第30页。

的，而是用以交换君主的礼貌对待。孟子也有类似的，但是要强烈
得多的，对君主礼貌的关注——其观点我们在第五、第六章已经讨
论过了。更多的士人，有一些并不见得和孔子立场一致，但也热忱
地支持只在君主礼貌对待时才服从于他的理念。在很多推崇这
一思想的逸事中，最有启发性的逸事是著名的刺客豫让，他为了替
自己的主人知伯（死于公元前453年）报仇，拼尽全力。当被问到
为什么他没有像对待知伯那样对待自己之前的主人范氏和中行
氏，豫让回答道："臣事范、中行氏，范、中行氏以众人遇臣，臣故众
人报之；知伯以国士遇臣，臣故国士报之。"①

　　豫让说得非常明白，臣下的忠诚并不是对主人的义务，更是作
为主人的知遇之恩和礼貌对待的报答。只有君主认识到自己宾客
或臣下的价值，才能指望他们竭力报答；正如豫让在别处陈述的那
样："士为知己者死。"②这里对"知己"的强调，进一步说明了对君
臣互惠关系持续增长的需求。③ 光有尊重还是不够；士还期待与
其主人有精神上的亲密关系。他们想成为君主的朋友。

　　将君臣关系比作"友"这一广为传播的比喻，也显著地说明了
战国时代士人的高傲。从西周以下，在中国政治话语中对各种对
君臣关系的比喻（心和"四体"及"五官"、父和子、夫和妇等等），而
"友"这一比喻是唯一不强调上下等级关系的。④ 比如《语丛》（发

---

　　①　《战国策·赵策一第四》，第618页。
　　②　同上，第617页。
　　③　更多有关"知士"的重要性，参看《吕氏春秋》卷九《知士第三》，第490—491页。
卷十二《不侵第五》，第640页。《战国策·楚策四第十一》，第589—590页；《史记》卷七
十七，第2378—2381页。
　　④　有关以"朋友"比喻君臣关系对理解战国时代的君臣关系的重要性，参看查昌
国富有洞见的研究，《友与两周君臣关系的演变》；也请参看 Pines, "Friends or Foes".
早在西周时期，用"友"这一概念来形容君臣关系已经存在于文献记载中，但是那时它主
要指代（但并非仅仅指代）亲属，尤其是"族兄弟"，并不是"朋友"的意思（参看朱凤瀚《商
周家族形态研究》，第306—311页）。但是，到了战国时代，"友"有了"朋友"的意思，即
志同道合者，关系是平等的。

现于郭店的、简短的、具有鲜明意识形态特征的语句的合集）的作者，反复使用"友"这一比喻来去除君臣关系中的上下等级属性：[1]

> 友，君臣之道也。[2]
>
> □□父，有亲有尊。长弟，亲道也。友、君臣，无亲也：尊而无亲。[3]
>
> 君臣、朋友，其择者也。[4]

这些论述不但反映了作者显著的非上下等级的思想，而且还有另外一个重要的层面：它们可以用来说明从忠于一个君主转变为忠于另一个君主的合理性。这一结论在《语丛》的下列语句中表述得非常清楚：

> 父无恶。君犹父也，其弗恶也，犹三军之旌也，正也，所以异于父者，君臣不相戴也，则可已；不悦，可去也；不义而加诸己，弗受也。[5]

这段话说明了不但臣下对君主的义务要屈从于亲族责任，而且君臣关系可以和朋友关系相比拟。但是，它也明确得出结论：君臣关系是互惠关系，可以轻松地被断绝。大臣具有挑选君主的自由，也可以自由决定辅佐或者离去。只要感到君主错待了他，只要感到君主违反了其关于义的理念，只要他不满意自己的职位，"不相戴"，大臣就可以舍君主而去。相应的，大臣享有真正的独立自主，其对君主的依附被彻底抹去。我们再一次看到了战国时代强

---

[1]　对这些文献的详细解读，参看 Pines, "Friends or Foes", 42—49。
[2]　《语丛三》，第 6 简。
[3]　《语丛一》，第 78、80、81、77、82、79 简。取庞朴的缀合（《初读郭店》，第 9 页）。
[4]　《语丛一》，第 87 简。
[5]　《语丛三》，第 1—5 简。参看对此进行的简单讨论，丁四新《郭店楚墓竹简思想研究》，第 233 页。

化大臣与君主讨价还价的政治语境,允许士在服务君主的同时,保持自身的独立和自尊。

第二节　人才市场和士的傲慢

战国文献中对君臣关系的刻画,带有极端倾向臣下的色彩,这或许令人迷惑。毕竟,战国时代的大臣并不具备春秋时代大臣的权势,对后者来说藐视君主的命令是非常普通的事情。那是否存在可能,这种对战国时代大臣高贵和高尚的宣称,仅仅是表面现象,掩盖了臣下臣服和奴性的一面? 答案是不一定如此。尽管没有春秋贵族的政治、经济和军事实力,战国时代的士人具有其前辈所无法比拟的优势,即前所未有的雇佣的灵活性。不像春秋的大臣,其绝大多数都在本国服务,战国的"游士"可以穿梭于各国之间,寻求更好的机会。可以寻找新的雇主,这一点极大地鼓舞了战国时代的大臣。

战国时代的世界可以比作一个巨大的人才市场,在其中有才能的人可以在彼此竞争的诸国找到工作。正如鲁威仪富有洞见的看法,这种超越国境的罕见自由,完全有悖于战国诸国限制人口流动的主流趋势。一方面君主极力控制普通民众的流动,但是他们明显将士排除在这一严格控制之外,接受了士可以"朝秦暮楚"的现实。[①] 因此,对一个士来说,从一个态度冷待的宫廷辞职,并不意味着职业生涯的终结,而是重新回到人才市场,获得重新寻找更好雇主的机会。韩非子的总结恰如其分:

---

① 关于鲁威仪的评论,参看 *Writing and Authority*,67;也参看下文中孟子对大臣转换服务对象的权利的维护。关于秦国试图控制游士的流动,参看《睡虎地秦墓竹简》,《秦律杂抄》,第 80 页;Hulsewé (何四维),*Remnants of Ch'in Law*,C3:104。

　　臣尽死力以与君市,君垂爵禄以与臣市。君臣之际,非父子之亲也,计数之所出也。①

　　韩非子用市场的比喻否认了君臣关系是基于道义或者精神纽带而存在的,他反而论证道,君臣纯粹是由自身的利益所驱动的。下文中我们再回到这一观点,但是首先我要分析人才市场对君臣关系的影响。在诸国激烈竞争的背景下,如果对能臣的需求超过了供给,那么士就处于一种极好的与君主讨价还价的地位。君主不敢得罪他们,甚至会忍受孟子的激烈批评和颜斶(参看第五章)的冒犯,因为名士离开一个态度冷淡的宫廷会带来人才外流,进而会增添自己的竞争对手的实力。下面这段出自《孟子》的对话或许描述了君主的窘境:

　　　　孟子告齐宣王曰:"君之视臣如手足,则臣视君如腹心;君之视臣如犬马,则臣视君如国人;君之视臣如土芥,则臣视君如寇雠。"

　　　　王曰:"礼为旧君有服,何如斯可为服矣?"

　　　　曰:"谏行言听,膏泽下于民;有故而去,则君使人导之出疆,又先于其所往;去三年不反,然后收其田里:此之谓三有礼焉;如此则为之服矣。今也为臣,谏则不行,言则不听,膏泽不下于民;有故而去,则君搏执之,又极之于其所往;去之日,遂收其田里:此之谓寇雠,寇雠何服之有!"②

　　这段对话不但揭示了孟子在君主面前的大胆,而且也揭示了大臣的大胆和雇佣关系的灵活性之间的关系。孟子明确指出,一个大臣并没有对一个君主固定的义务;他们的关系是基于报偿,因

---

① 《韩非子·难一第三十六》,第352页。
② 《孟子·离娄下》,第186页。

此君主如果对大臣不好也不能期待大臣对君主持更好的态度。而且，在孟子看来，大臣离开君主到别的国家去的权利是不可剥夺的；带有明显厚颜无耻的成份，孟子甚至要求君主尊重大臣离开自己的国家去敌国的权利，甚至保持原来的薪水！

我们不知道齐宣王有没有接受孟子的建议，但是如果他忍受了孟子的冒犯——正如这个逸事试图让我们相信的那样，很可能是因为他害怕激烈的反应会让孟子跑到敌国去。这种容忍的环境导致了孟子此类人物的高傲姿态。一些士甚至不满足于互惠关系，他们要求更高的地位：作为君主的老师而不是朋友。这种要求在《孟子》所载的一个逸事中清楚地表达出来：

> 缪公亟见于子思，曰："古千乘之国以友士，何如？"子思不悦，曰："古之人有言曰：事之云乎，岂曰友之云乎？"子思之不悦也，岂不曰："以位，则子君也，我臣也。何敢与君友也？以德，则子事我者也，奚可以与我友？"[1]

这里孟子总结出了战国士人所面对问题的实质。在孟子自己所宣扬，及其同时代人所热衷支持的道德和政治两个并行的等级体系中，一个士人必须为君主服务，而士人在道德上认为君主要低于自己。孟子的最后一句话假定了君主的"德"并不充分，这样就制造了一个潜在的爆炸性的情况。正如孟子及其弟子很好地了解，在"德"这个概念的多种语义中，最为重要的是它与神赐力量紧密相关，换言之，即为统治合法性。[2] 因此，如果一个大臣具有更高的"德"，而如果君主理应"事"这个大臣，这就意味着君主和他的大臣应该交换各自的位置！

---

① 《孟子·万章下》，第248页。
② 参看 Martynov, "Kategoriia *de*"；小野泽精一《德论》。还要注意正是孟子宣称："天下有道，小德役大德，小贤役大贤。"（《孟子·离娄上》，第168页）

这种大臣作为君主的老师而不是朋友的思想也见诸一些其他的战国文献,其中有一些我们在第五章讨论战国士的自我推崇时已经分析过了。① 更加令人奇怪的是,甚至一些君主似乎也从内心接受了这种观点,并默认了自己较低的地位。这一点为出土资料所支持,特别是中山王𰻞的一块铭文。这块铭文赞扬了中山的一位大臣𡙁所领导的对燕国的入侵,这一军事行动发生在公元前316 或前 315 年,是在燕王哙将王位禅让于自己的大臣子之后引发的后续动荡(参看第三章的有关讨论)。在铭文中,中山王𰻞推崇𡙁的成就以及其他事情:

> 天降休命于朕邦,有厥忠臣𡙁,克顺克俾,亡不率仁,敬顺天德,以左右寡人。使知社稷之任,臣宗之义,夙夜不懈,以诱导寡人。②

中山王𰻞不吝于赞颂𡙁,甚至宣称𡙁的辅佐和他接受"天命"是同等重要的。他似乎已经接受了一个义臣应当是君主老师的思想;因此他强调𡙁对他的"引导"。值得指出的是,这一铭文并不是士的宣传,而是刻在器物上放在中山王的墓里面的,其所传达的信息被直接呈送到中山王祖先的面前,而不是给大众看的。如果事实如此,则这一铭文很好地反映了该国王真实的想法。甚至孟子都无法要求中山王𰻞做得更多!③

讽刺的是,这一赞扬𡙁的颂文出现在一篇激烈抨击燕王哙的

---

① 参看《吕氏春秋》卷十二《士节第二》,第 622—623 页;卷十五《下贤第三》,第 879 页;《战国策·燕策一第十二》,第 1110—1111 页;《黄帝书·乘第三》,第 201 页(Yates〔叶山〕, *Five Lost Classics*,158—159)。

② 《𰻞墓》卷一,第 341 页;在 Constance Cook(柯鹤立)翻译的基础上做了些微修改,该翻译出自 Mattos(马几道),"Eastern Zhou," 106—107.

③ 关于青铜铭文作为沟通祖先的中介并表达作器者的世界观,参看 Falkenhausen(罗泰),"Issues," 145—171.

文字中，而燕王哙同样"尚贤"甚至将王位禅让给子之。对笔者而言，似乎燕国和中山国的国君都深刻地陷入将大臣摆到老师的位置上这类倾向于士阶层的思想。在一定程度上，子之事件应该被看作是这一思想的衍生品，不难想象类似的禅让权力的做法也会发生在中山国，因为在中山国，正如铭文所揭示的，国王认为大臣在道德和智识上有更高水平。因而，战国时代压倒性的倾向大臣的政治论述，暗含着篡位叛乱的种子。

这一论述绝非仅仅是一种想象。在第三章中我们注意到，在战国中期，一些极端的士开始思考以贤臣取代——而不仅仅是"引导"——君主。孔子的追随者公盟义提出"岂不以孔子为天子哉"，这一态度在《孟子》中也获得了默认的呼应，这或许反映了想将道德和政治等级合二为一，由一位贤士统治的观点。[1] 最终这一危险的话题被从政治话语中剔除，但是到了汉代这一话题转化为"素王"的思想，[2]它的出现或许意味着将士人的骄傲转化为政治颠覆的力量。

高傲的宣扬、以士取代君主的悄悄的希望以及可能还有燕王哙和子之事件的影响——所有这些结合在一起，或许导致了战国后半叶对君臣关系的重新审视。最终，士视自己为君主老师和朋友的不可挡的气势引发了回火。因为越来越多的战国思想家开始认识到，不加约束的对士的推崇成为潜在的不稳定因素，他们开始

---

[1] 关于公盟义富有启发的问题，参看《墨子·公盟义第四十八》，第 704 页。关于孟子对一个类似但是比较委婉问题的回答（为何"仲尼不有天下？"），参看《孟子·万章上》，第 222 页。关于荀子的弟子们感叹自己的老师"宜为帝王"，参看《荀子·尧问第三十二》，第 553 页。

[2] "素王"的概念往往与《公羊》学联系在一起，暗示孔子统治着一个"文本帝国"（textual empire）（参看 Lewis［鲁威仪］，*Wiring and Authority*，218—238；黄开国《〈公羊〉学的孔子改制说》；Queen［桂思卓］，"The Way of the Unadorned King"）。对于"素王"主流解释的有趣质疑，参看 van Ess（叶瀚）《汉代思想史上的"素王"问题》。关于汉代文人热衷于获得政治权力，参看 Arbuckle，"Inevitable Treason"。

思考恢复稳定的办法，实际上也就意味着恢复君主对其高傲臣下乃至对士阶层全体的权威。

第三节　反士思想

士在战国人才市场中任职的灵活性，给政治稳定带来了双重的负面后果。第一，正如上文中所分析，对极端倾向于大臣的政治论述的推崇，潜在地损害了君主的权威。第二，造成了君主和大臣之间极度的不信任。在今天忠诚之士明天就变成阴谋之人的情况下，没有君主会感到安全。而且，在宫廷之间流转的士人，其动机大多是经济考虑而非道德考虑，这也使情况更加恶化。正如我们在第六章所见，尽管宣扬高尚，但是大多数战国士人都追求财富和名望，模仿苏秦而不是伯夷。苏秦成功地同时辅佐几个不同国家的君主，实际上每个君主都有理由怀疑他背着自己跟对手进行阴谋活动。[①] 在一个由职业变节者主宰的世界里，士人流动的自由就变成了破坏稳定的因素。战国人才市场最终模糊了朋友和敌人的界限。

考虑到这些，我们就不会感到奇怪，战国宫廷普遍的氛围既不是君臣友谊式的，也不是师生情谊式的，而是充满了彼此的不信任与阴谋。战国文献频繁地记载了不幸的大臣无法证明自己对君主的忠诚而遭到怀疑与诽谤。[②] 另外一些故事则讲述了幼稚的君主

[①] 简要概括，苏秦最初想在秦国当官，但是最后却变成了合纵抗秦运动的创建者。而且，在齐国当官时，苏秦似乎当过齐国的敌国即燕国的密探。有关苏秦的职业生涯，参看 Lewis（鲁威仪），"Warring States," 633—634。更多的细节则参看唐兰《司马迁所没见过的珍贵史料——长沙马王堆〈战国纵横家书〉》，第 129—136 及 145—153页。苏秦阴谋的复杂性以及因为其行为导致的不信任，生动地记载在推定为他的书信里，而这些书信载于《马王堆战国纵横家书》，第一到第十二章，21—45 页。

[②] 在战国的悲剧英雄中，杰出的大臣由于忠诚受到怀疑而最终遇害 （转下页注）

信赖心怀鬼胎的大臣，最终危及国家或王位。这样的背景解释了为什么在战国后半叶出现了反对当时占据主流的倾向于士人的政治论述。

反对大臣，或者反士的话语具有三个层面。第一，攻击士的职业自主性，尤其是反对他们在彼此竞争的诸国之间流动的权利。商鞅是最早代表这一潮流的人物，将善辩的"游士"定性为国家的瘟疫，说他们使老百姓"皆怠于农战矣"、非法获取名声、不事生产、还可能勾结敌国。① 对商鞅而言，在严厉的中央集权国家的控制之外存在一个社会群体，是令人不快的。而将他们纳入到国家政治体系之内，将终结他们对大众风俗的影响以及潜在的颠覆危险。

反士话语体系的第二个方面集中于为宫廷所任用的士、高阶的官员以及小吏的不可靠性。这一论述大多跟商鞅的同时代人申不害联系在一起，申不害呼吁君主应该控制和约束官员。申不害将大臣的潜在阴谋和篡位的风险视为对君主权力最直接的威胁。

> 今人君之所以高为城郭而谨门闾之闭者，为寇戎盗贼之至也。今夫弑君而取国者，非必逾城郭之险而犯门闾之闭也。

（接上页注）的例子很多，比如为吴国服务的伍子胥、军事战略家吴起（死于公元前 381 年）、半传说化的诗人屈原（死于公元前 278 年？）。司马迁个人的遭遇使他对此类人物特别容易接纳，而将他们的故事收集在《史记》的卷六十五、六十六和八十四中。也参看 Johnson（姜士彬），"Epic and History"；Schneider, *A Madman of Chu*。君臣关系的恶化在一则《战国策》的故事中揭示得非常清楚，在这则故事中，只有坏的或者老百姓所不欢迎的大臣才可能被认为是忠诚的，因为他没有篡位的实力（《战国策·东周策第十一》，第 17 页）。

　　① 这些指责集中在《商君书》的早期篇章，比如《农战》篇。商鞅警告说："豪杰皆可变业，务学《诗》、《书》，随从外权，上可以得显，下可以求官爵"（《商君书·农战第三》，第 22 页；另参看卷二《算地第六》，第 45—47 页）。其他文献，比如 1972 年发现于银雀山的《郭偃论士》，攻击游士为诽谤和混乱之源（Yates［叶山］, "Texts on the Military," 355—358）。

蔽君之明,塞君之聪,夺之政而专其令,有其民而取其国矣。①

申不害强调,君主的宫廷充满了危险的敌人,而非君主的朋友。正如我们在第四章论述的那样,这一说法或许有所夸大,毕竟整个战国时期篡权事件是相对较少的。但是申不害(或者韩非子的)对大臣背叛的猛烈攻击,或许反映了,而且很可能进一步激化了,战国晚期宫廷中持续增加的不信任。而且,官员暴露为阴险和追逐利益的权谋者,而不是道德高尚者,这深刻地影响了整个的君主和士人的关系模式。如果没有士可以信任,那么不管他们宣称的东西多么高尚,对君主而言,保持自己权力的唯一办法就是通过严厉的监督和控制系统。这一系统在战国晚期已经开始具体化了。

我们目前依然缺乏关于战国的宫廷生活的可信史料,但是仅就低级官员而言,他们显然处于严厉的控制之下。出土于包山和睡虎地的楚、秦文献,显示了国家对官员的严重不信任。相信担任官职的普通士人具有内在的贪婪和自私本性,以至于谷物在进仓之前需要四个签名,而且将所有错误汇报谷物处理信息的行为视为偷盗。② 尽管对官员进行道德教育的思想并未消失,如睡虎地出土的《为吏之道》等文献所揭示的那样,③但是战国时代总的行政实践,反映了掌权者并不相信其属下的道德操守。

第三也是最为重要的对士的攻击集中于他们的思想独立,而

---

① Creel (顾立雅), *Shen Pu—hai*, 314。

② 参看《睡虎地秦墓竹简》"效"第 58,59 页;Hulsewé (何四维), *Remnants of Ch'in Law*, A85：79；A87：81。包山简反映了对低级官员保管的人口统计的严格监督,参看 Weld (罗凤鸣), "Chu Law," 85—86。

③ 关于《为吏之道》,参看《睡虎地秦墓竹简》,第 167—173 页;一个类似的但未刊发的文献《政事之常》1993 年出土于湖北荆州王家台 15 号秦墓。参看王明钦《王家台秦墓竹简概述》,第 42 页。这些"儒家"方法,对官员修身的影响是无法否认的。此外几十方秦朝官员的所谓"成语印"也普遍引用"儒家"的道德概念,比如"仁"、"诚"、"忠"等,参看王辉、程学华《秦文字集证》,第 299—309 页。

不仅仅是职业的独立。在许多这样的思想家所想象的理想社会中，士应该成为国家的驯服工具，而不是独立的参与者。这一展望已经明确反映在《墨子》的《尚同》篇中。虽然侧重点不同，类似的思想也反映在《商君书》和《韩非子》中。然而最清楚的表述可谓《管子》的《任法》篇：

> 夫君臣者，天地之位也。民者，众物之象也，各立其所职以待君令，群臣百姓安得各用其心而立私乎？故遵主令而行之，虽有伤败，无罚。非主令而行之，虽有功利，罪死。然故下之事上也，如响之应声也，臣之事主也，如影之从形也。故上令而下应，主行而臣从，此治之道也。①

《管子·任法》将观点表述得极其清楚：在一个以君主为核心的国家中，臣民的独立举动是不受欢迎的，而且是要被惩罚的。这段文字假定士内在的贪婪本性，而这一本性会阻碍国家从他们的才能中得到任何好处，除非他们的才能是被国家机器控制的。《任法》的作者们认为对士的彻底约束是最值得称赞的目标，其可取之处是毋容置疑的。拒绝了孔子"君子不器"的信条，他们将士看作是君主的工具。② 只有这样，政治秩序才能得到保障。

在士的独立性的激烈反对者中，韩非子占据了特殊的位置。这位对当时社会风气愤世嫉俗而又敏锐的观察者，认为任何大臣都是潜在的篡权者，他毫不留情地揭露了他们自私的政治操弄。韩非子讥笑主流的"忠于道"或者"以君为友因而忠于君个人"的理念。韩非子指出，那些体现这些理念的楷模，对君主和国家而言都是毫无用处的：

---

① 《管子·任法第四十五》，第 912—913 页。
② 关于类似的建议，参看《韩非子·有度第六》，第 34—35 页。

　　若夫豫让为智伯臣也,上不能说人主使之明法术度数之理以避祸难之患,下不能领御其众以安其国;及襄子之杀智伯也,豫让乃自黔劓,败其形容,以为智伯报襄子之仇。① 是虽有残刑杀身以为人主之名,而实无益于智伯,若秋毫之末。此吾之所下也,而世主以为忠而高之。古有伯夷、叔齐者,武王让以天下而弗受,二人饿死首阳之陵。② 若此臣,不畏重诛,不利重赏,不可以罚禁也,不可以赏使也,此之谓无益之臣也。吾所少而去也,而世主之所多而求也。③

不志于服务国家的忠诚是假的忠诚。明智的君主不需要伯夷、叔齐这样的大臣,他们追随其道而忽略国家;君主也不需要豫让这样的大臣,其忠诚是用来交换与主人的精神纽带的。这些忠诚的理念对国家利益毫无用处,甚至有害。韩非子倾向于政治性的忠诚:其目的是有助于国家和君主本人:

　　故有忠臣者,外无敌国之患,内无乱臣之忧,长安於天下,而名垂后世,所谓忠臣也。④

韩非子所提倡的忠诚和服务国家联系在一起,这种忠诚是由实际结果判定的,而且只可能存在于国家机器内部。忠诚不能被用作支持辞职或者藐视君主命令的依据;即便,如韩非子从其自身的悲剧经历所体会的那样,一个忠诚的大臣丧失了君主的信任,那也只是这一体系的细小瑕疵。在任何情况下君主的命令都是不可违背的。忠诚是值得赞扬的,但是这并不意味着给予大臣更多的

① 关于豫让的故事,参看《史记》卷八十六,第 2519—2521 页。也参看文中的讨论。
② 关于伯夷和叔齐的故事,参看第六章的讨论,武王让天下给两位隐士的说法,明显是韩非子的夸大之词。
③ 《韩非子·奸劫弑臣第十四》,第 106 页。
④ 同上。

权力。①

韩非子希望将忠诚的概念限定在制度化的政治义务之内，而将其与模糊不清的"从道"和"君臣为友"的概念相脱离，这是他对士的思想独立的整体抨击中的一部分。韩非子追随其师荀子（参看下文），但是并没受儒家关于知识阶层独立的精神遗产的限制，他系统地抨击了当时各种并非为国家利益服务的思想。比如，他以下面的结论结束了他对禅让理想和"正义革命"的批评：

> 故人臣毋称尧、舜之贤，毋誉汤、武之伐，毋言烈士之高，尽力守法，专心于事主者为忠臣。②

这里官员（或者任何士）参与潜在颠覆性话语的权力被否定了。韩非子敏锐地认识到这类论述可能会鼓励异见，可能会导致君臣之间的敌对，建议制止任何此类危险的学说。在其他地方，韩非子将类似建议直接推荐给君主：

> 且夫人主于听学也，若是其言，宜布之官而用其身，若非其言，宜去其身而息其端。③

这些建议总起来是为了将思想活动国家化。韩非子敏锐地利用了彼此竞争的思想家们所宣称的，即他们拥有治理国家弊端的最有效的药方。他并不否认，从这些思想家的方案中或许能找到解决良策，但是他否认士有权力独立在国家之外发展和完善上述方案。特别要指出的是，韩非子直接批评了贯穿战国时代的君主对士的资助热潮，正是这种资助使得彼此竞争的思想家可以从国

---

① 这种悲剧的理解最好地被表达在《韩非子·孤愤第十一》，第78—85页。要提醒读者注意的是，韩非子在秦国时遭到诽谤并被杀害，并没有看到自己的思想获得胜利的那一天。

② 《韩非子·忠孝第五十二》，第468页。

③ 《韩非子·显学第五十》，第459页。

家资源中获益,但并不直接参与国家机器的运作。韩非子没有给知识阶层留下幻想:只有在成为国家体系一部分的前提下他们才可以追寻自己的理想,否则他们将"去其身而息其端"。在别的地方,韩非子总结道:

> 故明主之国,无书简之文,以法为教;无先王之语,以吏为师;无私剑之捍,以斩首为勇。①

韩非子的建议被其同学,也是谋害他的李斯几乎是逐字逐句地呼应。如我们在下文将讨论的,李斯在公元前 213 年急切地实现"以吏为师"的政策。但是在转向讨论取消士的独立性的首次尝试之前,我们要注意韩非子建议的内在问题。作为一个士、一个建议者,和一个志向远大的大臣,韩非子建议对自己阶层的成员的活动自由进行极端的限制。尽管韩非子可以博取君主的好感(如《史记》所记载,韩非子在其死后极大地影响了秦王,即后来的秦始皇),但是却很难得到大多数士人的支持,也许除了那些已经获得确保的政府职务的士。因此,韩非子的思想在秦朝统治之下获得了短期的成功之后,就引发了思想活跃之士的极大不满,并最终导致了国家与知识阶层之间难以容忍的冲突。尽管韩非子正确地总结出了士的独立性的危险之处,但是他没有能够提供一个合理的办法,以恢复士阶层和君主之间关系的稳定性。

第四节 荀子:帝制时代的臣德

现在我们讨论韩非子和李斯的老师荀子。荀子的思想在其生前并不受人关注,但是其关于士与君主关系的思想,从汉代以下产

---

① 《韩非子·五蠹第四十九》,第 452 页。

生了巨大影响。① 生活在战国末期,荀子所遇到的时代比孟子的时代更加残酷。当时君主对贤士的热情消退了,正如秦昭王(公元前306—前250年在位)所提出的一个露骨的问题所反映的那样。秦昭王直白地问荀子:"儒无益于人之国?"②荀子针对这一问题所采取的明显的自卫立场,与孟子所呈现的高傲姿态截然相反。已经改变了的政治环境迫使荀子寻找一条中间道路,既可以增加士(尤其是儒)的用处,又可以不必放弃儒家的自尊意识。

荀子毅然支持大儒具有思想独立性的理念,大儒与道紧密结合足以藐视不道德的君主。其"志意修则骄富贵"和"道义重则轻王公"的论述,明显呼应了孟子及其同志的观点。③ 然而荀子对士的思想独立性的支持——这是面对君主时士所拥有的权力的一个重要基础——是模棱两可的。第一,他完全否认了那些生活在真正"王者"统治之下的士拥有思想独立的合理性,如我们第四章中讨论的那样。第二,甚至在一般君主的统治之下,思想独立也应该被限定在儒者,而不包括他们的对手。与认为激烈的争辩仅仅是思想问题的孟子截然不同,荀子则设望政府的干预能够结束颠覆性的意识形态。在他主要的辩论文章《非十二子》中,荀子指出:

> 故劳力而不当民务,谓之奸事;劳知而不律先王,谓之奸心;辩说譬谕、齐给便利而不顺礼义,谓之奸说。此三奸者,圣王之所禁也。④

荀子对以国家力量来取缔"奸说"的明确呼吁富有启发性。也许他认为这种干涉只有在真正的王者——或者至少是大儒——统

---

① 关于荀子思想对汉代政治文化的影响,参看 Nylan(戴梅可),"Confucian Piety."
② 《荀子·儒效第八》,第 117 页。
③ 《荀子·修身第二》,第 27 页。
④ 《荀子·非十二子第六》,第 98 页。

治的国家里才是合法行动,然而希望通过行政干预手段结束意识
形态的纷争,明显反映出荀子对他那个时代无休止的思想争论感
到疲惫不堪。并非偶然的,在讨论君子任职的正面效果时,荀子许
诺君子任职将终止儒家反对者的破坏性言论。① 借助国家机器平
息意识形态纷争的想法,反映了荀子将思想多元化与政治上的无
政府状态联系在一起,而他则毅然地对抗这种无政府状态,为此甚
至不惜损害士阶层的独立地位。

荀子模棱两可的立场不但体现在他对士的独立性的看法上,
也体现在他对君主和士人关系的态度上。再一次可以看到,荀子
及其前辈孔子、孟子在这一问题上明显存在相同的地方。荀子全
心支持大臣藐视君主命令的权利,而将此视为忠诚的最纯粹的表
现。在他的《臣道》篇,荀子构建了一幅未来大臣伦理的蓝图,他
谈道:

> 从命而利君谓之顺,从命而不利君谓之谄;逆命而利君谓
> 之忠,逆命而不利君谓之篡;不恤君之荣辱,不恤国之臧否,偷
> 合苟容以持禄养交而已耳,谓之国贼。②

在没有真正王者的世界里,君主的命令并非神圣的;在一定前
提基础上,君主的命令是可以——也是应该——被藐视的;或者
说,当这种藐视是为了君主的利益时,则是可以的。荀子阐明了为
了君主和国家的最高利益,忠臣违抗君主命令的各种情况:从辞职
到“窃君之重,反君之事,以安国之危,除君之辱”。③ 做出这种行
为的大臣被认为是“谏争辅拂之人”,因而被荀子所推崇:

> 故谏争辅拂之人,社稷之臣也,国君之宝也,明君之所尊

---

① 《荀子·儒效第八》,第 123 页。
② 《荀子·臣道第十三》,第 249 页。
③ 同上,第 250 页。这一论述特指公子无忌的行为,参看下文讨论。

厚也,而暗主惑君以为己贼也。故明君之所赏,暗君之所罚也;暗君之所赏,明君之所杀也。伊尹、箕子可谓谏矣,比干、子胥可谓争矣,平原君之于赵可谓辅矣,信陵君之于魏可谓拂矣。传曰:"从道不从君。"此之谓也。[①]

明君不需要唯唯诺诺的顺服之臣和溜须拍马之辈,他必须任用和欣赏耿直而有主见之大臣。在荀子所列举的例子中,最有意思的是信陵君,即公子无忌,一个魏国的王子。他违抗魏王的命令,偷取兵符,率领魏军攻击强秦,大概是为了魏国的利益着想。荀子将无忌违抗王命视为真正的忠诚之举,因为其举动最终有助于魏国和魏王。违抗和不遵守王命因而是受欢迎的,只要它能带来正面的效果。

荀子明确地支持不遵守王命的权利,包括他借用孔子的名言"从道不从君",这似乎把荀子明确界定在孔子、孟子倾向于士的论述之中。然而,首先,荀子急切地澄清,一个人不能因为个人的道德考虑而藐视君主的命令,只能为了国家和社稷的最高利益才能这么做,通过这样做而守道。忠诚的标准依然是政治性的。令人印象深刻的是,荀子将忠臣称为"社稷之臣"和"君之宝"。与春秋时期相比所不同的是,荀子将君主和社稷等同为一,而为君主和社稷服务正是实现大臣之道,也就是以君主为核心的政治秩序之道。[②] 因此,忠于大臣的"道",意味着忠于国家,根据国家的定义进而意味着忠于君主。用短短几句话,荀子就综合了前代关于忠诚的各种概念,既保留了大臣的尊严,也不危及政治稳定,更能使君主个人受益。

---

① 《荀子·臣道第十三》,第250页。关于箕子与比干,看第四章的讨论。关于伍子胥、平原君和信陵君,参看《史记》卷六十五、七十六和七十七。

② "道者,古今之正权也",《荀子·正名第二十二》,第423页。

荀子显著偏离原来倾向于士的传统的地方,不但在于他明确地将道与服务君主和国家等同,而且也在于他抛弃了之前君臣是朋友的理念。荀子接受辞职的可能性,但是仅仅限于政治原因而不是因为个人的侮辱。但是荀子论述中倾向于君主利益的最显著的观点,是他坚持不讨论穿越国境作为抗议君主的手段。尽管荀子并没有明确反对这种可能性(毕竟他个人服务过超过一个国家),但是他暗示将其从大臣的合法行动中去除。他说道:

> 事圣君者,有听从无谏争;事中君者,有谏争无谄谀;事暴君者有补削无挢拂。迫胁于乱时,穷居于暴国,而无所避之,则崇其美,扬其善,违其恶,隐其败,言其所长,不称其所短,以为成俗。诗曰:"国有大命,不可以告人,妨其躬身。"此之谓也。[①]

根据引文,有四种与君主打交道的办法,但是并不包括战国时代通常使用的一种,即离开该国到另外一个国家去。提到"无所避之",荀子明显展望了一个统一的帝国,其垄断了之前的人才市场,进而避免了士人可以自由穿越国境寻找更好机会的情况。在消除了这种可能性之后,荀子进一步维护君主的权力:一个持批评态度却没有离开的有能力的大臣,就不能以孟子的高傲藐视君主。这样,荀子不经意地放弃了大臣维护自己独立性最为强有力的手段,而在将大臣重新定义为君主持批评精神的奴仆而非其朋友和老师方面,迈出了关键的一步。

第五节　尾声:帝国垄断下的士

公元前240年,吕不韦的宾客聚集在秦国宫廷,准备勾画一幅

---

① 《荀子·臣道十三》,第251—252页。所引的诗不见于传世的《诗经》。

未来帝国的蓝图，即《吕氏春秋》，他们尽力说服自己的赞助者，通过他进而想劝服秦王相信，高尚之士的必不可缺，以及必须尊重他们的独立性。然而，他们的希望破灭了。公元前 221 年，秦朝统一天下，士与君主的关系发生了重要的变化，转变为——用李斯的话说——"此布衣驰骛之时而游说者之秋也"。[1] 诸国间的人才市场突然消失了，让位于国家对财富和荣耀的绝对垄断，而士必须彻底转变以适应新的形势。

众所周知，秦朝和士的关系以不断升级的摩擦而著称，而这种摩擦在公元前 213 年的"焚书"和一年之后对"方士"（也许也包括其他学者）的坑杀时达到顶点。笔者不拟讨论这些事件的历史真实性，而是接受柯马丁（Martin Kern）富有洞见的分析。柯马丁认为，秦朝的焚书并不是为了压制传统文化，而是为了树立新的秦朝经典，同时压制"私学"。[2] 在我看来，这一国家对私学的镇压是士与君主关系的一个分水岭。为了澄清这一点，有必要分析李斯那篇有名的引发焚书的奏章。李斯的动机是攻击对中央集权存有异议的想法，但是在断然抨击了其反对者"是古非今"之后，李斯转向谈到更为实质的内容：

> 古者天下散乱，莫能相一，是以诸侯并作，语皆道古以害今，饰虚言以乱实，人善其所私学，以非上所建立。[3]

在其奏章的开头，李斯将意识形态的多样性——由私学所激发——和天下分裂、政治秩序混乱联系在一起。这种想法并不是李斯的首创，实际上在战国晚期文献中已经隐含这种观点，只不过采

---

① 《史记》卷八七《李斯列传》，第 2539 页。
② 参看 Kern（柯马丁），*The Stele Inscriptions*，183—196。
③ 《史记》卷八七《李斯列传》，第 2546 页。

用了温和得多的表述方式罢了。① 而李斯则迈出了更远的一步,认为私学不但是引发纷争的源泉,而且带有颠覆性的危险因素:

> 今陛下并有天下,别白黑而定一尊;而私学乃相与非法教之制,闻令下,即各以其私学议之,入则心非,出则巷议,非主以为名,异趣以为高,率群下以造谤。如此不禁,则主势降乎上,党与成乎下。禁之便。②

在指出了私学带来的两种危害——引发思想混乱和具有潜在颠覆因素——之后,李斯提出极端的建议,建议将文学《诗》、《书》和"百家语"都加以禁毁,③不允许私人拥有——然而,明确地将官方博士之所藏排除在禁止之外。在列举了哪些书应该被焚毁、哪些应该被保留之后,李斯总结道:"若有欲学者,以吏为师。"④

李斯最后的建议,如同他将官方博士之所藏排除在禁毁图书行列之外,都显示了他这一极端措施背后深层次的动机。压制私学主要不是思想上的行动——李斯并没有建议对其在宫廷中的异见者进行报复——而更像是一种体制化手段。与韩非子非常相像,李斯也认为学术的国家化,有助于建立士与终于稳固下来的以君主为核心的政策之间合理关系的重要手段。在秦朝这样一个秩序严明的朝代,"各知所行,事无嫌疑",⑤不可能允许存在一个不驯服的学者阶层,而这一阶层的存在,是和过去的混乱思想遗产自然联系在一起的。压制私学正是这种观点不可避免的结果。

---

① 类似的观点见于荀子的《非十二子》、韩非子的《显学》和《庄子》的《天下》篇(关于此篇的年代,参看高亨《庄子天下篇笺证》,第457—458页;Liu Xiaogan [刘笑敢],*Classifying the Zhuangzi Chapters*,71—72)。
② 《史记》卷八七《李斯列传》,第2546页。
③ 关于"百家语"作为历史题材,参看 Petersen,"Which Books?"
④ 《史记》卷八七《李斯列传》,第2546页。
⑤ 之罘东观碑铭,《史记》卷六《秦始皇本纪》,第250页;Kern(柯马丁),*The Stele Inscription*,39.

　　"焚书坑儒"只是知识国家化的第一步。秦朝统治者不但要威吓持异见的士,而且要将这一阶层纳入到官员体系之中。这一政策不但在李斯"以吏为师"的观点中有所暗示,而且也在上文中韩非子的观点中有所体现,而且它也是由秦朝行政机器的本质所决定的。虽然我们无法衡量这一国家机器到底有多么庞大,但是出土文献的记载令人震惊。这一活跃的官僚系统,干预到农民的日常生活,检查耕牛的重量、调查粮仓老鼠洞的数量、书面汇报损坏的铁质工具的情况、到帝国最边远的地区追捕逃债者,这些都需要巨大数量的人力。[1]　而这些官员必须是受过教育的——书写对于官员履行职责至关重要——而且,最好是有道德修养的。[2]　因此将受过教育而又有修养的士纳入到官员队伍就是自然而然的选择,而且这也明显正是秦朝的政策。正如嵇辽拉(Leonard Perelomov)所指出,如果在同一时期秦朝热衷于将村的父老都纳入管理机器的话,那么帝国建筑师们希望将知识精英和官员融合在一起更显得合情合理。[3]

---

　　[1]　关于这些规定,参看《睡虎地秦墓竹简》的《厩苑律》,第 22 页;《法律答问》,第 128 页;《厩苑律》,第 23 页;Hulsewé（何四维）, *Remnants of Ch'in Law* A7：26；D 130：162—263；A8：27。关于到新帝国边远的南部洞庭郡追捕逃债者,参看张俊民《秦代的讨债方式：读〈湘西里耶秦代简牍选释〉》。迄今公布的里耶秦简,揭示了秦朝县乡一级的官员如何就任命两个村民担任里典(即里正)和邮人的事进行沟通。乡的报告要花三天才能到达县里,而在几个小时之后,县里就发出回复带回给乡里。政令的传达以及对地方事务的控制程度,超出了想象。关于这些通讯的翻译,参看 Giele（纪安诺）, "Signatures," 362—365。

　　[2]　官员之间丰富的书写通信显然是秦朝统治机构的重要特征;比如对有关经济的事务必须要求书面汇报,口头汇报是明确禁止的,参看《睡虎地秦墓竹简》的《内史杂》,第 62 页;Hulsewé,（何四维）, *Remnants of Ch'in Law*, A 98：87。关于秦朝官员的修养问题,看看上文中的讨论。

　　[3]　参看 Perelomov（嵇辽拉）, *Imperiia Tsin'*, 66—84。迄今公布的里耶秦简(如纪安诺所讨论的那些,Giele, "Signatures," 363—364)也佐证了嵇辽拉富有洞见的观点。一个有助于我们理解,但也非全无错误的关于将士纳入秦官员体系中的研究,参看阎步克《士大夫政治衍生史稿》,第 224—267 页。

那么士对这一政策的反应如何呢？他们中的许多人，比如贾谊（公元前 200—前 168 年）评论道："天下之士，斐然向［皇帝之］风。"①也有一些人，比如宫廷博士，他们或许为其潜在竞争者被抹去而感到喜悦。然而，对更多的士而言，这种压制政策太过于严酷和急迫，难以接受。即便我们撇开后代对秦朝抹黑的政治宣传不说，也能清楚地看到士人反抗秦朝的例子。最为显著的例子是，孔子的第八代孙孔甲和其他儒生一样，加入了反抗秦朝的陈涉（卒于公元前 208 年）大军中，孔甲甚至做了陈涉的博士。② 其他类似的具有独立精神的士也纷纷加入各个反秦阵营，生动地表达了他们对李斯制定的这一政策的不满。

取代秦朝的汉朝吸取了教训。它不再强迫所有受过教育的人都加入官员队伍，而且容忍一定程度的思想独立，同时牢牢地将决定个人的社会地位（最终也是经济地位）的杠杆控制在朝廷手中。察举和科举制度最初发端于西汉早期，此后不断修订和完善，最终成为中华帝国后期士人晋升的主要渠道，被证明是精英和国家彼此妥协的完美产物。它既给士保留了足够的尊严和自尊，又有效地保证了他们加入政府服务体系的渠道。如同在许多方面一样，在对待士人方面，汉朝也抛弃了秦朝的急政而延续了其基本方针政策——即朝廷继续保持其作为士人财富和荣耀唯一来源的地位。③

帝国时代精英和君主关系的复杂性不可能简单地被归纳出来，下面笔者将自己的讨论集中于战国士人行为模式对帝国时代

---

① 《史记》卷六《秦始皇本纪》，第 283 页。
② 《史记》卷一二一《儒林列传》，第 3116 页。
③ 关于汉代建立察举制度及其对士人结构及士人与君主关系的影响，参看 Mao（毛汉光），"The Evolution," 81—88；Nylan（戴梅可），*The Five "Confucian" Classics*，31—41。关于帝国晚期的科举制度，参看艾尔曼的精彩研究，Elman, *A Cultural History*.

知识精英的影响上。战国士人和后来帝国时代的文人的一个最重要的延续性,是他们都依附于国家。正如笔者在第六章结尾的时候所提到的,一方面帝国时代的文人比起他们战国时代的前辈,在经济上更少地依赖于王权,但是他们并没有从国家参与中退出,除非是在被迫的情况下。经济、社会和意识形态的因素结合在一起,持续激励着知识阶层的杰出成员从君主那里寻求财富,尽管他们会不停地抱怨宫廷政治的肮脏以及道德的退化。这一点,加上帝国垄断了通往财富和荣耀的渠道(政治混乱的时候除外),极大地限制了文人的选择余地,因此也降低了他们的独立性。因为他们已经丧失了其战国先辈们"择木而栖"的自由——从一个赞助者转向另一个赞助者,[1]这些文人必须采取一种更低的姿态,不能像孟子和《吕氏春秋》所提倡的那样,高傲地面对君主。与先前时代显著不同,他们的语言、礼仪以及普遍的宫廷行为模式,都彰显了他们对王权的依附和卑下的地位。尽管一些现代学者对传统文人的奴颜婢膝有所夸大,但是士人面对君主时的地位总体上的下降,是不容否认的。[2]

　　虽然依附于政权,帝国文人却在千年的统治之下,成功地保住了自己的尊严和自我意识。再一次,战国遗产对此的影响绝对不能低估。帝国文人的文化传统对其先秦前辈遗产依赖之深,使得士人的自豪,哪怕受到屈辱和压制,也不会轻易消退。"从道不从

---

　　[1]　这句话出自孔子之口,"鸟能择木,木岂能择鸟乎!"(《左传》哀公十一年,第1667页)——用以指代选择自己主人的自由。

　　[2]　对中国传统文人奴性的激烈批评是中国思想现代化的组成部分,在1919年的五四运动中达到高潮。这种批判持续到今天(参看最近的两个例子,高伟浩、朱晓鸿《从"志于道"到"从于王"——上古士风嬗变一瞥》;叶剑锋《论战国百家争鸣对专制主义的孵化作用及其历史影响》)。另一种更为中和的看法,揭示了帝国文人在王权面前卑下的程度,特别是从大臣对皇帝所用的语言角度而进行的论述,参看刘泽华《中国的王权主义》,第263—279页。从君臣互动礼仪的变迁得出类似的结论,参看杜家骥《中国古代君臣之礼演变考论》;甘怀真《中国古代君臣间的敬礼及其经典诠释》。

君"的思想,尽管其中的极端思想成分(比如冒犯君主)被舍弃,但是作为整体从未被抛弃。而且,在漫长的帝国时代,思想精英的领袖屡屡勇敢面对残酷的惩罚,也要证明他们对过去思想遗产的执着。①

　　文人能够在依附于掌权者的情况下依然能够违抗王权,这不仅仅是对战国士人骄傲立场的回忆,而且也是先秦时代的另一个思想遗产,即认为士人对于国家福祉不可或缺的思想。战国思想中的"选贤任能"成为中国政治文化不可分割的一部分,也成为士人最重要的精神资产。君主和大众都接受了知识精英是沟通两者的调和者的地位,而其带来的持续的声望使得文人这一阶层的许多成员保持了他们的尊严,甚至有时候在不利的政治情势下推行自己的政治理想。总之,参与政治的思想者留下来的战国遗产,对笔者而言,与很多现代学者的想象不同,悲剧色彩并没有那么浓厚。文人确实丧失了自己的独立性,但是随后带来的社会声望、自尊和可观的政治影响力,可谓是物有所值的补偿。

----

① 　关于晚明文人的勇敢和执着,及其辅佐君主的自我意识,已经有太多的讨论,参看 Ray Huang（黄仁宇）, 1587；Dardess(达德斯), *Blood and History*；葛荃《立命与忠诚:士人政治精神的典型分析》。

第三编　民

第八章

为民而治

在托马斯・杰斐逊或亚伯拉罕・林肯之前数千年，一位中国诗人写道："民可近，不可下，民惟邦本，本固邦宁。"

——乔治・W・布什总统

小布什总统在他于2005年访问中国前夕引用《五子之歌》——古代伪造的所谓古文《尚书》中的一篇——是一个非常聪明的选择。① 民为国家之本，君主有义务保证老百姓的福祉，若君主放弃这一义务则会给王权带来严重后果的思想，是先秦及帝国时代的思想家和政治家最为普遍接受的信条。这一信条在 20 世纪初被中国的改革家和革命家所"重新发现"，尤其是梁启超，当时他们正在寻找与西方民主原则平行的传统中国政治理念。此后，特别是最近几十年，中国学者已经将"民本"原则推崇为中国政治文化的一个核心理念。此一原则和西方民主理念，比如人民主权的概念的相关性仍然在激烈讨论之中。然而，值得注意的是，与布什总统的理解不同，大多数的学者都认可梁启超的观点，认为"民本"思想

① George W. Bush，Kyōto，November 16，2005. Office of the Press Secretary, the White House. http://usinfo. state. gov/usinfo/Archive/2005/Nov/15—179929. html.

对于君主统治秩序更多的是支持作用而不是颠覆作用,也不被认为是对君主核心政体的替代。[1]

撇开现代对"民本"思想的使用不说,第八、第九章将集中讨论先秦"民本思想"(即以"民"作为政体最重要组成部分、为民而治的思想)。这是一个涵盖范围很广的话题,不但涉及经济、政治、教育和军事等政策的方方面面,而且也与哲学思想有关,比如有关人性的讨论。这样一个综合的话题需要单独一本书来讨论。[2] 本书中笔者的讨论将不会如此宏大,而主要集中于讨论先秦思想家们关于普通民众——他们通常,尽管不是唯一地,被称为"民"——在政治中的角色的各种观点。在本章中笔者将追溯"民本"思想的起源,将其与西周时期以宗族为基础的小政治体的凝聚力,以及春秋时期部分底层阶级的政治活动联系起来。在第九章中,笔者则会考察"民本"思想在战国时代的发展以及当时思想家们对于民众的政治角色的各种观点。尤为重要的,笔者将讨论看似矛盾的现象,一方面,存在着强调民众的重要政治影响力的思想;另一方面,对于民众参与政治过程,这些思想家却毫无异议地持反感态度。一方面宣扬尊重平民乃至将平民作为政权存在的理由,但是一方面又将人民排除在政治决策之外,这种潜在的紧张关系可能最终导致了在帝国时期持续困扰中国的农民起义。在第九章结尾,笔者

---

① 关于梁启超的观点,参看氏著《先秦政治思想史》,第35—44页;也看他对"民本"和"民权"原则的讨论,第228—234页。关于现代早期对"民本"思想的使用,参看 Judge(纪家珍),"Key Words"。关于最近的对先秦"民本"理想演进的研究,参看游唤民《先秦民本思想研究》;王保国《两周民本思想研究》;周道济《我国民本思想的分析与探讨》。关于"民本"原则在现代政治中的内涵,由于界定的不同而理解不同。将其与民主相连的研究,参看周桂钿《中国传统政治哲学》;与此完全相反的观点,认为"民本"思想仅仅反映了传统家长制对老百姓的关怀而已,并非是要与老百姓分享权力,参看张分田《中国帝王观念——社会普遍意识中的"尊君—罪君"文化范式》,第437—459页,也参看本书第九章的讨论。

② 这种讨论方法的例子之一,可以参看 McNeal(罗宾)的"Acquiring the People"。

将试图揭示，"民本思想"如何既在理论上支持了那些农民起义，同时又提供了将那些起义纳入到帝国政治系统的理论支持，从而防止它们挑战整个帝国的社会政治秩序的基础。

对"民本"思想的讨论，孟子的经典论述最合适作为开头：

> 民为贵，社稷次之，君为轻。是故得乎丘民而为天子，得乎天子为诸侯，得乎诸侯为大夫。①

这段话将民众视为极端重要的政治角色，非常适合作为我们讨论的出发点。将人民视为政权最重要的组成部分的思想，并不仅仅局限于孟子。正如笔者将揭示的那样，这反映了周代一个普遍的思想潮流。在本章中，笔者将集中讨论这一理念发展的初期阶段，揭示其出现的政治和社会背景。尤为重要的是，笔者认为，宗族凝聚性的思想遗产，以及后来春秋时期"国人"对政治生活的积极参与，是让知识精英认识到普通民众的政治重要性的决定性因素。

第一节　宗族凝聚性和"为民而治"

对"民"在政治中的重要性的认识，可以追溯到中国政治传统的最早阶段。《孟子》引用的一个或出自西周早期的文献《泰誓》云："天视自我民视，天听自我民听。"②《左传》也引述《泰誓》云："民之所欲，天必从之。"③——这似乎是对上述句子的总结。

---

① 《孟子·尽心下》，第 328 页。
② 《孟子·万章上》，第 219 页。关于《书经》中的《泰誓》篇，参看第三章的有关讨论。今文《尚书》中的《皋陶谟》篇（卷四，第 139 页下）也载有一个类似观点。这一篇很可能出自春秋晚期或者战国早期（参看蒋善国《尚书综述》，第 169—172 页）。
③ 《左传》襄公三十一年，第 1184 页。

虽然无法确定《泰誓》的准确年代，但是毫无疑问，上面两段引文都反映了西周时代的思想。关于人和天的关系，许多《书经》中作于周代早期的篇中都展示了类似的观念。这种关系是两方面的，在最简单的层次上，民是上天意志的测温计，一种类似"神之声"（vox Dei）的东西："天畏棐忱，民情大可见。"①在更为实质的层次上，上天对人事的干预，都是基于它对人民的关照。专制暴虐、忽视人民所需，或者其他的不当行为，会导致上天干预，取代悖逆的君主。因此，夏朝最后一个暴虐的君主夏桀，导致上天干预，并选择了商汤作为新的"民主"。同样的道理，纣的残暴，导致上天同情"四方民"，以及替换其"元子"。新的责任者周文王则关心"小民"，从而获得了上天的支持。"保民"也因此被定性为周朝最为重要的责任之一，只要"保民"则新的统治者就会避免夏、商的悲惨命运。②

关于《书经》诸篇的年代和真伪，都有很多的怀疑，但是不管它们的具体年代是什么，其思想意识都不似晚于西周。③ 除了人民福祉和天命关系的主要论述外，也有充分的证据显示，人民生活困苦也是周早期政治家所关注的问题。④ 就我们的讨论而言，最有

---

① 《尚书·康诰》，第 203 页下。

② 参看《尚书·多方》、《召诰》、《无逸》、《康诰》、《梓材》诸篇，正文中所述是对这些文献观点的总结。

③ 关于《书经》中西周文献的界定和讨论，参看陈梦家《尚书通论》、杜勇《〈尚书〉周初八诰研究》；Kryukov（刘华夏），*Tekst i Ritual*，296—326；Volgelsang，"Inscriptions and Proclamations."后两个研究尤其怀疑《书经》中最早的西周文献的年代，尽管他们的观点远非最终结论，其对于将《书经》作为周代早期历史事实的谨慎态度则是可取的。

④ 例如西周晚期的诗《节南山》、《正月》、《十月之交》（《毛诗》，第 440—448 页）都感慨人民生活的艰难。《牧簋》铭文提到任命官员约束地方官对人民的暴虐，似乎暗示"保民"是周代政治的重要议题（参看《殷周金文集成引得》卷八，第 4343 页；白川静《金文通释》卷一九，第 360 页；以及 Li Feng［李峰］的讨论，"Succession and Promotion," 19—20）。

意思的不是周代早期文献对普通民众表达的同情,而是清楚表达出来的上天树立君主是为了人民福祉的思想。这一观点表达得最为清楚的,是《孟子》引用已佚的文献所说的一句话:"天降下民,作之君,作之师。惟曰其助上帝,宠之四方。"①

将人民作为上天树立君主的终极目标具有非常重要的意义,不但因为这段话出自经典,从而保证了它对中国政治文化长远的影响,而且也基于它出现的时间之早令人赞叹。其原因是什么呢?为什么西周掌握意识形态的人——尽管他们往往属于高等贵族阶级——会将"民"视为政治社会秩序最重要的组成部分呢?是否如《书经》的作者想让我们相信的那样,仅仅是商朝灭亡给周朝统治带来的教训使然吗?② 并不排除这种可能,但是我建议以"民"为主题的思想应该在别处寻找源头。

如果要勾画出西周民本思想出现的历史语境,则需要首先思考"民"在当时具体指的是哪些人。当然,像政治话语中的大多数概念一样,"民"并不是一个在术语上准确的概念,其含义有时候包括所有人——即,君主的所有臣民,包含贵族和平民——但是有时候仅仅指代普通民众。③ 然而,我认为,在大多数情况下,"民"这一概念主要指代的是平民(庶人)中在政治上比较活跃的部分。他们在西周早期,跟周(姬姓)的宗族往往等同。实际上,在《诗经》中,"民"是明确的具有排他性的概念,被用作周宗族成员自称。因

---

① 《孟子·梁惠王下》,第 31 页;这句话被纳入到伪造的《泰誓》篇。
② 西周有关"民本思想"的政治背景的研究,参看 McNeal(罗宾),"Acquiring the People," 51—77.
③ 除了上述用法,裘锡圭指出,在考虑神与天的情况下,"民"应该指所有人类,统治者和被统治者都包括在内(参看裘锡圭《燹公盨铭文考释》,第 68 页)。Gassman(高思曼)尝试将"人"和"民"的意思系统化,参看"Understanding Ancient Chinese Society".但是高思曼觉得社会分类,将"民"限定于指代更低的社会阶层,并不具有说服力。通过仔细阅读其所用的资料,比如《春秋》,就能驳倒这一说法。而且,期待政治话语中的概念精确几乎是不可能达到的。

此在"厥初生民，时维姜嫄"这里"民"指的就是姜嫄之子孙，①即周的先祖后稷的后代。同样的，当诗《绵》描述"民"的历史时，它记述的仅仅是周民的活动。这种对应在《诗经》的前半部分反复出现，佐证了笔者的假设，即"民"在《诗经》中主要指代周的宗族成员。②

宗族（后来的氏族）的凝聚性对于"民本"思想出现的重要影响不可低估。③ 周代的任何贵族氏族的主要成分都是没有爵位的"庶人"，他们是氏族的经济和军事力量的主干，他们的福祉也直接与氏族长的命运相连。在这样一个相对小的社会单位里面，基于共同祖先的彼此关系中和了内部以爵位为基础的分层，进而创造出穿越社会等级界线的团结。如果这一论断是正确的，那么西周早期文献中频繁出现的对"民"之命运的讨论就不仅仅是政治修辞，而是真实反映当时普遍社会活动的一种信条。君主不仅仅是名义上的"民之父母"，④而且确实是一个宗族长（氏族长），他对宗族成员的照顾也真的类似于父辈的关怀。在这种情况下，周代的民本思想实际上是当时宗族意识的副产品。然而值得注意的是，到了春秋和战国时期，尽管社会政治环境发生了巨大的变化，关注普通人的福祉的意识依然没有消逝。

第二节　春秋时代的"国人"

我们在西周文献中所见有关民众在政治中的重要性的理念，

---

① 《毛诗·生民》，第 528 页上。
② 参看《毛诗·绵》，第 509 页中；《烝民》，第 568 页上；《思文》，第 590 页上。
③ 西周时期，姬姓宗族变得越来越庞大以至于不能保持紧密关系，因而离散成独立的氏族，其其大多数都统治着独立的政治体。关于西周时期的宗族结构，参看朱凤瀚《商周家族形态研究》，第 242—449 页。
④ 这一比喻最早见于《诗经·南山有台》和《泂酌》，分见于《毛诗》，第 419 页下及第 544 页上。

在春秋时期变得势不可挡。《左传》以及稍后的《国语》中,充斥着关于"民"对于国家命运至关重要、君主应该关照民众生活的论述。尤其是《左传》,可谓是"民本思想"的集大成者。① 其中一个显著的证据是其反复引述,将民作为"神之主",即人民的感受决定了神明是否会继续支持君主。比如在公元前706年,《左传》记载了一段季梁的话。季梁是一个小国——随的大臣,他给其国君指出,仅仅依靠合理的祭祀,并不能保证神明继续对随国的眷顾:

> 夫民,神之主也,是以圣王先成民,而后致力于神,……故务其三时,修其五教,亲其九族,以致其禋祀,于是乎民和而神降之福,故动则有成,今民各有心,而鬼神乏主,君虽独丰,其何福之有?②

季梁否认了古代所谓通过丰厚的祭祀就能换得神明支持的理念,相反,他建议君主改善老百姓的生活,因为民情决定了神明如何回应君主的企求。这一思想进一步增强了《诗经》中"民之声即神之声"(vox populi-vox Dei)的理念:"民"要决定神明的行为,而不仅仅是神明是否赞同一项政策的测温计。因而,确保老百姓的富足及他们的道德,成为君主获得神明支持的前提,最终也是决定其政权能否延续的关键。这一观点在《左传》被大量引用。③

季梁和其他人所谓的"神之主"的"民"是谁呢?他们和统治氏族成员是不是重合的? 在随国这样的小国,或者类似的小的政治

---

① 笔者在此处不讨论《国语》,原因在于其在战国时期经过了显著的意识形态的改造,参看 Pines(尤锐),"Speeches," 209—215. 关于《左传》所见的民本思想,参看郑君华《论左传的民本思想》。

② 《左传》桓公六年,第111—112页。

③ 关于民为"神之主"的观念,参看《左传》庄公十年,第182—183页;庄公三十二年,第251—253页;僖公五年,第309—310页;僖公十九年,第382页。更多的讨论参看 Pines(尤锐),*Foundations*,70—84;刘家和《左传中的人本思想与民本思想》。

体中，其大小与当时一个大的氏族并无太大区别，答案似乎是肯定的。① 在这样的政体中，神明，尤其是统治家族祖先的神明，会特别留意其活着的族人。但是，尽管在这个例子里将"民"和族人等同是合理的，但是对《左传》中所有民本思想中所谓的"民"来说，则并不一定相关。否则，为什么在楚、晋这样大的政治实体中，即便存在几十个贵族氏族，其国君依然被强烈建议将人民的需要作为主要的政治关注点？除了氏族凝聚力之外，还有什么因素导致了他们将注意力关注到普通人的问题上呢？

这个问题的答案，依笔者所见，在于一个特殊的社会群体——"国人"，它在春秋政治中扮演了一个非常重要的角色。② 这一人群由都城的主要男性居民组成，包括士人和庶人。"国人"中有一些是农夫，他们的土地位于城墙外边，还有贵族大夫的家臣、商人，以及工匠。这些人是国君军队的重要人力来源，因此具有特殊的意义。尽管他们赶不上贵族子弟的职业战车武士，但从国人中招募的步兵，不但在作战中起到协助作用，而且在遭到围城时成为防卫都城的最后一道防线。③ 因此，国人的尚武程度是这个国家军事力量的重要组成部分。《左传》的作者及其提到的主人公屡屡将

① 据田昌五、臧知非估计，春秋早期，即便在大的都城也不会超过 3 000 个家庭，参看氏著《周秦社会结构研究》，第 178 页，及第 167—183 页的更为全面的讨论。也参看 Lewis（鲁威仪），*The Construction of Space*，139—140；更为谨慎的研究参看 Chen Shen，"Early Urbanization"。为了说明这些小国之小，提到一件事情就足以说明我们的观点。公元前 660 年卫国被狄人打败，据记载，仅仅只有 730 个卫国首都的男女幸存（《左传》闵公二年，第 266 页）。尽管狄人残暴，但是卫国都城的最初人口很可能也不过几千人。

② 中国和日本的许多学者已经讨论过国人的属性。在这些研究之中，我最重视的是吉本道雅《春秋国人考》和《春秋国人再考》（参看他的《中国先秦史的研究》，第 207—256 页）；田昌五、臧知非《周秦社会结构研究》，第 43—53 页；蔡锋《国人属性及其活动对春秋时期贵族政治的影响》；晁福林《论周代国人与庶民社会身份的变化》；也参看最近鲁威仪的讨论，Lewis，*Construction of Space*，136—150。

③ 关于步兵在春秋战争中的角色，参看 Kolb（科尔博），*Die Infanterie im alten China*，167—260。

"民"(基本指首都的居民,即国人)对君主不满而导致的不愿作战视为卫、梁、虢以及其他国家遭到可耻灭亡的主要原因。① 因此,许多政治家指出,国人的生活状况直接影响了国家的军事实力。这种观点被楚国的大臣申叔时通过下面的话清楚地陈述出来:

> 民生厚而德正,用利而事节,时顺而物成。上下和睦,周旋不逆,求无不具,各知其极。故《诗》曰:"立我烝民,莫匪尔极。"是以神降之福,时无灾害,民生敦庞,和同以听,莫不尽力以从上命,致死以补其阙。此战之所由克也。②

申叔时的话证明了《左传》通常对"民"的军事角色的评估。第一,除非老百姓遵守命令,愿意效死,否则不可能取得胜利。第二,老百姓遵守命令并不是无条件的,而只是为了换取在和平时期得到合理的照顾。第三,神明也会对好的统治作出反应,对高尚的君主提供进一步的支持。但是,这种支持相比人民的力量而言是其次的。因此,结论是非常明显的:确保臣民福祉成为君主的首要责任,也是取得战争胜利的重要前提。

春秋时代国人在军事上的重要性,与战国时期的普通人相比——我们将在第九章讨论——就显得苍白了,但是春秋时期的国人是中国历史上以平民为基础的最为活跃的群体。他们的重要性来自他们靠近君主,这种特点在国内发生动荡时就变成重要的政治资产。当战斗在首都的街道上进行的时候,贵族并没有特别的优势,国人的干预就变成了决定性的因素。公元前841年,据记载,周朝的京师发生了国人暴动,驱逐了残暴的周厉王(公元前

---

① 参看《左传》闵公二年,第265—266页;僖公十九年,第384—385页;庄公二十七年,第236页。关于保持国人尚武精神的困难,参看 Kolb, *Die Infanterie im alten China*, 235—240。

② 《左传》成公十六年,第881页。所引之诗是《思文》,它所指的是后稷(《毛诗》,第590页上)。

878—前 841 年在位）。① 到了春秋时期，国人的干预变成了常态：笔者在《左传》中找到至少二十五次国人影响内争结果的例子，比如继承冲突、氏族内部和跨氏族的仇斗等等。② 从春秋中期到晚期，在许多诸侯国内国人似乎已经变成了最为重要的政治力量。

春秋时代的政治家和思想家也认识到国人对政治斗争的影响。申叔时关于通过经济手段收买国人之心的建议，深得诸侯以及诸侯的竞争者——权势熏天的大臣之心。权力的竞争者们经常明显地采用一些"收买人心"的手段来获得国人的支持：减税、取消旧的债务、照顾孤儿寡妇和穷人、表现节俭，等等。宋国的公子鲍在灾害的时候将自己的粮食分给饥饿的人，从而确保了公元前611 年，在他发动的针对其兄宋昭公（公元前 620—前 611 年在位）的政变中支持他。也是同样的做法，使得郑国的罕氏和宋国的乐氏在氏族斗争中得以幸存下来。最为有名的，大概是齐国的田氏收买人心达到政治目的的故事。田氏使用不同的度量衡体系，让人们可以借到更多的谷物，而还得更少。这一政策，据记载，使得人民"歌舞"以赞颂田氏，最终田氏不但击败了其他贵族竞争者，而且取代了齐国的统治家族成为齐国的最高统治者。③ 田氏不遗余力地收买人心说明社会下层民众的重要性，不仅仅是政治家说教用的说辞，而是政治现实。

除了获得国君或其竞争对手的经济好处，国人有时候还直接

---

① 《国语·周语一》第三到第五章，第 10—15 页。

② 比如《左传》僖公二十八年，第 452 页；文公七年，第 556—558 页；文公十八年，第 633 页；成公十五年，第 874—875 页；襄公十年，第 979—981 页；襄公十九年，第 1050 页；襄公二十七年，第 1137 页；襄公三十年，第 1176 页；襄公三十一年，第 1189 页，等等。

③ 关于政府努力博取庶人的支持，比如《左传》成公二年，第 807 页；成公十六年，第 906 页。关于耍阴谋的大臣的例子，分别参看《左传》文公十六年，第 620—622 页；襄公二十九年，第 1157—1158 页；昭公三年，第 1234—1236 页；昭公二十六年，第 1480 页。

干预政策制定。他们的意见影响之大,足以决定国家间的事务或者影响官员的升降,①甚至有一些安排将国人参与政治决策制度化。② 在出现了特殊事变的情况下,比如灾难性的战败、内乱,或者只是在重大决定之前,比如迁都,国君会召集国人,以"有辱社稷"道歉,或者举行宗教色彩的"盟誓"仪式,重新确定他们和民众的纽带。这种"人民集会"使得有些学者认为,这些"国人"不再仅仅是臣民,而是"公民";甚至有的学者走得更远,认为中国春秋诸国和古代希腊城邦具有很大的相似性。③ 但是,这种比较是不恰当的,因为在春秋诸侯国中,不像希腊城邦,人民集会仅仅是非常手段,而不是常规的政治制度。不过,即便是边缘事件,这些集会的存在也让我们忍不住提出一个问题:为什么这种人民参与政治决策的萌芽没能在以后的历史时期得以延续? 而其对战国以后的政治模式又有何影响——如果有影响的话?

为了回答这个问题,有必要分析春秋时代思想家们对大众参与政治的有关观点。从《左传》获得的历史图景是自相矛盾的,这

---

① 参看,比如《左传》僖公二十八年,第 452 页;文公十八年,第 643 页;成公十三年,第 867 页;成公十五年,第 876 页;襄公十五年,第 1022 页;昭公七年,第 1292 页;昭公二十二年,第 1434 页;定公八年,第 1566 页。

② 参看《左传》僖公十五年,第 360 页;僖公十八年,第 378 页;僖公二十八年,第 469 页;襄公三十年,第 1176 页;昭公二十年,第 1412 页;定公八年,第 1566 页;哀公元年,第 1607 页。

③ 关于国人不仅仅是臣民而是公民的说法,参看田昌五、臧知非《周秦社会结构研究》,第 51 页。最早用城邦模式描述春秋时代的,是宫崎市定《支那城郭的起源异说》,后来被许多中、日学者所沿用,比如贝塚茂树《春秋时代的都市国家》、杜正胜《周代城邦》、林甘泉《从〈左传〉看中国古代城邦的政治体制》等。对这一比拟的简单讨论,参看 Yates(叶山),"The City State."有些学者走得更远,他们将所谓春秋城邦与古希腊城邦(poleis)进行对比,试图找到其中共通的政治模式。比如 Rubin,"Narodnoe Sobranie"和"Tzu-Ch'an";日知《从〈春秋〉称人之例再论亚洲古代民主政治》,以及 Lewis, Construction of Space,第 136—150 页;对这种研究方法的系统回应,参看吕绍纲《中国古代不存在城邦制度——兼与日知同志商榷》;赵伯雄《周代国家形态研究》,第 321—331 页;Pines(尤锐),"Bodies," 174—181。

可以从一系列关于郑国大臣子产（卒于前 522 年）的记载看出来。子产是当时杰出的政治家，在后代思想家看来也是大臣的典范。在郑国经过了长期的内斗之后，子产于前 543 年登上权力舞台。在郑国，国人尤其活跃。这一种情况解释了为什么子产对下层民众的问题尤为重视，甚至有时候容忍其不同意见的存在。[①] 一则有名的故事讲到，郑人集聚在"校"（通常翻译为学校，不过很可能是公共俱乐部之类的场所）并在此"论执政"。子产的同僚然明建议摧毁这些地方，但是被子产驳回了：

> 何为？夫人朝夕退而游焉，以议执政之善否。其所善者，吾则行之。其所恶者，吾则改之。是吾师也，若之何毁之？我闻忠善以损怨，不闻作威以防怨。岂不遽止，然犹防川，大决所犯，伤人必多，吾不克救也。不如小决使道。不如吾闻而药之也。[②]

这则故事可能是伪造的，但是这一点对我们而言并不重要。子产在这里清楚地被描述为一位开明的领袖，认识到民众意见的重要性，而且愿意相应地修正自己的政策。但是，这种"民主"的印象，却和另一个故事的描述相矛盾。这则故事讲的是数年以后的事情。郑国的国人对子产的税收改革不满，因而咒骂他。然而这一次，子产并没有被他们所打动：

> 何害？苟利社稷，死生以之。且吾闻为善者不改其度，故能有济也。民不可逞，度不可改。《诗》曰："礼义不愆，何恤于

---

① 关于子产的生平及活动，参看 Rubin, "Tzu-Ch'an"；张恒寿《论子产的政治改革和天道、民本思想》；Pines, "The Search for Stability," 31—42；Martin, "Le Cas Zichan."

② 《左传》襄公三十一年，第 1192 页。

人言。"吾不迁矣。①

这则故事所传达的信息明显与之前的故事相左:群众不够聪明,他们的意见不应该成为政府决策的参考。领袖应该根据自己的理解独自作出决策,而不是顺从大众的情绪。这两则故事的自相矛盾正反映了子产的复杂人格。《左传》多次记载到,子产认识到民众观感的重要性,甚至为了满足大众的要求重建了一个老的贵族氏族。但是在其他一些情况,当子产对自己的政策充满信心时,他就忽略了大众的观点,甚至直接将其拒绝。值得注意的是,《左传》经常通过陈述子产并不受欢迎的政策最终却获得了成功,来展示子产的政治敏锐性。② 因此,整体上看,似乎《左传》对大众干预政治持负面态度。如果这一假设是正确的,则使散见于《左传》中的对国人政治活动的记载更具意义。

除了子产的有关记载,《左传》中还记载了其他一些言论赞同大众对政治事务的影响。其中经典的论述出自师旷——其言论的大部分已经在第一章中引述了。在将卫献公的倒台归结为其不重视民众意见之后,师旷总结了君主如何避免这种悲惨结局的办法:

> 自王以下,各有父兄子弟,以补察其政。史为书,瞽为诗,工诵箴谏,大夫规诲,士传言,庶人谤,商旅于市,百工献艺。故《夏书》曰:"遒人以木铎徇于路。官师相规,工执艺事以谏。"正月孟春,于是乎有之,谏失常也。③

师旷在这里总结了一套有趣的、高度礼制化的全面的纳谏体

---

① 《左传》昭公四年,第1254—1255页。所引的诗不见于传世的《诗经》。

② 比如《左传》襄公三十年,第1182页。关于子产注意倾听公众意见,参看《左传》昭公七年,第1291—1293页。关于尽管民众反对而子产坚持自己的政策,参看《左传》昭公十八年,第1392页;昭公十九年,第1405页。

③ 《左传》襄公十四年,第1017—1018页。

系。不但职业的史官和乐师（比如师旷自己）有匡正君主之失的权力和责任，所有的社会阶层，包括普通人（当然，奴隶除外）都应参加每年一度的谏言仪式。这种礼仪让我们强烈联想到早期的氏族凝聚力，这很可能反映了早期公共仪式的遗留，而这对于作为盲人乐师和口头传统的保存者的师旷而言，并不陌生。① 如果是这样，那这段论述更值得注意，因为它总结出了大众合法参与政治活动的最大尺度。一年一度的进谏就是高潮；其他的政治活动——比如"补"和"察"——如果必要还可以"替换"君主，这些都是大臣及其族人独有的权力（参看第 21—22 页余下的话）。尽管大众可以参加旨在匡正君主行为的谏言，但是他们并不能成为活跃的政治参与者。

总之，《左传》呈现了一幅国人非常积极参与政治活动的历史图景，但是同时也记载了他们参与政治活动的局限性。国人参与政策制定是可以容忍的，但是这并不是春秋诸国所愿意看到的情况。不像古希腊的城邦，春秋时代的"城邦"（city-states，假如我们可以用这一术语来描述一些当时的政治体的话）并没有形成倾听社会底层意见的制度。只有在极端特殊的情况下，"人民集会"才会被召集，这也说明民众参与政治决策实际上表明已经出现了深层危机。由于和政治动乱联系在一起，大众的政治参与一直被视为是春秋时期系统性混乱的特点，而非政治正确的标志。

有意思的是，不论是从《左传》，还是从同时期及以后的文献，我们都看不到有关社会低级阶层要求提高自己政治参与度的呼吁。这不仅仅是由于在我们所依赖的文献中庶人是失语的。如果这样的呼吁存在，可以合理地推测，这种呼吁会被那些对底层民众

---

① 关于盲人乐师作为半历史半神话传统的传承者角色，参看 Hawkes（霍克思），"The Heirs of Gao-Yang."类似的有关全面参与对君主进谏的历史描述，参看《国语·周语一》，第 11—13 页。

观点非常关注的思想家和政治家所谈及——即便不支持。《左传》和《国语》有数量众多的，带有"民本"思想的谈话——比如我们所引用的申叔时的话——反复强调庶人对经济状态的诉求，对和平以及法律诉讼中公平的渴求，但是他们从来没有表达出对参与政治的渴求。如果有一些庶人想得不一样，我们的史料也并没有保存有关那些观点的证据。

即便在民众参与政治的全盛期，平民参与政府的行为也不被认为是合法的，这也是战国时代相关思想发展的特征。对战国思想家而言，桀骜不驯的国人，和骄傲不驯的贵族大夫一样，都是动乱的源泉，而非政治的合法参与者。随着战国的改革，具有明显的领土整合、类似现代概念的国家取代了以前的政治体，国人的政治角色就消退了，作为一个阶层，"国人"也从战国乃至以后的历史时期消失了。将"国人"的政治参与和政治混乱紧密地联结在一起，事后证明是一种有效反对其他政治参与模式的做法。

第九章

"虚其心，实其腹"

本章的题目出自《老子》：

> 不尚贤，使民不争；不贵难得之货，使民不为盗；不见可欲，使民心不乱。是以圣人之治，虚其心，实其腹，弱其志，强其骨。常使民无知无欲。使夫智者不敢为也。为无为，则无不治。①

这段话可以作为我们讨论的出发点，讨论战国时代与人民有关的思想是如何展开的。在第八章中笔者已经揭示了，从西周到春秋时期，"为民而治"的口号在政治话语中普遍存在。下面笔者将讨论其对战国思想的影响。这一口号的实际意涵是什么？君主如何实现自己对被统治者的责任和义务？"民"的哪些需求需要关注？上述引文建议给予人民好的经济保障，但是却将人民从政治程序中排除。这种观点是否具有代表性呢？如果是这样，那么反对人民参与政治背后的原因又是什么？而这种反对的立场和关心人民的要求是如何关联在一起的呢？

---

① 《老子》第三章，第235—239页。

第一节 耕 战 者

在第八章中，我们看到，"民本思想"主要来源于西周和春秋政治体的特殊背景，诸侯国的规模很小，从而促成了一定程度的凝聚力，进而允许下等阶层参与政治。然而，到了战国时代，这种情况发生了显著的变化。巨大的、以领土整合在一起的、中央集权的国家取代了春秋时期的小型诸侯国。大规模的征召军队降低了春秋时期对国人的依赖。而且，持续增加的内部稳定性，限制了春秋时期国人作为"造王者"（kingmaker）的角色。与之前的春秋时期和后来的帝国时期具有明显的差异，战国时代并没有庶人大规模干预政治的事件。甚至在《左传》中频繁出现的"国人"，作为一个概念在战国文献中几乎消失了。① 我们或许会因此而判断这些情况会减弱大家对平民的政治潜力的兴趣，但是事实并非如此。如笔者将要揭示的那样，战国思想家继续反复论说"民"对于政权的重要性，其论述继续了之前民本思想的倾向。

首先笔者要简要概括一下战国时期持续关注"民"的原因。三个主要的发展也许可以解释"民"的重要性。最为重要的是基于全面征兵的以步兵为核心的众军的出现，将一个国家大多数的男性成员变成了士兵。因此，训练这些应征的农民士兵，使其遵守纪律，并且防止其从战场逃跑，成为政治家和将军关注的重要问题，也没有思想家可以忽略这一问题。关于如何鼓舞这些应征者的战

---

① 仅在《左传》中，"国人"就在六十七段记载中出现；然而在整个战国文献中，包括礼制书籍以及《公羊传》和《穀梁传》，"国人"仅仅被提到四十七次（其中五次出自《孟子》，六次出自《礼记》和《战国策》，14 次出现于《吕氏春秋》——大多数情况是引用《左传》的记载）。仅仅《孟子》偶尔将国人描述为重要的政治参与者，参看《孟子·梁惠王下》，第 41 页。

斗意志存在着不同的提议。有些思想家，比如孟子、荀子，或者一些军事著作，如《吴子》和《尉缭子》的作者们，相信只有关怀人民生活的仁君才能给他们灌输战斗意志。比如山东银雀山出土的军事文书，建议君主要"爱民如赤子"。① 其他的，比如《商君书》的作者们，相信只有在考虑平民之"利"及"畏"时，才能劝服民战斗；即"怯民使以刑必勇，勇民使以赏则死"。然而，还有的观点，比如保存在《孙子兵法》中的观点，把这一问题首先视为军事和战略的："无所往者，死地也"——只有这样他们才会战斗到死，置之死地而后生。② 无论具体建议是什么，不同的思想家都一致认识到，在一个众军的时代，如果在战前和战斗中对大众应征的士兵没有足够重视，就不会取得军事上的胜利。

持续关注人民事务的第二个原因是经济上的。公元前 4 世纪（如果不是更早）铁制农具的大规模推广使战国时代的农业出现了一次革命，提高了耕作水平、增加了产量、并使开发荒地为农地成为可能。③ 战国的领袖们敏锐地觉察到这些发展带来的潜力，进行了一系列深入的经济改革，改变了地貌、社会和国家。大规模的灌溉工程、荒地重新开垦、各户收入的提高，被广泛地认为是国家经济富足的关键，没有这些，长期的军事胜利是无法达到的。因此，国家对农业生产和农民生活的干预，如睡虎地等处出土文献所反映的那样，是非常显著的。国家关注所有问题：从天气情况到铁

---

① 《银雀山汉墓竹简》之《守法守令等十三篇》，第 829 简，第 133 页。其他的文献，比如《孟子·梁惠王下》，第 47 页；《荀子·议兵第十五》，第 265—290 页；《尉缭子·战威第四》，第 18—19 页；《吴子·图国第一》，第 36—37 页（Sawyer, The Seven Military Classics, 248 and 207）。也参看 Lewis（鲁威仪），Sanctioned Violence, 128—133.

② 参看《商君书·去强第四》，第 30 页；《壹言第八》，第 60 页；《靳令第十三》，第 78—79 页；《吴孙子·九地第十一》，第 106—109 页（Sawyer, The Seven Military Classics, 178—179）。

③ 关于铁在战国时代经济中的重要性，参看 Wagner（瓦格纳），Iron and Steel. 也参看白云翔《先秦两汉铁器的考古学研究》。

制工具的数量和质量、分配给农户的役畜数量,到耕牛健康——耕牛每季度都要测量,如果耕牛体围下降了则其主者及里正都要被笞。[1] 对下等阶层生活的广泛而紧密的干涉,毫无疑问地增加了思想家和官员对平民需求的关注。[2]

思想家们对农民生活的关注,不仅仅是战国时代持干预主义态度的国家精英与民众紧密联系的副产品,而且也反映了经济改革浪潮中大多数国家所面对的更深层次的问题。大规模的开发荒地和其他种类需要大量劳动力的工程,比如开挖沟渠等,造成了偶尔的劳动力短缺,使农民成为一种最重要的经济——而不仅是军事的——资产。尤其是大规模的农民迁徙,从一个国家迁到另外一个国家(孟子就过度地相信,平民可以"用脚投票"来对抗高压的政权),这对于掌权者而言,是要重点关注的。[3] 政治家和思想家必须考虑如何防止负面的移民损失,如何吸引农民从事生产,如何鼓励他们开垦荒地,如何在征收农民的资源时不引发过分的抗议。有关建议各自不同。有些人,比如孟子,提倡仁政,降低税赋,及不干涉主义的政治模式。但是其他人,比如商鞅,则支持政府的主动干预、塑造农民的经济行为,使其符合国家的需要。还有的,比如《管子·轻重》篇的作者,则主张主要用经济手段来操弄、影响人民

---

[1] 《睡虎地秦墓竹简》的《田律》、《厩苑律》,第 19—23 页。Hulsewé(何四维),*Remnants of Ch'in Law*,A1—8;21—27。

[2] 对低等阶层经济状况的理解,生动地记载于不同的著作中,比如《孟子》、《商君书》、《管子》、《吕氏春秋》等等。

[3] 对人民迁移的经典论述出自《孟子·梁惠王上》,第 5 页。关于人民"用脚投票"的观点反复出现在《孟子》中(比如《梁惠王上》,第 13 页及第 17 页,等等)。移民的重要性也反映在许多其他的记载中,比如《商君书·徕民第十五》,第 86—96 页(此篇的写作年代根据其记载的内容大约是前 250 年左右)。移民的准确规模——合法和不合法的——无法确认,但是 Stephen Sage(*Ancient Sichuan*,134—136)认为,在秦国统治四川时期大约有几万到几十万秦国人到达四川。秦国法律文书记载了不少逃亡者的例子,称他们"出邦"了。而秦国《日书》中也有许多关于"亡"的记载(参看施伟青《论秦自商鞅变化后的逃亡现象》)。

的行为。① 尽管观点不尽相同，但是这些思想家们都一致地认为在经济方面，人民与政府的互动具有至关重要的意义。

战国文献中对平民的关注，其第三个原因是统治阶级构成的变化。正如我们在第五章中讨论的那样，新的以"尚贤"原则为核心的入官制度，及其所带来的持续增加的社会流动性，使得一部分原本出身低微的人得以加入到统治阶级和国家机器中来。这些新来者带来了自身的经验，更加关注平民的疾苦。因此，除了对国家稳定的实用性考虑之外，我们不能忽略许多思想家对于平民悲惨遭遇发自内心的同情和愤慨。关于农民"冻饿"的永恒主题，在战国文献中相当普遍，这不能仅仅被视为一种宣传，实际上它明显地反映了统治精英的部分成员对被统治阶级的同情。② 也是基于同样的原因，战国文献中的另一个普遍话题，是对战争和战争给大众带来的损害的强烈谴责。

这种主观和客观因素的混合，解释了为什么民本思想一直主导着战国时代的话语系统。甚至粗粗阅读战国文献，就可以感受到对普通民众贫穷和悲惨境遇的广泛关注。尽管思想家们对于如何保证大众生活富足众说纷纭，但是他们都普遍要求君主关注民众的需要，特别是生活福利和个人安全保障。为了说明对这一问题意见的一致性，我们没必要简单地累积引文，③而是集中于讨论经常被认为最缺乏"民本思想"的商鞅。尽管托名他的《商君书》有很多后来加进去的内容，但是其明确一贯的意识和态度可以代表

---

① 对这些不同方法的详细讨论，参看巫宝三《先秦经济思想史》。

② 比如《墨子·非攻中第十八》，第 202 页；《节用上第二十》，第 242 页；《老子》第七十五章，第 192 页；第三十章，第 381 页（《郭店老子甲》，第 6—7 简）；第三十一章，第 387—396 页（《郭店老子丙》，第 6—10 简）；《孟子·梁惠王下》，第 47 页；《离娄上》，第 175 页；《荀子·富国第十》，第 182—183 页；《晏子春秋》卷一，第 13 页。

③ 关于以民为本的政治提议，参看游唤民《先秦民本思想研究》、王保国《两周民本思想研究》、McNeal（罗宾），"Acquiring the People"。

被郑良树所称为商鞅"学派"的思想。[①]

商鞅似乎并不适合作为讨论"民本思想"的理想目标。不像很多竞争对手那样标榜自己是人民的代表，相反的，《商君书》中充斥着类似"民弱国强，国强民弱，故有道之国，务在弱民"这样的论述。[②] 作为实际执政者，商鞅以严苛对待人民著称，尤其是其提倡对轻罪实行"重刑"、鼓励相互监督以及连坐制度。他也以公然地支持战争而知名，比如他建议"事兴敌所羞为"，"民之见战也，如饿狼之见肉"。[③] 这些宣称及其在商鞅主持下在秦国进行的具体实践，让很多传统和现代的学者都认为商鞅是个可恨的思想者。比如安乐哲（Roger Ames）就强调"利民"是"传统法家思想的对立面"。[④] 然而，笔者认为，从商鞅的思想及其具体的政治实践的目标或许可以证明，商鞅基本上还是属于同样的"民本"传统，和被定义为"民本"思想的典范墨子、老子、孟子和荀子一样。

在第二章中笔者引用了商鞅的一段话，说明强调君主统治的国家以及具有全方位穿透力的法律都是为了"利民"而创制。现在是探讨这一思想的时候了。商鞅认为，没有君主、官员和法律，人民就会陷入无政府和互相残杀的境地。问题在于"民之情也治，其事也乱"。[⑤] 老百姓不知道什么对他们最终是好的，因而如果没有

[①] 关于《商君书》及其中各篇的写作年代的争议，参看郑良树《商鞅及其学派》、好并隆司《商君书研究》，以及张觉点校的《商君书全译》。其部分内容很有可能是商鞅最初的奏章，因为带有第一人称"臣"，这在战国文献中非常少见。大多数章节（尽管不是全部）在内容和风格的类似性，已被 Schwartz（史华慈）指出，Schwartz, *The World of Thought*, 331.

[②] 《商君书·弱民第二十》，第 121 页。也参看卷二《说民第五》，第 36 页。

[③] 《商君书·去强第四》，第 27 页和《画策第十八》，第 108 页。

[④] Ames, *The Art of Rulership*, 153，以及 153—164 的讨论。这种对商鞅的负面评价可以追溯到汉代早期，如果不是更早的话。显著的是，商鞅是少有的在司马迁《史记》中以明显的负面评价结束其传记的人物（《史记》卷六十八《商鞅列传》，第 2237 页）。最近的对商鞅持批评态度的研究，参看 Rubin, *Individual and State*, 55—88.

[⑤] 《商君书·说民第五》，第 37 页。

积极的政府干预,他们就无法保持正常的生活秩序。对他们的严苛统治是实现社会政治秩序的必要手段。如果不这样,"富者不能守其财,而贫者不能事其业,田荒而国贫"。① 政府颁布禁令和规定、严刑酷法、鼓励人民集中于农业生产、毅然地参加战争——所有这些都是为了人民的利益。商鞅总结道:

> 故吾教令民之欲利者,非耕不得;避害者,非战不免。境内之民,莫不先务耕战而得其所乐。故地少粟多,民少兵强。能行二者于境内,则霸王之道毕矣。②

商鞅的逻辑很清楚,除非国家富强,否则老百姓无法享受和平富足的生活;老百姓不被迫使参与耕战,国家就不可能获得权力和堆满的粮仓。因此,"重罚轻赏,则上爱民"。③ 类似地,商鞅的军国主义被解释为达到天下和平的手段。"故以战去战,虽战可也;以杀去杀,虽杀可也;以刑去刑,虽重刑可也。"④

如果严刑酷法是个人和集体福祉的手段,而战争则是达到和平的手段,因而,辩证地看,商鞅的政策整体上的目标与其竞争对手所倡导的是一样的。在这种理解下,他所提到的国家与社会("民")的利益冲突仅仅是暂时的、次要的,并不是根本的冲突。严苛的统治是为了防止人民损害他们自己的最高利益。总之,这些手段是服务于人民的:

> 圣君之治人也,必得其心,故能用力。力生强,强生威,威生德,德生于力。圣君独有之,故能述仁义于天下。⑤

---

① 《商君书·算地第六》,第49页。
② 《商君书·慎法第二十五》,第139页。
③ 《商君书·去强第四》,第30页。
④ 《商君书·画策第十八》,第107页;也参看《靳令第十三》,第81页。
⑤ 《商君书·靳令第十三》,第82页。类似的说法也见于《说民第五》,第38页。

这一论述似乎属于《商君书》中较晚的部分,很可能反映了将其理论用"儒家"的外衣包装起来的一种做法。但是即使"仁义"这一概念并不反映商鞅真实的思想,但是这一论述的要旨则贯穿《商君书》全书,不断出现。作者反复强调,他的目标不是为了君主的利益而压迫人民,而是为了创造良好的环境让人民享受自己的生活。实际上,《商君书》中充斥着有关"利民"、"爱民"的口号,其频繁程度甚至比《孟子》——其被认为是民本思想的主要论著——还要高。有人或许会将这些解释为商鞅自己的政治宣传,但是笔者相信事实并非如此。除了韩非子可能是个例外,商鞅(以及其他《商君书》的作者)与其他思想家相比较,美化自己政策的倾向性要小得多。相反的,他似乎乐于用愤世嫉俗和充满争议的论调来使自己的读者感到困惑不安。他最终选择借用"利民"的概念来论证自己观点的合理性,这至少说明当时战国民本思想的"感情力量"(emotive force)。[①] 不论"恨民者"商鞅还是"爱民者"孟子都同意一个基本的观点:"民"是所有政治活动的最终目的。这一信念,甚至在我们讨论其对日常政治生活的影响之前,都可以被挑出来作为战国政治思想最为重要的特征之一。

第二节 "得民心"

在第八章中我们看到,"民"是制定政策的目标的思想早在西周时期已经出现了,之后一直保持着影响力。政府是"为民"而设的思想对于战国思想家而言已经成为范例。不同意识形态背景的文献都反复论说君主的最终目的是要有利于"天下之民"。比如,

---

① 伦理概念带有"感情意思"("emotive meaning")这一理论是由 Stevenson 在"Persuasive Definitions"中发展而来,被戴卡琳(Carine Defoort)介绍入汉学研究,参看"Is there Such a Thing as Chinese Philosophy?"

《商君书》中有这样的语句:"故尧、舜之位天下也,非私天下之利也,为天下位天下也。"①

《商君书》借用尧舜之名作为理想君主的典范。正如《商君书》的作者们在其他地方所阐述的,如我们在第二章中讨论过的有关国家形成的描述,而君主仅仅因为存在,就对臣民有利。这些好处,如我们所见,支持了商鞅提倡的严苛统治,也从总体上支持了王权秩序。另一个君主权威的坚定支持者慎到,也有类似的论述,所谓"故立天子以为天下,非立天下以为天子也"。② 然而,极端的王权主义者用这一思想论证君权集中的合法性,而另外一些思想家则依据同样的理论限制君主的过分权力。《吕氏春秋》的《贵公》篇写道:

> 天下,非一人之天下也,天下之天下也。阴阳之和,不长一类;甘露时雨,不私一物;万民之主,不阿一人。③

这段话的作者借用宇宙论规范君主关注的普遍性,以调和君主的滥权,提醒君主他自私地追求个人利益就意味着违背了自己的政治责任。尤其值得注意的是,"为民"一方面被用来支持君主的地位,另一方面又被用来批评他。这说明了这一范例的不言自明,因为它被不同的、相互竞争的思想家所使用。毫不夸张地说,民本政府的思想和王权思想一样成为中国政治文化的精髓,这两个思想从来没有被任何已知的思想家公开质疑过。④

---

① 《商君书·修权第十四》,第 84 页。

② Thompson(谭朴森),*Shen-tzu*,"Wei de"《威德》,240. 有关商鞅及其追随者对国家形成的进化理论,参看《商君书·开塞第七》,第 51—52 页;《画策第十八》,第 106—107 页;《君臣第二十三》,第 129—130 页;也参看第二章更深入的讨论。

③ 《吕氏春秋》卷一《贵公第四》,第 44 页。

④ 例如,墨子论道:"上帝、鬼神之建设国都、立正长也,……将以为万民兴利除害、富贵贫寡、安危治乱也。"(《墨子·尚同中第十二》,第 119—120 页)。 (转下页注)

战国文献中普遍存在的"以民为本"和"为民"政府的思想,使有些现代学者开始通过现代西方的意识形态来研究这些概念,特别是在人民主权论(popular sovereignty)的语境里进行分析。[1]笔者觉得这种比拟太过于牵强了。在本书的第一编中,已经列举了充分的证据说明中国政治体系本质上是以君主为核心的,所有体制化的权力都理应掌握在君主手中。以民为本以及将民作为政治进程目标的思想并不仅仅是独裁统治的装饰品,其被用来——即便仅仅是事后回溯——支持起义和取代特别昏庸的君主,并提供了一种独立于君主之外的特别的焦点。至少,民本思想可以通过提醒君主——或者其他的权力拥有者——关注低等阶层的合理要求,以提高君主制的功能。其对实际的政策制定的影响不应被夸大,但是也不应该被忽略。

"为民"而治的思想是否包含有"民治"的种子?"民"是仅仅作为君主宽宏大量的对象,还是合法地变为独立的政治参与者?对这一问题的回答不尽相同。有一些学者将传统中国对于人民的态度视为天然的家长制作风,其他的学者则认为人民不应该仅仅从仁义的政府被动受益,而且他们对政府表现的看法具有特别的重要性。事实上,战国思想家的有些观点似乎建议"民"可以直接影响政策制定。然而,众所周知,中国从未发展出在西方广为盛行的政府参与模式。这一矛盾鼓励了某些学者思考古代中国"未选择

(接上页注)荀子也有类似的论述:"天之生民,非为君也。天之立君,以为民也。"(《荀子·大略第二十七》,第504页)。也参看《孟子·尽心下》,第328页;《左传》襄公十四年,第1016页。

[1] 关于试图从"民本"思想中寻找中国本土的民主思想的研究,参看 Murthy, "The Democratic Potential";Tan(谭苏宏),*Confucian Democracy*,132—156;Enbao Wang and Titunik, "Democracy";Nuyen, "Confucianism". 研究中国古代政治思想的大多数学者并不愿意接受这些草率的比较;参看张分田《论"立君为民"在民本思想体系中的理论地位》;李宪堂《论儒家民本思想的专制主义实质》;邢琳《民本思想与中国古代专制》。

的路"。① 然而笔者认为,对文献更仔细的阅读以及对战国政治现实具体语境的分析,可以解决这一似乎存在的矛盾。

甚至仅仅粗略阅读战国文献,就能感受到人民的政治角色是受到很高推崇的。比如孟子就论道:

> 桀、纣之失天下也,失其民也;失其民者,失其心也。得天下有道:得其民,斯得天下矣;得其民有道:得其心,斯得民矣;得其心有道:所欲与之聚之,所恶勿施尔也。民之归仁也,犹水之就下、兽之走圹也。②

孟子的观点明显类似《书经》的记载,我们在第八章引用过,但是《孟子》似乎更加极端。《书经》中人民的政治角色主要通过"民之声、神之声"的理念表现出来,但是孟子在这里并没有提到"天命"。相反,孟子认为如果要"得天下",有抱负的王者必须要聚焦于如何获得民心。人民作为造王者以及需要"得其心"的思想,在《孟子》的其他章节以及其他几种文献中也反复出现。③ 人民总体上的政治重要性被《荀子》再次强烈论述:

> 马骇舆则君子不安舆;庶人骇政则君子不安位。马骇舆则莫若静之;庶人骇政则莫若惠之。选贤良,举笃敬,兴孝弟,收孤寡,补贫穷,如是,则庶人安政矣。庶人安政,然后君子安位。传曰:"君者,舟也;庶人者,水也。水则载舟,水则覆舟。"此之谓也。④

---

① 一个关于"未走之路"研究的例子是 Hui(许田田),*War and State Formation*.
② 《孟子·离娄上》,第 171 页。
③ 关于人民是潜在的造王者,参看第三章的讨论(特别是关于《容成氏》和《孟子》的一节)。关于"得民心",参看《管子·小匡第二十》,第 411 页。《吕氏春秋》卷九《顺民第二》,第 479 页。
④ 《荀子·王制第九》,第 152 页。

荀子呼应孟子,认为庶人是君主安全的基础。实际上,他的"水则载舟,水则覆舟"的观点,比任何战国文献的记载都更暗示了普通人反叛活动的程度。但是荀子(也包括孟子)对人民推翻君主的潜力的强调,是否仅仅是为了劝服君主实行仁政的夸大之词呢?为了检验这种意见,我们只能再次回到坚决反对仁政的商鞅:

> 昔之能制天下者,必先制其民者也;能胜强敌者,必先胜其民者也。故胜民之本在制民,若冶于金、陶于土也。本不坚,则民如飞鸟走兽,其孰能制之? 民本,法也。故善治者,塞民以法,而名地作矣。①

这一表述非常明确:人民是君主的主要敌人;他们是野蛮的动物,为了保证统治秩序必须驯服他们。敌意是非常明显的,而且商鞅在对待人民的方法上与孟子和荀子截然不同。但是将区别撒在一边,三个记载都认为人民是重要的政治参与者。正如商鞅指出,想要统治天下,就必须先制其民。这种不同思想家的类似看法不能仅仅被视为偶然,明显地,战国思想家对人民的政治重要性的认识,甚至要强过前代的思想家们。

人民能够影响政治斗争结局的观念,导致很多思想家表达了对人民观点的特别的关心,或者,更加准确地说,关注其"心"。这不仅局限于孟子,更早的孔子已经表达了类似的观点,他说道"民无信不立";《老子》则认为圣人的政治成功来自"以百姓之心为心"。② 甚至商鞅,尽管对人民的道德和智识水平并不崇敬,但他也认为在制定法律时,大众的意见不应该被忽视:

> 国治:断家王,断官强,断君弱。……有奸必告之,则民断

---

① 《商君书·画策第十八》,第107页。
② 《论语·颜渊》,第125页;《老子》第四十九章,第58页。

于心。上令而民知所以应,器成于家而行于官,则事断于家。
故王者刑赏断于民心,器用断于家。……治国贵下断。①

这段异乎寻常的论述,正如鲁威仪所注意到的,"脱离其本来
语境则似乎是对民主或无政府主义的诉求",②反映了即便是对极
权主义政治体系的支持者来说,大众的意见依然具有不可忽视的
重要性。法律和法规只有为大众所认同才可以发挥效用;因此商
鞅及其思想上的追随者,对于法律的解释和全面普及倾注了很大
的注意力。尽管《商君书》在特定语境下提倡即便大众存有异议也
要采取果断措施,但是这种办法仅仅被视为权宜之计,并非是统治
一个国家的正常手段。③ 正如其竞争对手所做的那样,商鞅也意
识到需要征求大众对政策有一定程度的接受,即使不是完全赞同。

既然大家都声称尊重人民的意见,那么令人好奇的是这些思
想家打算如何来确保低等阶层参与到政策制定中来呢? 也正是在
这一方面,战国思想表面上的矛盾变得特别显著。几乎没有任何
知名的思想家倡导保证人民发表自己意见的制度化解决方案,甚
至连春秋时期中庸的方案到了战国也没有得以延续。尽管一些仿
古风格的文献提到了君主应该咨询大众的意见,但是此举并不意
味着普通人能够参与到政治过程中来。比如,《书经》的《洪范》篇
建议国君应:"汝则有大疑,谋及乃心,谋及卿士,谋及庶人,谋及卜
筮。"④但是在这五种"谋"的参与者中,庶民是最不重要的,这一文
献三次建议君主,即便有庶民的反对也要将有争议的政策实施下

---

① 《商君书·说民第五》,第 40 页。
② Lewis(鲁威仪),*Sanctioned Violence*,93.
③ 在一段想象的商鞅劝说秦孝公采取改革的对话中,商鞅强调,人民的意见不必
纳入考量,"民不可与虑始,而可与乐成"(《商君书·更法第一》,第 2 页)。
④ 《尚书·洪范》,第 191 页上。《洪范》篇很可能作于战国中期,尽管其起源还存
在争议(参看 Nylan[戴梅可],*The Shifting Center*)。

去。其他"谋于庶人"的传统遗留，在《周礼》中被提到：

> 小司寇之职，掌外朝之政，以致万民而询焉。一曰询国
> 危，二曰询国迁，三曰询立君。其位，王南乡，三公及州长、百
> 姓北面，群臣西面，群吏东面，小司寇摈以叙进而问焉，以众辅
> 志而弊谋。[1]

《周礼》概括出来的模式呼应了《左传》的历史记载，《左传》记
载了在迁都或者国君被俘的情况下举行国人集会。[2] 但是这种表
面的相似掩盖了两种文献的主要区别。在《周礼》中，咨询"万民"
已经沦落为次要的官僚程序，仅由低级官员主持；其在《左传》中所
表现出来的极大重要性已经消失了，变成了高度礼制化的表演，而
从具体的政策制定中被抹去。

在这两个例子之外，我们或许应该提到孟子的观点，他建议君
主在作出重要的拔擢或贬官之前应该征询国人的意见。这一建议
我们在第二章讨论过，[3]但它依然是一种特殊情况：孟子并未继续
发扬这一观点，甚至再未提起"国人"的政治活动。是墨子才提出
了关于咨询大众意见的比较系统的理念。在《尚同》篇中勾画的理
想国家蓝图中，墨子描述了一个常规的各个政治体的统治者咨询
其人民意见的程序。比如，天子咨询"天下百姓"：

> 闻善而不善，皆以告其上。上之所是，必皆是之。所非，
> 必皆非之。上有过，则规谏之。下有善，则傍荐之。上同而不
> 下比者，此上之所赏，而下之所誉也。意若闻善而不善，不以

---

① 《周礼·小司寇》，第 873 页。依照杜佑(735—812)《通典》(卷七五，第 2040
页)，笔者将"弊"读作"断"。
② 参看《左传》僖公十五年，第 360 页；哀公元年，第 1607 页。
③ 参看《孟子·梁惠王下》，第 41 页；以及在第二章的讨论。另一个仿古风格假
装要重建人民集会功能的文献是《书经》的《盘庚》篇。这篇文字是商王盘庚为了说服人
民同意迁都而进行的演说(《尚书·盘庚》，第 168—173 页)。

告其上，上之所是弗能是，上之所非弗能非，上有过弗规谏，下
有善弗傍荐，下比不能上同者：此上之所罚，而百姓所毁也。①

如此清晰的鼓励大众参与管理程序的表述是无与伦比的：墨
子似乎展望了一种对掌权者的"自下而上的监督"。对于掌权者人
民可以提出谴责或者推荐给予升迁。这种想象的、在以"尚同"为
基础的严格等级体系下的大众参与，很可能是中国古代唯一的具
有"引导式民主"（guided democracy）的例子。不必赘述，这种建
议，如同墨子的整体的乌托邦思想，对战国及其以后的政治思想和
政治文化的影响微乎其微；最多，它仅仅是"未选择的道路"。而
且，甚至在墨子的模式中，人民的政治角色与春秋时代的国人相
比，依然处于边缘位置。

因此，尽管高调地宣称关注"民心"，战国思想家们却选择了杜
绝平民参与政治决策的可能性。大多数文献都忽略了这一话题；
而其他的，如上述我们所分析的文献，则把这一问题变成高度礼制
化和高度无关紧要的程序。在以后的时代里，象征性地吸收平民
的意见甚至变得更加没有实际意义。这一听取民心的过程可能是
在汉代进行了总结，国家的官吏应当收集民谣将其呈交给皇帝，从
而使后者能够了解"民风"而不与下层阶层直接发生接触。②

现在我们要问的是，为什么这些思想家，一方面反复强调听取
人民需求和获得民心的重要性，一方面却从未考虑建立任何的制
度化途径，让人民可以发表自己的观点呢？直接的回答或许是与
政治背景有关。正如我们在第八章提到的，自春秋以来，大众对政
治的参与都与政治动乱相关。桀骜不驯的国人在国君和反叛的贵

---

① 《墨子·尚同上第十一》，第110页。
② 关于汉代建立收集民谣的官方机构及其礼制背景，参看 Kern（柯马丁），"The
Poetry of Han Historiography," 33—35.

族大夫之间成为权力寻租者,对这些情况的记忆促成了强烈的对从下而上的政治干预的反感。孔子在定义有道之邦时,明确地总结了这种感觉,他指出:"天下有道,则庶人不议。"[①]老子呼应了这种观点,谈到人民之"朴"值得追求。尽管《老子》对"明"民的厌恶显然不是儒家思想,但是其政治意涵却与《论语》相似。[②] 很显然,虽然这些思想家意识到大众意见的重要性,但是并不意味着他们鼓励人民发表自己的观点。

尽管具有合理性,但是在笔者看来,这些思想家对大众参与政治的负面看法的政治性解释并不充分。即便春秋时期的政治动乱促成了对人民参与政治活动的敌意,但是依然难以令人相信,仅仅这个理由能够在战国的数百年中持续发挥效用。事实上,在战国时期并没有任何一个关于大众参与大规模政治活动的记载。在笔者看来,思想家们不喜欢大众参与政治存在更深层次的哲学与社会因素。在本章的最后一节,笔者将讨论这些因素,尤其是集中论述孔子及其追随者的观点。孔子及其追随者时常将自己描述为人民的代言者,但是同时又积极阻碍下层阶级对政治的参与。

第三节 小人及其被排除在政治之外

一百年前,在衡量中国古代的"民主潜力"(democratic potential)时,梁启超观察到,大多数战国思想家深深的等级心态是阻挡"民权"思想得以落实的最重要的原因之一。[③] 这是一个非常值得

---

① 《论语·季氏》,第 174 页。

② 参看《老子》第六十五章,第 140—141;第五十七章,第 106—107 页(《郭店老子》甲,第 32 简)。人民之"朴"对于所谓的法家特别具有吸引力,特别是在《商君书》中尤其突出(比如《商君书·农战第三》,第 20 页);《管子·七主七臣第五十二》,第 981—982 页;《韩非子·大体第二十九》,第 210 页。

③ 梁启超《先秦政治思想》,第 242—243 页。

重视的观察。实际上,广泛地将下层阶级和道德有瑕疵的"小人"等同的观念或许能够解释这些对于他们政治活动的负面看法。

"君子"和"小人"的明显的对立在所谓"儒家"文献中表现得非常清楚,例如《论语》、《孟子》、《荀子》以及郭店出土的《尊德义》(参看下面注文)。尽管这种对立主要是伦理上的,但是"君子"与"小人"也明显带有社会意涵。特别是"小人"这一概念在《论语》以及后来的"儒家"文献中一方面指代那些出身低微,一方面指人品低下的人。正如笔者将要揭示的那样,贯穿战国时代"小人"与"庶人"(或许"庶民")在语义上多有重合之处,而这些社会阶层都被强烈排除在政治活动之外。①

对小人持负面的态度是《论语》最强烈的特征之一。小人是那些贪利、"怀土"、不懂"义"、求同而不是求和、"骄而不太"、"狎大人,侮圣人之言"之人。② 在一句名言中,孔子让大多数现代的敬仰者感到不舒服,他说:"唯女子与小人为难养也。近之则不孙,远之则怨。"③

这一表述,撇开其对孔子的性别歧视的暗示之外,对于揭示"小人"这一划分并不仅仅是伦理概念也有重要意义,而在一些情况下是天生的。在《论语》中(正如在《左传》中),非常清楚的是,即便一个出身高贵的人如果行为失当,也会被轻蔑地称为"小人",但是对于庶人而言,是否可以变成"君子"呢? 小人是可以转换的概念,还是出身低微者的内在特性(除了特定的极个别情况下)呢?

---

① 关于"小人"在《论语》中的使用及其社会意涵的精彩分析,参看李晓英《〈论语〉中的小人辨析》。

② 参看《论语·为政》,第 17 页;《里仁》第 38 页;《颜渊》,第 129 页;《子路》,第 141、143 页;《季氏》第 177 页。

③ 《论语·阳货》,第 191 页。对这句话的不同理解,以及试图将其解释得较少带有性别歧视色彩,参看 Li Chenyang. "Introduction:Can Confucianism Come to Terms with Feminism?" 3—4;Goldin (金鹏程), "The View of Women,"第 139—140 页。

答案是模棱两可的。众所周知，孔子坚信教育能够改变一个人，可以提高其品行；因此在个人层面上，孔子应该不否认任何人，最起码是任何男人，都有变成"君子"的可能性。然而，孔子及其追随者中没有一个人展望过教育可以将所有人转化为"君子"的社会。对很多人——或者大多数人——而言，这一划分是天生的，将永不改变。因此《论语》引述孔子曰："君子学道则爱人，小人学道则易使也。"①

因此，尽管学习可以提高一个小人的品行，但是无法使他穿越社会阶层的边界晋升为"君子"。造成这一困境的原因不一定是出身——《论语》中从未清晰讨论过这一命题——而只是庶人在道德和智识上有缺陷而已。这一缺陷在另外一句话中也得到体现："民可使由之，不可使知之。"②

这一论述说明了为什么孔子及其追随者具有深植于脑海中的，对人民参与政治过程的反感。正是认为政府应该由德、才、识最为优秀的人管理的思想，跟与道德和智识都存在瑕疵的庶民分摊政治责任的理念，二者发生了冲突。下列是孔子的家长式专制主义（paternalism）的源头：人民应该得到福利保障、他们的利益对于君主而言具有至高无上的重要性、他们的感受应该被纳入考虑——但是他们对政策决策的直接参与则是不受欢迎的。对于这种儒家决然的等级观念的本质，孟子清楚地归纳道："或劳心，或劳

---

① 《论语·阳货》，第 181 页。

② 《论语·泰伯》，第 81 页。这一论述以现代平等的观念看来令人非常尴尬，以至于许多学者，最为知名的是梁启超（《先秦政治思想史》，第 232 页）试图重新解释这句话，因而加上了几个逗号，将其重新诠释为"民可，使由之；不可，使知之。"这种奇特的、为了现代政治理想而肢解一个古代句子的努力，随着最近郭店《尊德义》的出土而遭到破灭。《尊德义》对这一句子的引用不能再依照上述方法进行肢解，其云："民可使道之，而不可使知之"，参看《尊德义》简 21—22；也参看庞朴《"使由使知"解》。参看"Confucius's on-line forum"上对这一问题进行的激烈讨论：http://www.tomedu.com/ydbbs/dispbbs.asp? BoardID=8&ID=11633&page=1.

力。劳心者治人，劳力者治于人；治于人者食人，治人者食于人。天下之通义也。"①然后又说道："无君子，莫治野人；无野人，莫养君子。"②

　　这些观点是对孔子及其追随者的社会政治理想最为清楚的说明。社会是建立在统治者和被统治者不同的功能的基础上的；这一等级结构既是道德上的，又是社会的。孟子最初发表该观点的背景，是与许行进行的辩论，后者以提倡极端农业式的平等而著称，认为"贤者与民并耕而食，饔飧而治"。孟子对这种君子的"堕落"感到震惊，也对将庶民拔擢到政治的积极参与者的地位感到愤慨。这种观点也被《荀子》所呼应："君子以德，小人以力；力者，德之役也。"③

　　荀子在这里用"小人"作为一种社会等级，因为其在后来的文献中等同于"百姓"。就道德和思想水平而言，"庶人"并不值得太多的尊敬。因此，孟子发出了这样严厉的评论："人之所以异于禽兽者几希；庶民去之，君子存之。"④

　　这一观点对庶民的鄙视显得过于极端，庶民作为一个社会阶层居然被称为禽兽一般。这样就容易理解，这一阶层应该被排除在政治进程之外。尽管他们是政权的基础，也是政治秩序的最终受益者，但这一社会底层被永远地从政治决策中排除出

---

① 《孟子·滕文公上》，第 124 页。
② 同上，第 118—119 页。关于"庶民"孟子用了"野人"这一概念，最初是指那些居住在城外乡野的被统治者。
③ 《荀子·富国第十》，第 182 页。有关进一步的对坚守社会政治等级原因的解释，参看《荀子·解蔽第二十一》，第 399 页。
④ 《孟子·离娄下》，第 191 页。孟子对人和野兽区别的划分，更多的请参考 Peterson（裴德生），"The Grounds of Mencius' Argument."用禽兽来比喻有瑕疵的人——不论是庶民还是外族——在战国思想中非常普遍；比如荀子就将小人的行为比喻为"禽兽之行"（《荀子·荣辱第四》，第 61 页）；也参看 Pines（尤锐），"Beasts or Humans，" 62—69.

去了。

这种根深蒂固的精英主义意识是如何跟《孟子》和《荀子》中显著的民本思想融合在一起的呢？而且，这种意识又如何和他们经常所宣扬的平民（至少是任何男人）的道德是可变化的、任何人都可以成为尧、舜、禹的观念并存呢？笔者认为，答案在于个人与社会层次的可能变迁。教育可以改变个人，因此孔子的追随者都一致支持教育应该面对最广大的受众。但是同时，他们也意识到，这种个人变化，不会发生在这一社会阶层大多数成员身上。荀子对此论述得非常清楚：

> 故小人可以为君子，而不肯为君子。君子可以为小人，而不肯为小人。小人、君子者，未尝不可以相为也，然而不相为者，可以而不可使也。①

荀子的结论非常清楚：小人并不想变成君子；也因为他们不愿意转化自身，所以他们对政治的参与显然也是不受欢迎的。但是如果是这样，政治家如何能相信这些有瑕疵的人的"人心"呢？荀子和孟子都没有谈及这个问题，是他们在思想上的竞争对手，韩非子指出了其中的内在矛盾：一方面对人民少有尊崇，一方面又提倡留意他们的感受：

> 今不知治者必曰："得民之心。"欲得民之心而可以为治，则是伊尹、管仲无所用也，将听民而已矣。民智之不可用，犹婴儿之心也。夫婴儿不剔首则腹痛，不揃痤则寝益，剔首、揃痤必一人抱之，慈母治之，然犹啼呼不止，婴儿子不知犯其所小苦致其所大利也。②

---

① 《荀子·性恶第二十三》，第 443 页。
② 《韩非子·显学第五十》，第 445—446 页。

韩非子聪明地利用其儒家对手自己的逻辑来攻击他们的民本思想。其婴儿的比喻类似孟子的禽兽比喻,只不过其强调的重点不同。孟子将庶民视为禽兽是因为他们在道德上存在瑕疵,而韩非子强调庶民在智识上的不足,因此将他们视为婴儿。借用儒家常见的父母与子女关系来比喻君主和人民的关系,韩非子削弱了儒家有关"得民心"的呼吁的合理性。作为婴儿,人民是幼稚和无力的,因此不需要咨询他们的意见。韩非子进一步论述,政府的措施或许令人痛苦,但是对人民最终是有益的;因此,即便人民反对,也要实施下去。他总结道:

> 夫求圣通之士者,为民知之不足师用。昔禹决江濬河而民聚瓦石,子产开亩树桑,郑人谤訾。禹利天下,子产存郑,皆以受谤,夫民智之不足用亦明矣。故举士而求贤智,为政而期適民,皆乱之端,未可与为治也。[①]

韩非子列举了一些历史上的例子,说明老百姓的愚笨和短视,但是接着却转向一个更加微妙的论述。如果老百姓的观点需要被留意,那么对精英政府的需求就会消失。韩非子精明地抓住了士对自己在政治上的地位的关心,使得他们反对"民本"话语。他的观点非常清楚:依靠"贤智之士"如禹和子产而治的人,不需要寻求得到"民心"。平民应该永远作为政策制定的对象,而不是政策的制定者,即便是间接制定者——即通过倾听其意见再制定政策,也不应该。

韩非子的敏锐观察把我们引向另一个思想家们不愿意让人民发表自己意见的原因。毕竟,代表人民,代替他们发表意见,正是战国思想家们自我赋予的使命。通过当"人民"的代表,士人垄断

---

① 《韩非子·显学第五十》,第 446 页。

了被杜维明恰当地描述为"最可普遍化的社会相关性(即人民的情感)",①因而他们把"民情"看作自己阶层至关重要的资产,不容许未受教育的大众自己代表自己而言。将平民排除在政治活动之外,并自我宣称为"民"的保护者,对于知识阶层成员来说,是基于最大利益的考虑。

这种观点或许听起来颇为讥消,但是并不一定真的如此。在社会高速流动的战国时代,有才能而又想影响政策制定的庶人,可以跻身于精英阶层成为合法的政治参与者。但是其他绝大多数未能跻身而上的人,则显然缺乏足够的抱负和才能——至少,大多数士人如此认为。然而,自相矛盾的是,正是由于战国时代士阶层的开放,才使春秋时期庶民参与政治的模式终结了。在一个贵族社会里,一个庶人,通常是一个士,除非参与(很可能是领导)"国人"的政治活动,否则无法直接施展自己的政治抱负。到了战国时期,随着个人晋升途径的开放,不再需要与上层权力进行搏斗,庶人不再被完全排除在精英阶层之外,而他们中的部分成员能够依程序晋升入士阶层。这可能已经创建了一种可称为上层的"普遍代表"(popular representation)机制,消除了自下而上参与政治活动的必要性。但是,尽管这一机制在整个战国时代运行得很好,但是在新的帝国统治下,很快就表现出严重的不足。在秦朝统一后不久,庶民大规模参与政治活动的情况复活了,其结果是带来巨大的破坏。

第四节　尾声:造反有理

当荀子表达"水则载舟,水则覆舟"的观点时,他不会知道自己

---

① Tu Wei-ming(杜维明),"The Structure and Function of the Confucian Intellectual," 20.

的预见在秦朝统一天下（公元前 221 年）之后十二年，就获得了证实。秦始皇死后不久，一群由农夫陈涉带领的役夫在中原造反。在迅速地获得乡村精英（rural elite）的支持之后，①陈涉建立了一个自己的王朝，挑战秦朝的权威。尽管陈涉及其主要追随者在数月之内被击败，但是其他起义集团最终灭亡了秦朝。新的王朝在刘邦（卒于前 195 年），也是出身低微之人的领导下建立起来。中国历史上第一次大规模的平民起义成功地颠覆了第一个统一的帝制朝代。

这些有名的事件成为后代政治家和思想家的典范。陈涉及其同类的巨大成功远非三言两语就能解释的。几十年后，贾谊——汉代早期的历史学家和政治思想家——依然对陈涉的成功感到震惊：

> 陈涉瓮牖绳枢之子，甿隶之人，而迁徙之徒也。材能不及中人，非有仲尼、墨翟之贤，陶朱、猗顿之富也。蹑足行伍之间，俛仰仟佰之中，率罢散之卒，将数百之众，转而攻秦。斩木为兵，揭竿为旗，天下云会响应，赢粮而景从，山东豪俊遂并起而亡秦族矣。②

撇开贾谊所分析的秦朝失误，让我们来探讨这一场起义能够成功的原因。这些原因远为重要得多，因为它不仅是中国历史上第一次大规模平民起义，而且它还创建了一个复发的起义模式，而这些起义从秦汉到明清，始终困扰着各个王朝。我们能否在"民本

---

① 在夺取郡城之后，陈涉召"三老、豪杰与皆来会计事"（参看《史记》卷四八《陈涉世家》，第 1952 页），后者赞成了他的计划。这些乡村精英成为陈涉起义的重要支持力量，尽管他们的角色鲜被后来的历史学家关注。对他们的讨论，主要见诸 Perelomov（稽辽拉），*Imperiia Tsin'*, 66—84.

② 《史记》卷四八《陈涉世家》，第 1664—1665 页。陶朱、猗顿是有名的富商。"山东"意指之前为秦所灭的诸国。

思想"(其框架已经在上文中总结过)的语境下解释这场起义呢?

为了回答这个问题,有必要区分导致这场起义成功的两个不同的因素:其宏大的规模和精英的积极参与。其规模宏大的原因并不容易追寻,特别是我们对秦帝国的平民生活所知甚少。然而,我们可以从统一对农民命运的影响这个角度进行一定的推断。在上文中,笔者提到战国时代的"民本思想"来源于两种思想的混合,一方面是对庶民福祉的真实思想意识上的责任感,另一方面则是出于理性的政治考量——不满的农民会逃亡或者从战场逃跑,进而极度削弱国家。对于逃亡而言,统一带来了巨大的变化。因为秦朝统治了"天下"的绝大部分农业地区,从它的统治下逃走不再是一个可行的选择。[①] 此外,随着军事行动从过去战国时代生死相争的斗争转变为对帝国边陲的拓展,对于大规模逃兵的担心减弱了。而且,战争规模和次数的减少也极大地降低了通过军功晋升的机会,这在战国时代曾经是普通人跻身精英阶层的重要途径。从这个角度看,统一及其带来的"太平"并不一定会使农民受益,尽管秦始皇高调宣称农民"皆终其命,莫不得意"。[②]

如果这一分析是正确的,那么陈涉的起义似乎以回顾的眼光来看,实在是太了不起了。在一个关键的历史转折点,当农民对当权者失去了之前的影响力,陈涉及其追随者创造了一种新的权力

---

　　① 当然,有人可以逃入森林成为盗贼,这也为陈涉及将来的类似起义提供了很多人力资源。但是这与战国时期穿越边境进入其他国家正常地从事农业生产有巨大的差异。关于里耶秦简反映的秦朝对"逃人"的稽查,参看张俊民《秦代的讨债方式:读〈湘西里耶秦代简牍选释〉》。

　　② 关于秦始皇的自我宣传,参看第四章尾声中的讨论。秦朝沿北部和南部边疆展开战争,在那里逃亡对于服兵役的人来说并不会是一个即时的选择。考虑到战争的范围,似乎秦产生的社会流动性要远远低于战国时代。社会流动可能是陈涉及其追随者考虑的一个重要因素。如果我们相信司马迁的记载,陈涉在鼓动造反时许诺:"壮士不死即已,死即举大名耳,王侯将相宁有种乎?"(《史记》卷四八《陈涉世家》,第1952页,就陈涉的意思是很多王侯都是自立的)。

平衡。其后,统治精英将永远无法忘记从下而上的暴力革命的可能性。不仅显示了荀子的高瞻远瞩,用纯粹马克思主义的话语来说,这场抗秦起义的领袖还展现了显著的"阶级意识"(class consciousness)。

　　然而陈涉起义并不仅仅是一个"阶级斗争"的例子;在其爆发和最终成功中存在很多其他的因素。在起义阵营中,我们不但看到农民、流浪者、犯罪的奴隶,也看到了三老、豪杰、地方精英,之前被征服的六国的旧贵族,甚至转变立场的秦朝官吏。[①] 毋庸置疑,这些群体参加起义的动机各不相同,从为被灭亡的故国向长期的仇敌秦国复仇,到单纯的投机主义。这些不同的群体从不团结,除了渴望迅速灭掉秦国之外。实际上,内部的斗争在起义发动数周之后就产生了,而在秦朝灭亡之后还要经过六年才能彻底平息这些内斗。但是撇开个体起义者及某些参与起义的集团的不同动机,我们应该问:为什么那么多知识分子如此热切地加入到了起义阵营中,辅佐粗俗之人——如果司马迁是可信的话——和平庸的领袖,如陈涉、刘邦,等等? 在这些知识精英中不但有过去六国的贵族——他们反秦的动机可以理解——但是还包括知名的儒生,比如孔子的后代孔甲(参看前文讨论),甚至还包括一些秦朝宫廷博士,最有名的是叔孙通(活跃约在公元前 210—前 190)。[②] 成为起义的谋士,这些士开启了一个长期的与平民起义者合作的模式,这种合作成为中国政治文化的重要特征。

　　精英参与社会底层发动的起义并不是偶然的。它反映了一个

---

　　① 起义阵营的多样性,使 Jack Dull(杜敬轲)质疑之前将这场起义定义为一场农民运动的合理性(参看氏著"Anti-Qin Rebels")。然而笔者认为,杜敬轲大略过分估计了他的判断,忽视了这场起义从整体上的大众属性(也参看 Esherick[周锡瑞]的评论,"Symposium," 283)。

　　② 关于叔孙通的传记,参看《史记》卷九九,第 2720—2726 页。

数百年的悠久思想传统,即将人民定义为政权存在的目标,以及警告统治者如果忽视民心会带来严重的后果。尽管这些警告是为统治精英设计的"内部资料"(internal materials),但一旦为平民所掌握,就变成了致命的武器。陈涉的起义具有合法性不仅仅是基于"天命"的理念(这一理念在秦代和汉代早期处在边缘位置),[1]而是更基本的,基于中国政治文化的指导原则。既然秦朝未能关注其人民的需要,它的统治合法性就受到了严重的损害,进而和起义者合作就变成了一种可以接受的政治选项。尽管只有很少精英分子会支持毛泽东的"文化大革命"口号——"造反有理"——但是他们中的很多都相信,如果一场起义发生了,这就是一个王朝失败的事实证据,而精英们对统治家族的义务也因此而被断绝了。

从这个角度理解,"民本思想"就具有了新的面相。它不但使得知识分子能够以"民"之代表和卫士的身份来提高他们在君主面前的分量,而且这一思想还有助于——即便是无意识的——在中国反复发生的世界史上规模最大、极为持久的平民群体运动。复发性的起义是中华帝国历史的组成部分,或许可谓是帝国政治的最为重要的因素。尽管对人类社会破坏巨大,但是起义也有建设性,因为其不但保证了掌权者一直认识到人民的需求需要被关注,而且使帝制体系,在经过一段时期的内部停滞之后,获得重新调整的机会。可以说,这是对起义在思想上的合法化,而精英的积极参与,将无序的暴力运动变成了一种重要的政治力量。[2]

然而精英不仅仅给起义提供合法性,用阶级概念来说,精英也

---

[1] 值得提醒的是,实际上不论是秦帝国的宣称还是起义阵营的宣传,都没有提到天命(也参看 Loewe, "The Authority of the Emperors")。

[2] 对群众起义及其在中国政治文化中的角色的综合研究,至今尚未看到。对这一话题的兴趣在西方(在西方对群众运动的研究主要是从宗教角度进行研究)和中国(在中国 "阶级斗争"的研究方法,在毛时代处于主导地位之后,从学术界消失了)都衰退了。一些最基础的看法,参看 Esherick, "Symposium," Crowell, "Social Unrest".

使起义"陷入了罗网之中"（entrapped）。通过参加起义阵营，精英谋士决定性地促成了起义者被纳入帝国政治结构。这些起义者不是革命者；他们无意摧毁帝制秩序，而仅仅是想在这一秩序中提高自身的地位而已。这种潜在的吸纳可能性被精英谋士敏锐地掌握，他们充当了粗俗的起义领袖和帝制国家的统治之间的桥梁。最终的吸纳——不论是在执政的王朝体系中授予起义领袖官职，还是在起义领袖的名义下建立一个新的王朝——成为可能的部分原因，在于精英阶层的民本思想。这种思想创造了一种氛围，有助于精英阶层对起义农民产生同情，也有助于农民领袖同化在帝制政治结构之中。弱化了"阶级对抗"（class antagonism）之后，战国时代的民本思想决定性地造成了帝国能够在复发性的叛乱中生存下来的能力。①

　　精英阶层对群众造反的相对容忍，解释了为什么中国历史上持续不断的起义和造反没有变成马克思所说的"历史的火车头"（locomotives of history），也就解释了它们为什么没有变为革命，而是变为与马克思同时代的麦道时（Thomas Meadows）从太平天国运动（1851—1864 年）中观察并总结出的"国家稳定的首要因素……清洗和鼓舞政治氛围的风暴"。② 被帝制政权吸纳之后，这些造反运动确实变成了一种特殊的（也是代价极大的）重新调适机制，一种血腥的

_____

　　① 关于这些造反融入中国帝制文化的程度，参看例如 Aubine（鄂法兰），"The Rebirth of Chinese Rule". 值得记取的是，中国历史（如果不是人类历史）上最具毁灭性的造反运动，比如黄巢（死于 884 年）和李自成（1606—1645 年），恰恰是在帝制政治文化的范围之内进行的，多次被帝制政府授予官职或者建立（有限成功的）新的类帝制的官僚体系。更多的研究参看 Levy, *Biography of Huang Ch'ao*；Parsons, *The Peasant Rebellions.*

　　② 关于马克思的著名论断"革命是历史的火车头"，参看 Marx, "The Class Struggles in France," 122. 关于麦道时的观点，参看氏著 *The Chinese and Their Rebellions*, 27. 麦道时评论道："在所有获得一定程度文明的国家中，中国最具有造反传统而不具有革命传统。"

群众"选举"——其决定了哪个家族将统治下一个王朝，也纠正了一些错误，但是并不改变帝制政权的基础。总之，战国思想家们的这一显著的——即便不是有意识的——成功，为时常发生的造反被同化在帝制政权之中，奠定了意识形态基础，并成为促成帝国长寿的又一个重要因素。

第十章

战国时代的思想遗产

> 党内如果没有矛盾和解决矛盾的思想斗争，党的生命也就停止了。
>
> ——毛泽东《矛盾论》

20 世纪见证了对战国思想遗产前所未有的高涨的兴趣。学界、政治家，有时甚至学生和工人，反复地沉浸于争论关于古代政治思想的实质及其与现代化、社会主义、民主、爱国主义、人权——以及其他的意识形态的课题的关联性（或者无关性）。这些争论间歇性地主导了中国以及中国之外的观察者的政治话语。这些争论有时会变得残酷，甚至怪诞——比如 70 年代早期的反儒运动；有时候——如在现时的中国的专家政治之下——又变得在相当程度上去政治化。[①] 政治家们参与这些争论的深度和热忱，都证实了战国思想家的成功，即在两千年之后，他们依然保持了对现实政治的意义。

现代对"百家"的讨论反映了战国思想的生命力，但是实际上的论点大体属于现代意识形态的分类，因此在谈及战国时代的遗产时经常会产生误导。中国古代知识分子——像其他地方的政治

---

① 关于"反儒"运动，参看 Louie（雷金庆），*Critiques of Confucius*，97—136；Perelomov，（稽辽拉）*Konfutisij*，372—386.

思想家一样——应该在其自身的文明基础上被讨论，关注于他们直接的目标和这些目标相对于同时期政治语境的合理性。

　　战国时代的政治语境支配着这些思想家的关注要点。他们生活在一个周朝的社会政治秩序已经崩塌，因而对能够带领周（"中国"）世界走向稳定与和平的解决方案充满期望的时代。东周多国世界的持久的、毁灭性的战争、统治精英内部的持续争斗，以及经济和军事的新发展，都要求政治和军事管理体系进行重要的调整。这决定了战国思想家关心的主要议题，也解释了他们思想探索的政治本质。而且，那是一个特殊的时代，知识分子享有相对宽容的环境。旧的正统体系已经崩溃，而新的还没有出现，很少有政治禁忌留存。竞争的诸侯以及跨国家人才市场的存在，极大地防止了由国家组织的、意识形态上的迫害。正是在这样的背景下，战国思想家所作的选择才具有了特别的意义。这些选择并不是政治高压或者思想停滞的产物，因此它们具有充分的说服力，能够在长达两千年中影响中国的思想和政治气氛。

　　在这些选择之中，最为重要的是一致地反对战国诸侯争雄的世界秩序以及分散的政治权威。只有在至高无上的统治者之下完成政治上的"天下"一统，才能带来持久的和平与稳定，这是战国思想家们的普遍观念。统一君主的理念被许多知名的思想家所共享——除了庄子之外——这是战国思想论争最重要的成果。通过政治、社会、行政管理、伦理、礼制以及宇宙观基础上（并不必须是这样的排序）的合法化，王权主义决定性地塑造了中国长达两千年之久的政治行为方式。这也成为一个普遍的框架，在其中政治和思想界的区分获得保持。

　　战国思想家，也是作为知识阶层整体所作出的第二个重要的选择，是他们主动地依附于国家。除了在政府任职带来的"禄"和"名"对他们有吸引力之外，这种出仕也被主流思想家——主要是孔子及其追随者——重新解读为实现自我的最高贵途径。尽管有不可避免的虚伪、挫折感以及质疑声,出仕的要求成为长达千年的中国士人的行为准则。它创造了一种情况,最高的道德、思想和文化权威,即"道"的拥有者,同时也是政治权力的掌握者,他们中最为精英的部分按照常规被纳入到国家体系之中。精神和政治权威的融合激昂了国家的荣耀,极大地提高了统治机器的质量。中国的皇帝在其掌控之下有一群辅佐之人,批评皇帝而又保持忠诚、臣服而不奴颜婢膝、思想独立却接受王权的基本原则。这一具有智识而又致力于政治的文官阶层,使中华帝国顺利度过了漫长的内乱以及外来挑战,因而确保了其出众的持久性。

尽管持久,但是中华帝国显然并不能达到战国的理想。贯穿漫长的历史,中华帝国被冲突和紧张所困扰,很多这样的例子都反映了战国思想家们遗留给自己帝国时代继承者的思想的不确定性。皇帝既是神圣化的圣人,同时又是普通的个人;他的过度奢侈必须得到控制,而他对政治的过分干预也鲜受欢迎。皇帝完美无瑕的官方形象和精英阶层普遍的关于君主虚位的理解之间,产生了巨大的紧张,时而引发君主和大臣之间的残酷冲突。缺乏对君权的体制化约束,思想家们必须回到谏言这一方法,但是这种方法有时候并不能制止君主的奇思怪想。但是君主也不是这种情况毫无疑问的受益者。缺乏足够的思想权威,君主常规性地会遇到大臣对其革新企图进行的阻挠,屡屡被贬低到"活着的祖宗"或者礼制性的橡皮图章的地位。君主和大臣之间的僵局,时而发生的戏剧化的冲突,使得帝国文人中产生了失望和痛苦。

文人的地位反映了另外一个从战国时代继承下来的未解的冲突。战国精英士人成功地建立了他们作为"得道者"的权威,但是同时,他们采纳的以君主为核心的政治秩序和对政治参与的责任,将他们永远贬低到多半平庸的君主的奴仆的地位。他们自豪的个人意识和现实中在宫廷不够荣耀的地位之间所产生的冲突,促成了一种挫折感——或者是刘泽华所用的更为尖锐的概念——"精神病",而这成为帝国"君子"的特征。

帝制政治结构中的第三种紧张关系,是对"人民"作为"造王者"的极高推崇和同样坚决地将他们从政治活动中排除出去之间的矛盾。尽管从概念上讲,在19世纪末期西方民主思想被介绍进入中国之前,这一问题并没有被讨论过,但其潜在的影响却是相当大的。名义上关心人民的福祉和他们实际上的困境之间的矛盾过分的时候,下层民众只能采用为了自己的利益而调整帝制体系的最强有力的措施,即造反。尽管帝制体系有足够的灵活性可以将这些造反纳入到现存的政治结构中去,但是这种复发性的"重新调整"的代价是极端高昂的,以至于在漫长的帝国时期这些造反成为中国政治生活尤为负面的层面。

上述这些矛盾带来的巨大的道德和物质损失,提醒我们不能将战国的思想成就理想化。然而,辩证地看,受篇首所引毛泽东观点的精神的启发,这些冲突和紧张也恰恰解释了帝国的生命力。严格的政治体系鲜能生存太久的时间,因为其不能适应不断改变的环境。中华帝国以其可谓模糊的运行模式,能够,也确实,适应了无数的内部和外部的挑战。比如,大臣们既能适应精力无限的君主——比如很多王朝的建立者,也同时能适应幼儿、老迈,乃至智障的君主;文人可以调节自身,适应粗俗的农民皇帝或者外来的征服者——所有这些都有助于帝国的延续。实际上,我们可以将帝制政治文化的内部矛盾更多地视为——借用杜维明的话——"创造性的紧张"(creative tensions),而不是体制出现的故障。① 正由于这些紧张促成了切实的调节,以适应变迁的社会政治环境,

① 参看 Tu(杜维明),"The Creative Tension between *Jen and Li*."

并防止了帝制体系的僵化,帝国才得以保持其锐气。

中华帝国的长期持续是很多纠缠在一起的因素共同作用的结果,包括国家的地理位置,缺少系统性的外部挑战,以及帝国在亚洲地区超越其实际边疆的影响力。然而根据笔者的研究,除了地理、军事和行政管理的因素,帝国的长寿也极大地得益于思想因素。我们或许可以下结论,战国思想家们的思想伟业取得了令人瞩目的成功。虽然并没有能兑现带来"太平"的承诺,战国时代的思想家及其帝国时代的继承者们,却为更多人口、在更广袤的领土上,获取了显著的稳定。其历史时期之长,超越了任何人类社会中可与之相比的政治体系。中华帝国能够幸存下来,并在内乱和外敌入侵之后再次复活,给人民带来了利益,尤其是与极端血腥的战国时代相比而言的话。从这个角度看,尽管有争议认为帝国是意识形态多元化和思想辉煌的退步,但是依然可被视为是一种赐福。

今天,随着世界经济重心再次回到亚洲地区,西方世界对历史进程的描述越来越受到质疑,对欧洲的政治、社会和意识形态模式的盲信,逐渐让位于更加理智的观点。因此,再次探讨中华帝国以及中国政治文化在世界历史中的位置,变得更加有吸引力。不需要刻意美化或者贬低它,我们应该忠实陈述其优势和弱点,重估它的价值,这样不仅仅是为了更好地理解政治思想和政治构成的世界史,而且也为了应对我们自己所处时代所面临的不断变化的政治挑战。

参考文献

古　籍

经　部

《十三经注疏》,北京:中华书局1980年。

《周易正义》,《十三经注疏》,北京:北京大学出版社,2000年。

《尚书正义》,《十三经注疏》,北京:北京大学出版社,2000年。

《毛诗正义》,《十三经注疏》,北京:北京大学出版社,2000年。

《周礼注疏》,《十三经注疏》,北京:北京大学出版社,2000年。

《礼记正义》,《十三经注疏》,北京:北京大学出版社,2000年。

《春秋公羊传注疏》,《十三经注疏》,北京:北京大学出版社,2000年。

《孟子正义》,《十三经注疏》,北京:北京大学出版社,2000年。

孙希旦《礼记集解》,北京:中华书局,1989年。

王聘珍《大戴礼记解诂》,北京:中华书局,1983年。

杨伯峻《春秋左传注》,北京:中华书局,1981年。

杨伯峻《论语译注》,北京:中华书局,1980年。

杨伯峻《孟子译注》，北京：中华书局，1960 年。

刘三五编《孟子节文》，《北京图书馆古籍珍本丛刊》第 1 辑，北京：
　　书目文献出版社，1988 年。

朱熹《四书章句集注》，北京：中华书局，1983 年。

胡平生《孝经译注》，北京：中华书局，1996 年。

史　部

《史记》，北京：中华书局，1959 年。

《汉书》，北京：中华书局，1962 年。

《资治通鉴》，北京：中华书局，1976 年。

方诗铭、王修龄《古本竹书纪年辑证》，上海：上海古籍出版社，
　　1981 年。

徐元诰《国语集解》，北京：中华书局，2002 年。

何建章《战国策注释》，北京：中华书局，1990 年。

浦起龙《史通通释》，台北：立人书局，1993 年。

《通典》，北京：中华书局，1988 年。

子　部

吴则虞《晏子春秋集释》，北京：中华书局，1962 年。

王先谦《荀子集解》，北京：中华书局，1988 年。

王利器《新语校注》，北京：中华书局，1986 年。

苏舆《春秋繁露义证》，北京：中华书局，1992 年。

黎靖德编《朱子语类》，北京：中华书局，1986 年。

高明《帛书老子校注》，北京：中华书局，1996 年。

黎翔凤《管子校注》，北京：中华书局，2004 年。

陈鼓应《庄子今注今译》,北京:中华书局,1983 年。

蒋礼鸿《商君书锥指》,北京:中华书局,1986 年。

张觉《商君书全译》,贵阳:贵州人民出版社,1993 年。

王先慎《韩非子集解》,北京:中华书局,1998 年。

吴毓江《墨子校注》,北京:中华书局,1993 年。

刘文典《淮南鸿烈集解》北京:中华书局,1989 年。

陈奇猷《吕氏春秋校释》,上海:学林出版社,1990 年。

《尉缭子》,刘殿爵编《兵书四种逐字索引》,香港:商务印书馆,
　1992 年。

集　部

范能浚编集《范仲淹全集》,南京:凤凰出版社,2004 年。

司马光《传家集》,《文渊阁四库全书》,台湾:商务印书馆,1986 年。

出土文献

马王堆汉墓帛书整理小组编《马王堆帛书》(三),北京:文物出版
　社,1983 年。

银雀山汉墓竹简整理小组编《银雀山汉墓竹简》,第 1 辑,北京:文
　物出版社,1985 年。

湖北省荆沙铁路考古队编《包山楚简》,北京:文物出版社,
　1991 年。

河北省文物研究所编《響墓——战国中山国国王之墓》,北京:文物
　出版社,1995 年。

荆门市博物馆编《郭店楚墓竹简》,北京:文物出版社,1998 年。

睡虎地秦墓竹简整理小组《睡虎地秦墓竹简》,北京:文物出版社,

1990 年。

张亚初编《殷周金文集成引得》,北京:中华书局,2001 年。

魏启鹏《马土堆汉墓帛书〈黄帝书〉笺证》,北京:中华书局,2004 年。

《上海博物馆藏战国楚竹书》(一)—(六),马承源主编,上海:上海古籍出版社,2000—2007 年。

研究论著(中文)

白云翔《先秦两汉铁器的考古学研究》,北京:科学出版社,2005 年。

蔡锋《国人属性及其活动对春秋时期贵族政治的影响》,《北京大学学报(哲学社会科学版)》1997 年第 3 期,第 113—121 页。

蔡全法《郑国祭祀遗址及青铜礼器研究》,《文物》2005 年第 10 期,第 75—79,96 页。

晁福林《论周代国人与庶民社会身份的变化》,《人文杂志》2000 年第 3 期,第 98—105 页。

——《〈庄子·让王〉篇性质探论》,《学习与探索》2002 年第 2 期,第 114—119 页。

陈剑《上博简〈容成氏〉的竹简拼合与编连问题小议》,《上博馆藏战国楚竹书研究续编》,上海大学古代文明研究中心和清华大学思想文化研究所编,上海:上海书店,2004 年,第 327—334 页。

陈梦家《尚书通论》,北京:中华书局,1985 年。

陈戍国《先秦礼制研究》,长沙:湖南教育出版社,1991 年。

陈筱芳《西周天帝信仰的特点》,《史学月刊》2005 年第 5 期,第 27—32 页。

邓星盈《吴虞对荀子的评说》,《甘肃社会科学》1994 年第 6 期,第

8—11 页。

丁四新《郭店楚墓竹简思想研究》，北京：东方出版社，2000 年。

杜家骥《中国古代君臣之礼演变考论》，张国刚主编《中国社会历史
　　评论》第 1 辑，天津：天津古籍出版社，1999 年，第 255—269 页。

杜勇《〈尚书〉周初八诰研究》，北京：中国社会科学出版社，
　　1988 年。

杜正胜《周代城邦》，台北：联经出版公司，1979 年。

Ess，Hans van（叶瀚）《汉代思想史上的"素王"问题》，熊铁基、赵
　　国华编《秦汉思想文化研究》，太原：希望出版社，2005 年，第
　　173—179 页。

甘怀真《中国古代君臣间的敬礼及其经典诠释》，《台大历史学报》
　　第 31 辑，2003 年，第 45—75 页。

高亨《庄子天下篇笺证》，氏著《文史述林》，北京：中华书局，1980
　　年，第 457—523 页。

高敏《从〈睡虎地秦简〉看秦的赐爵制度》，氏著《睡虎地秦简初探》，
　　台北：万卷楼，2000 年，第 123—134 页。

高伟浩、朱晓鸿《从"志于道"到"从于王"——上古士风嬗变一瞥》，
　　《河南机电高等专科学校学报》2002 年第 1 期，第 74—76 页。

葛荃《立命与忠诚：士人政治精神的典型分析》，杭州：浙江人民出
　　版社，2000 年。

顾颉刚《古史辨第一册自序》，《顾颉刚古史论文集》第一册，骈宇骞
　　编，北京：中华书局，1988 年，第 1—100 页。

——《禅让传说起于墨家考》，《顾颉刚古史论文集》第一册，骈宇骞
　　编，北京：中华书局，1988 年，第 295—369 页。

关桐《伯夷隘、柳下惠不恭——读司马光〈疑孟〉札记之一》，《管子
　　学刊》2005 年第 2 期，第 110—120 页。

郭沂《〈论语〉、〈论语〉类文献、孔子史料——从郭店简谈起》，

http://www.bamboosilk.org/Wssf/Guoyi6—01.htm

韩德民《荀子"君道"理论在汉代的展开》,国际儒学联合会编《国际
　　儒学研究》,北京:国际文化出版社,2001 年,第 276—331 页。

洪石《战国秦汉时期漆器的生产与管理》,《考古学报》2005 年第 4
　　期,第 381—410 页。

胡方恕《周代公社所有制下的贵族私有土地》,《中国古代史论丛》
　　1981 年第 3 辑,第 64—96 页。

黄开国《〈公羊〉学的孔子改制说》,《齐鲁学刊》2004 年第 3 期,第
　　76—80 页。

贾海涛《简析荀子对君主独裁专制政治"合理性"的论证》,《阜阳师
　　院学报(社科版)》1997 年第 2 期,第 19—24 页。

蒋善国《尚书综述》,上海:上海古籍出版社,1988 年。

景红艳、蔡静波《试析战国晚期士的禄利思想》,《晋阳学刊》2005
　　年第 1 期,第 72—75 页。

康有为《新学伪经考》,朱维铮、廖梅注,香港:三联书店,1998 年。

李存山《反思经史关系:从"启攻益"说起》,《中国社会科学》2003
　　年第 3 期,第 75—85 页。

——《再说"为父绝君"》,《浙江社会科学》2005 年第 5 期,第 93—
　　98 页。

李零《郭店楚简校读记》,北京:北京大学出版社,2002 年。

——《〈商君书〉中的土地人口政策与爵制》,《古籍整理与研究》,
　　1991 年第 6 期,第 26—30 页。

——《中国方术考》,北京:东方出版社,2001 年。

李锐《郭店楚简穷达以时再考》,谢维扬、朱渊清主编《新出土文献
　　与古代文明研究》,上海:上海大学出版社,2004 年,第 268—
　　278 页。

李宪堂《论儒家民本思想的专制主义实质》,《历史教学》2003 年第

5 期,第 21—25 页。

李晓英《〈论语〉中的小人辨析》,《江南学院学报》2000 年第 1 期,第 29—31 页。

梁启超《先秦政治思想史》,北京:东方出版社,1996 年。

——《中国专制政治进化史论》,吴松点校《饮冰室文集点校》,昆明:云南教育出版社,2003 年,第 1649—1667 页。

梁云《周代用鼎制度东西差别》,《考古与文物》2005 年第 3 期,第 49—59 页。

廖明春《论荀子的军民关系说》,《中国文化研究》第 16 卷,1997 年,第 41—44 页。

——《〈荀子〉各篇写作年代考》,氏著《中国学术史新证》,成都:四川大学出版社,2005 年,第 535—546 页。

——《荀子新探》,台北:文津出版社,1994 年。

——《竹简本〈庄子·盗跖〉篇探源》,氏著《出土简帛丛考》,武汉:湖北教育出版社,2004 年,第 196—216 页。原出《文史》第 45 卷,1998 年,第 49—60 页。

林甘泉《从〈左传〉看中国古代城邦的政治体制》,《中国社会科学院研究生院学报》1998 年第 6 期,第 20—29 页。

刘宾才《〈唐虞之道〉的历史与理念——兼论战国中期的禅让思潮》,《人文杂志》2000 年第 3 期,第 106—110 页。

刘家和《左传中的人本思想与民本思想》,《历史研究》1995 年第 6 期,第 3—13 页。

刘剑《〈容成氏〉释读一则》,上海大学古代文明研究中心和清华大学思想文化研究所编《上博藏战国楚竹书研究续编》,上海:上海书店,2004 年,第 351—352 页。

刘乐贤《虎溪山汉简〈阎氏五胜〉及相关问题》,《文物》2003 年第 7 期,第 66—70 页。

刘小枫《儒家革命精神源流考》，上海：三联书店，2000 年。

刘泽华《先秦士人与社会》，天津：天津人民出版社，2004 年。

——《治史观念与方法经验琐谈》（未刊稿）。

——《中国传统政治思维》，长春：吉林教育出版社，1991 年。

——《中国传统政治思想反思》，北京：三联出版社，1987 年。

——《中国的王权主义》，上海：上海人民出版社，2000 年。

——《中国政治思想史》，3 卷，杭州：浙江人民出版社，1996 年。

吕绍纲《中国古代不存在城邦制度——兼与日知同志商榷》，《中国史研究》1983 年第 4 期，第 91—105 页。

吕文郁《周代的采邑制度》（增订版），北京：社会科学文献出版社，2006 年。

马积高《荀学源流》，上海：上海古籍出版社，2000 年。

聂中庆《郭店楚简老子研究》，北京：中华书局，2004 年。

庞朴《初读郭店楚简》，《历史研究》1998 年第 4 期，第 5—10 页。

——《"使由使知"解》，《文史知识》1999 年第 9 期，第 31—36 页。

彭邦本《楚简〈唐虞之道〉初探》，武汉大学中国文化研究院编《郭店楚简国际学术研讨会论文集》，武汉：湖北人民出版社，2000 年，第 261—272 页。

彭林《再论郭店简〈六德〉"为父绝君"及相关问题》，《中国哲学史》2001 年第 2 期，第 97—102 页。

——《〈周礼〉主题思想与成书年代研究》，北京：中国社会科学出版社，1991 年。

——Pines，Yuri（尤锐）《无所不能而无所为：荀子对于王权主义的调整》（未刊稿）。

——《新旧的融合：荀子对春秋思想传统的重新诠释》，《"国立"政治大学哲学学报》2003 年第 11 期，第 137—183 页。

蒲慕州《睡虎地秦简〈日书〉的世界》，《"中央"研究院历史语言研究所集刊》第 62 卷,第 4 份,1993 年,第 623—675 页。

钱宗范《西周春秋时代的世禄世官及其破坏》,《中国史研究》1989
　　年第 3 期,第 20—30 页。

邱德修《上博楚简〈容成氏〉注释考证》,台北:台湾古籍,2003 年。

裘锡圭《燹公盨铭文考释》,氏著《中国出土文献十讲》,上海:复旦
　　大学出版社,第 46—77 页。

日书研究班《日书:秦国社会的一面镜子》,吴小强编《秦简日书集
　　释》,长沙:岳麓书社,2000 年,第 291—311 页。

日知《从〈春秋〉称人之例再论亚洲古代民主政治》,《历史研究》
　　1981 年第 3 期,第 3—17 页。

邵维国《周代家臣制述论》,《中国史研究》1999 年第 3 期,第 39—
　　50 页。

沈刚《秦汉时期的客阶层研究》,长春:吉林文史出版社,2003 年。

施伟青《论秦自商鞅变法后的逃亡现象》,《中国社会经济史研究》
　　2004 年第 2 期,第 39—46 页。

苏宾荣、宋永培《"学而优则仕"应作何解?》,《河北师范大学学报》
　　1983 年第 3 期,第 77—79 页。

谭嗣同《仁学》,吴海兰点校,北京:华夏出版社,2002 年。

唐兰《司马迁所没见过的珍贵史料——长沙马王堆〈战国纵横家
　　书〉》,马王堆汉墓帛书整理小组编《战国纵横家书》,北京:文物
　　出版社,1976 年,第 123—153 页。

田昌五、臧知非《周秦社会结构研究》,西安:西北大学出版社,
　　1996 年。

王保国《两周民本思想研究》,北京:学苑出版社,2004 年。

魏启鹏《释〈六德〉"为父绝君"》,《中国哲学史》2001 年第 2 期,第
　　103—106 页。

王晖《周原甲骨属性与商周之际祭礼的变化》,氏著《古文字与商周

史新证》,北京:中华书局,2003 年,第 15—41 页。

王辉、程学华《秦文字集证》,台北:艺文印书馆,1999 年。

王明钦《王家台秦墓竹简概述》,艾兰(Sarah Allan)、邢文主编《新
　　出简帛研究》,北京:文物出版社,2004 年,第 26—49 页。

王颖《从包山楚简看战国中晚期楚国的社会经济》,《中国社会经济
　　史研究》2004 年第 3 期,第 14—17 页。

巫宝三《先秦经济思想史》,北京:社会科学出版社,1996 年。

吴毓江《墨子各篇真伪考》,吴毓江点校《墨子校注》,北京:中华书
　　局,1994 年,第 1025—1055 页。

邢琳《民本思想与中国古代专制》,《许昌学院学报》2005 年第 4
　　期,第 8—11 页。

徐天进《周公庙遗址的考古所获及所思》,《文博》2006 年第 8 期,
　　第 55—62 页。

徐中舒《今文嘏辞释例》,《徐中舒历史论文选辑》,北京:中华书局,
　　1998 年,第 502—564 页。

阎步克《士大夫政治演生史稿》,北京:北京大学出版社,2003 年。

严毅沉《周代氏族制度》,哈尔滨:黑龙江人民出版社,2001 年。

杨伯峻,氏著《论语译注》导言,北京:中华书局,1991 年,第 1—
　　37 页。

杨胡云《中国隐逸文化》,昆明:云南大学出版社,2004 年。

杨宽《战国史》,上海:上海人民出版社,1998 年。

杨天宇《周人祭天一位以祖配考》,《史学月刊》2005 年第 5 期,第
　　24—26 页。

杨振红《月令与秦汉政治再探讨——兼论月令源流》,《历史研究》
　　2004 年第 3 期,第 17—38 页。

叶剑锋《论战国百家争鸣对专制主义的孵化作用及其历史影响》,
　　《湖北省社会主义学院学报》2004 年第 4 期,第 68—70 页。

印群《黄河中下游地区的东周墓葬制度》,北京:社会科学出版社,
　2001年。

——《论北方诸地区的春秋战国墓》,氏著《先秦考古探微》,北京:
　人民日报出版社,2004年,第109—286页。

——《由春秋时期中原地区随葬铜礼器组合看当时贵族地位之变
　迁》,北京:人民日报出版社,2004年,第94—102页。

尹振环《从王位继承和弑君看君主专制理论的逐步形成》,《中国史
　研究》1987年第4期,第17—24页。

游唤民《先秦民本思想研究》,长沙:湖南大学出版社,1991年。

余英时《士与中国文化》,上海:上海人民出版社,1987年。

虞友谦《反对君主专制的思想先驱——〈庄子〉无君论思想初探》,
　《复旦学报(社会科学版)》1982年第3期,第82—88页。

袁林《两周土地制度新论》,长春:东北师范大学出版社,2000年。

查昌国《友与两周君臣关系的演变》,《历史研究》1998年第5期,
　第94—109页。

张春龙《慈利楚简概论》,艾兰(Sarah Allan)、邢文主编《新出简帛
　研究》,北京:文物出版社,2004年,第4—11页。

张分田《论"立君为民"在民本思想体系中的理论地位》,《天津师范
　大学学报(社会科学版)》2005年第2期,第1—7页。

——《中国帝王观念——社会普遍意识中的"尊君—罪君"文化范
　式》,北京:中国人民大学出版社,2004年。

张恒寿《论子产的政治改革和天道、民本思想》,氏著《中国社会与
　思想文化》,北京:人民出版社,1989年,第139—169页。

张俊民《秦代的讨债方式:读〈湘西里耶秦代简牍选释〉》,《陕西历
　史博物馆馆刊》2003年第10期,第288—292页。

张立文《中国哲学范畴发展史(天道篇)》,台北:武汉图书出版公
　司,1996年。

张鸣岐、毕诚《也谈"学而优则仕"》,《华东师范大学学报》1985 年
　　第 2 期,第 43—46 页。

张奇伟《扬孟抑荀与史家的评论》,《史学史研究》2001 年第 4 期,
　　第 19—25 页。

张荣明《中国的国教——从上古到东汉》,北京:中国社会科学出版
　　社,2001 年。

张星久《儒家"无为"思想的政治内涵与生成机制——兼论儒家"自
　　由主义"问题》,《政治学研究》2000 年第 2 期,第 74—87 页。

赵伯雄《周代国家形态研究》,长沙:湖南教育出版社,1990 年。

赵化成《从商周"集中公墓制"到秦汉"独立陵园制"的演化轨迹》,
　　《文物》2006 年第 7 期,第 41—48 页。

赵平安《〈穷达以时〉第九号简考论——兼及先秦两汉文献中比干
　　故事的衍变》,《古籍整理研究学刊》2002 年第 2 期,第 18—
　　21 页。

赵世纲、赵莉《温县盟书的历朔研究》,艾兰(Sarah Allan)、邢文主
　　编《新出简帛研究》,北京:文物出版社,2004 年,第 197—
　　205 页。

郑君华《论左传的民本思想》,《中国哲学》1983 年第 10 期,第 19—
　　38 页。

郑良树《商鞅及其学派》,上海:上海古籍出版社,1989 年。

周道济《我国民本思想的分析与探讨》,台北:"中央"研究院三民主
　　义研究所,1977 年。

朱凤瀚《商周家族形态研究》,天津:天津古籍出版社,1990 年。

朱子彦《先秦秦汉时期的双重君主观》,《史学月刊》2004 年第 2
　　期,第 19—23 页。

研究论著（日文）

有马卓也《'无为の治'の理论构造》,《九州中国学会报》27,1989
　　年,第21—41页,和29,1991年,第1—21页。

浅野裕一撰,佐藤将一译《〈容成氏〉的禅让与放伐》,《战国楚简研
　　究》,台北:万卷楼,2004年。

石井宏明《东周王朝研究》,北京:中央民族大学出版社,1999年。

贝塚茂树《春秋时代の都市国家》,《贝塚茂树著作集》第1卷《中国
　　の古代国家》,东京:中央公论社,1976年,第255—382页。

河野收《中国古代或非武装和平运动》,《军事史学》1978年第4
　　期,总第13辑,第64—74页。

小南一郎《天命と德》,《东方学报》第64卷,1992年,第1—59页。

小崎智则《〈韩非子〉の'忠'について》,《名古屋大学中国哲学论
　　集》第4号,2005年,第25—38页。

增渊龙夫《中国古代の社会と国家》,东京:弘文堂,1960年。

宫崎市定《支那城郭の起源异说》,《历史と地理》第32卷第3期,
　　1933年,第187—203页。

冈村秀典《中国古代王权と祭祀》,东京:学生社,2005年。

小野泽精一《德论》,赤塚忠主编《中国文化丛书》2《思想概论》,东
　　京:大修馆刊,第151—184页。

白川静《金文通释》,56卷,神户:白鹤美术馆,1962—1984年。

铃木喜一《春秋时代の君臣伦理》,《日本中国学会报》第36卷,
　　1982年,第1—16页。

竹内康浩《西周金文中の〈天子〉について》,《论集:中国古代の文
　　字と文化》,东京:汲古书院,1999年。

吉本道雅《中国先秦史の研究》,京都:京都大学学术出版会,

2005 年。

——《檀弓考》,《古代文化》第 44 卷,1992 年第 2 号,第 38—46 页。

——《曲礼考》,收于小南一郎编《中国占代礼制研究》,京都:京都
大学学术出版会,1995 年,第 117—163 页。

——《春秋国人考》,《史林》第 69 卷,1986 年第 5 号,第 631—
670 页。

——《春秋国人再考》,《立命馆文学》第 578 号,2003 年,第 581—
592 页。http://www. ritsumei. ac. jp/acd/cg/lt/rb/578pdf/
yoshimot. pdf

好并隆司《商君书研究》,广岛:溪水社,1992 年。

研究论著(西文)

Admson, Walter L. *Hegemony and Revolution: A Study of Antonio Gramsci's Political and Cultural Theory*. Berkeley: University of California Press, 1980.

Allan, Sarah(艾兰). "The Great One: Water, and the *Laozi*: New Light from Guodian." *T'oung Pao* 89, no. 4—5 (2003): 237—285.

——*The Heir and the Sage: Dynastic Legend in Early China*. San Francisco: Chinese Materials Center, 1981.

Ames, Roger T. (安乐哲) *The Art of Rulership: A Study of Ancient Chinese Political Thought*. Albany: State University of New York Press, 1994.

Arbuckle, Gary. "Inevitable Treason: Dong Zhongshu's Theory of Historical Cycles and Early Attempts to Invalidate the Han Mandate." *Journal of the American Oriental Society* 115, no.

4 (1995): 585—597.

Aubin，Francoise(鄂法兰). "The Rebirth of Chinese Ruler in Times of Trouble: North China in the Early Thirteenth Century." In *Foundations and Limits of State Power in China*, ed. Stewart R. Schram，113—146. Hong Kong: The Chinese University Press，1987.

Berkowitz，Alan (柏士隐). *Patterns of Disengagement: The Practice and Portrayal of Reclusion in Early Medieval China*. Stanford: Stanford University Press，2000.

Blakeley，Barry B. (蒲白瑞) "King，Clan，and Courtier in Ancient Ch'u." *Asia Major* (Third Series) 5，no. 2 (1992): 1—39.

Bol，Peter K. (包弼德) "Emperors Can Claim Antiquity Too: Emperorship and Autocracy under the New Policies." In *Emperor Huizong and Late Northern Song China: The Politics of Culture and the Culture of Politics*，eds. Patricia B Ebrey and Maggie Bickford，173—205. Cambridge，MA: Harvard University Asia Center，2006.

——"Government，Society and State: On the Political Visions of Ssu-ma Kuang and Wang An-shih." In *Ordering the World: Approaches to State and Society in Sung Dynasty China*，eds. Robert P. Hymes and Conrad Schirokauer，128—192. Berkeley: University of California Press，1993.

——"*This Culture of Ours*": *Intellectual Transitions in T'ang and Sung China*，Stanford: Stanford University Press，1992.

Boltz，William G. (鲍则岳) "The Composite Nature of Early Chinese Texts," in *Text and Ritual in Early China*，ed. Martin Kern，

50—78. Seattle: University of Washington Press, 2005.

Brindley, Erica. "Human Agency and the Development of Self-Cultivation Ideologies in the Warring States." Ph. D dissertation, Princeton University, 2002.

Brooks, E. Bruce (白牧之), and A. Taeko Brooks (白妙子). *The Original Analects: Sayings of Confucius and his Successors*. New York: Columbia University Press, 1998.

Brown, Miranda (董慕达). *The Politics of Mourning in Early China*. Albany: State University of New York Press, 2007.

Chan, Shirley (陈慧). *The Confucian Shi, Official Service, and the Confucian Analects*. Lewiston, NY: Edwin Mellen, 2004.

Chang, Kwang-Chih (张光直). *Art, Myth, and Ritual: The Path to Political Authority in Ancient China*: Cambridge, MA: Harvard University Press, 1983.

Chen Shen. "Early Urbanization in the Eastern Zhou in China (720—221 B. C.): An Archeological Overview." *Antiquity* 68 (1994): 22—44.

Creel, Herrlee G. (顾立雅) *Shen Pu-hai: A Chinese Political Philosopher of the Fourth Century B. C*. Chicago: University of Chicago Press, 1974.

Crossley, Pamela(柯娇燕). "Thinking about Ethnicity in Early Modern China." *Late Imperial China* 11. no. 1 (1990): 1—34.

Crowell, William G.(孔为廉) "Social Unrest and Rebellion in Jiangnan during the Six Dynasties." *Modern China* 9, no. 3 (1983): 319—354.

Crump, James I., Jr.(柯润璞) *Intrigues: Studies of the Chan-kuo*

Ts'e. Ann Arbor: University of Michigan Press, 1964.

Csikszentmihalyi, Mark (齐思敏). *Material Virtue: Ethics and the Body in Early China*. Leiden: Brill, 2004.

——, and Nylan, Michael. "Constructing Lineages and Inventing Traditions through Exemplary Figures in Early China." *T'oung Pao* 89, nos. 1—3 (2003): 59—99.

Dardess, John W. (达德斯) *Blood and History in China: The Donglin Faction and Its Repression*, 1620—1627. Honolulu: University of Hawai'i Press, 2002.

Defoort, Carine (戴卡琳). "Can Words Produce Order? Regicide in the Confucian Tradition." *Cultural Dynamics* 12, no. 1 (2000): 85—109.

——. "Is There Such a Thing as Chinese Philosophy? Arguments of an Implicit Debate." *Philosophy East and West* 51, no. 3 (2003): 393—413.

——. "Mohist and Yangist Blood in Confucian Flesh: The Middle Position of '唐虞之道(Tang Yu zhi Dao)'?" *The Bulletin of the Museum of Far Eastern Antiquities* 76 (2006): 44—70.

Desmet, Karen. "The Growth of Compounds in the Core Chapters of the *Mozi*." *Oriens Extremus* 45 (2005—2006): 99—118.

Drennan, Robert D., Teng Mingyu, Christian E. Peterson, Gideon Shelach, Gregory G. Indrisano, Zhu Yanping, Katheryn M. Linduff, Guo Zhizhong, and Manuel A. Román-Lacayo. "Methods for Archeological Settlement Study." In *Regional Archaeology in Eastern Inner Mongolia: A Methodological Exploration*, ed. Chifeng International Collaborative Archaeological Project, 122—151. Beijing: Kexue chubanshe, 2003.

Dull, Jack L.（杜敬轲）"Anti-Qin Rebels: No Peasant Leaders Here." *Modern China* 9, no. 3 (1983): 285—318.

Ebrey, Patricia B.（伊沛霞）"Imperial Filial Piety as Political Problem." In *Filial Piety in Chinese Thought and History*, eds. Allan K. L. Chan and Sor-hoon Tan, 122—140. London: Routledge Curzon, 2004.

Elman, Benjamin A.（艾尔曼）*A Cultural History of Civil Service Examinations in Late Imperial China*. Berkeley: University of California Press, 2000.

Emerson, John. "Yang Chu's Discovery of the Body." *Philosophy East and West* 46, no. 4 (1996): 533—566.

Esherick, Joseph W.（周锡瑞）"Symposium on Peasant Rebellions: Some Introductory Comments." *Modern China* 9, no. 3 (1983): 275—284.

——. "The Old Text/New Text Controversy: Has the Twentieth Century Got It Wrong?" *T'oung Pao* 80, nos. 1—3 (1994): 146—70.

Falkenhausen, Lothar von.（罗泰）*Chinese Society in the Age of Confucius* (1050—250 BC): *The Archeological Evidence*. Los Angeles: Cotsen Institute of Archaeology at UCLA, 2006.

——. "The E Jun Qi Metal Tallies: Inscribed Texts and Ritual Contexts." In *Text and Ritual in Early China*, ed. Martin Kern, 79—123. Seattle: University of Washington Press, 2005.

——. "Issues in Western Zhou Studies: A Review Article." *Early China* 18 (1993): 139—226.

——. "Late Western Zhou Taste." *Études Chinoises* 18, nos. 1—2 (2000): 143—178.

——. "Social Ranking in Chu Tombs: The Mortuary Background of the Warring States Manuscript Finds." *Monumenta Serica* 51 (2003): 439—526.

——. "The Waning of the Bronze Age: Material Culture and Social Developments, 770—281 B. C." In *The Cambridge History of Ancient China*. Eds. Michael Loewe and Edward L. Shaughnessy, 352—544. Cambridge: Cambridge University Press, 1999.

Femia, Joseph V. *Gramsci's Political Thought: Hegemony, Consciousness, and the Revolutionary Process*. Oxford: Clarendon Press, 1981.

Fisher, Carney T. *The Chosen One: Succession and Adoption in the Court of Ming Shizong*, Boston: Allen & Unwin, 1990.

Fung, Yu-lan (Feng Youlan 冯友兰). *A History of Chinese Philosophy*. Translated by Derk Bodde. Vol. 1. Peiping (Beijing): Henry Vetch, 1937.

Gassman, Robert H. (高思曼) "Understanding Ancient Chinese Society: Approaches to *Ren* 人 and *Min* 民." *Journal of the American Oriental Society* 120, no. 3 (2000): 348—359.

Gentz, Joachim(董优进). *Das Gongyang zhuan: Auslegung und Kanoniesierung der Frühlings und Herbstannalen (Chunqiu)*. Wiesbaden: Harrassowitz Verlag, 2001.

——. "The Past as a Messianic Vision: Historical Thought and Strategies of Sacralization in the Early *Gongyang Tradition*." In *Historical Truth, Historical Criticism and Ideology: Chinese Historiography and Historical Culture from a New Comparative Perspective*. Eds. Helwig Schmidt-Glintzer, and Jörn

Rüsen，227—254. Leiden: Brill，2005.

Giele，Enno（纪安诺）. *Imperial Decision-Making and Communication in Early China*: *A Study of Cai Yong's Duduan*. Wiesbaden: Harrasowitz Verlg，2006.

——. "Signatures of 'Scribes' in Early Imperial China." *Asiatische Studies/Études Asiatique* 59，no. 1（2005）: 353—387.

Goldin Paul R.，（金鹏程）compiler. "Ancient Chinese Civilization: Bibliography of Materials in Western Languages." http://paulrgoldin. com/db3/00258/paulrgoldin. com/_ download/Ancient Chinese Civilization Bibliography. pdf

——. "Appeals to History in Early Chinese Philosophy and Rhetoric." *Journal of Chinese Philosophy*（Forthcoming）

——. "Han Fei's Doctrine of Self-Interest." In his *After Confucius*: *Studies in Early Chinese Philosophy*，58—65. Honolulu: University of Hawai'I Press，2005.

——. "Introduction: Toward a Thick Description of Chinese Philosophy." In his *After Confucius*: *Studies in Early Chinese Philosophy*，1—18. Honolulu: University of Hawai'I Press，2005.

——. "Review of A. C. Graham，tr. Chuang-tzū: *The Inner Chapters* and of Harold D. Roth，ed. *A Companion to Angus C. Graham's* ' *Chuang-tzū* '." *Early China* 28（2003）: 201—214.

——. "Review of Harold D Roth，*Original Tao*." *Sino-Platonic Papers*（2000）: 100—108.

——. "Rhetoric and Machination in Stratagems of the Warring State." In his *After Confucius*: *Studies in Early Chinese*

Philosophy, 1—18. Honolulu: University of Hawai'I Press, 2005.

———. *Rituals of the Way: The Philosophy of Xunzi*. Chicago: Open Court, 1999.

———. "The View of Women in Early Confucianism." In *The Sage and the Second Sex: Confucianism, Ethics, and Gender*, ed. Li Chengyang, 133—162. Chicago: Open Court, 2000.

———. "Xunzi and Early Han Philosophy." *Harvard Journal of Asiatic Studies* 67, no. 1 (2007): 135—166.

Graham, Angus C. (葛瑞汉) *Disputers of the Tao: Philosophical Argument in Ancient China*. La Salle, IL: Open Court, 1989.

———. *Divisions in Early Mohism Reflected in the Core Chapters of Mo-tzŭ*. Singapore: The Institute of East Asian Philosophies, 1985.

———. "How Much of *Chuang Tzu* Did Chuang Tzu Write?" In his *Studies in Chinese Philosophy and philosophical Literature*, 282—321. Singapore: Institute of East Asian Philosphies, 1986.

Hawkes, David (霍克思). "The Heirs of Gao-Yang." *T'oung-Pao* 69 (1983): 1—23.

Honig, Emily. *Creating Chinese Ethnicity: Subei People in Shanghai*, 1850—1980. New Haven: Yale University Press, 1992.

Hsiao Kung-Chuan (Xiao Gongquan 萧公权). *A History of Chinese Political Thought Volume One: From the Beginning to the Sixth Century A. D.*, trans. Frederick W. Mote. Princeton: Princeton University Press, 1979.

Hsu Cho-yun（许倬云）. *Ancient China in Transition*. Stanford University Press, 1965.

Huang, Ray（Huang Renyu 黄仁宇）. 1587: *A Year of No Significance*. New Haven: Yale University Press, 1981.

Hui, Victoria Tin-Bor（许天田）. *War and State Formation in Ancient China and Early Modern Europe*. Cambridge: Cambridge University Press, 2005.

Hulsewé, A. F. P.（何四维）*Remnants of Ch'in Law: An-Annotated Translation of the Ch'in Legal and Administrative Rules of the 3rd Century B. C. Discovered in Yün-meng Prefecture, Hu-pei Province, in 1975*. Leiden: Brill, 1985.

Johnson, David（姜士彬）. "Epic and History in Early China: The Matter of Wu Tzu-Hsü." *Journal of Asian Studies* 40, no. 2 (1981): 255—271.

Judge, Joan（纪家珍）. "Key Words in the Late Qing Period Reform Discourse: Classical and Contemporary Sources of Authority." *Indiana East Asian Working Papers Series on Language and Politics in Modern China*. Winter 1994. http://www.indiana.edu/~easc/resources/working_paper/noframe_5_all.htm#N_23.

Kalinowski, Marc（马克）. "La Production des manuscrits dans la chine ancienne: Uneapproche condicologique de la bibliothèque funéraire de Mawangdui." *Asiatische Studien/Études Asiatiques* 59, no. 1 (2005): 131—168.

Keightley, David N.（吉德炜）*The Ancestral Landscape: Time, Space, and Community in Late Shang China（ca. 1200—1045*

B. C.). Berkeley: Institute of East Asian Studies, 2000.

——. "The Religious Commitment: Shang Theology and the Genesis of Chinese Political Culture." *History of Religions* 17. nos. 3—4 (1978): 211—224.

——. "The Shang: China's First Historical Dynasty." In *The Cambridge History of Ancient China*, eds. Michael Loewe and Edward L. Shaughnessy, 232—291. Cambridge: Cambridge University Press, 1999.

Kern, Martin (柯马丁). "The *Odes* in Excavated Manuscripts." In *Text and Ritual in Early China*. Ed. Martin Kern, 149—193. Seattle: University of Washington Press, 2005.

——. "The Poetry of Han Historiography." *Early Medieval China* 10—11, no. 1 (2004): 23—65.

——. *The Stele Inscription of Ch'in Shih-huang: Text and Ritual in Early Chinese Imperial Representation*. New Haven: American Oriental Society, 2000.

Knoblock, John H. "The Chronology of Xunzi's Works." *Early China* 8 (1982—1983): 29—52.

——. *Xunzi: A Translation and Study of the Complete Works*. 3 vols, Stanford; Stanford University Press, 1988—1994.

Kolb, Raimund T. (科尔博) *Die Infanterie im alten China: Ein Beitrag zur Militärgeschichte derv or-Zhan-Guo-Zeit*. Mainz am Rhein: Philipp von Zabern, 1991.

Kryukov, Vassilij M. (刘华夏) *Tekst i Ritual: Opyrt Interpretasii Drevnekitaiskoj Epigrafiki Epokhi In'-Chzhou*. Moscow: Pamiatniki Istoricheskoj mysli, 2000.

Lai Guolong(来国龙). "The Diagram of the Morning System

from Mawangdui." *Early China* 28（2003）：43—99.

Leong Sow-Theng（梁肇庭）. *Migration and Ethnicity in Chinese History*：*Hakkas*，*Pengmin*，*and Their Neighbors*. Ed. Tim Wright. Stanford：Stanford University Press，1997.

Levy，Howard S.，trans. And annotator. Biography of Huang Ch'ao. Berkeley：University of California Press，1955.

Lewis，Mark E.（鲁威仪）*The Construction of Space in Early China*. Albany：State University of New York Press，2006.

——."Custom and Human Nature in Early China." *Philosophy East and West* 53，no. 3（2003）：308—322.

——. *The Early Chinese Empire*：*Qin and Han*. Cambridge，MA：Harvard University Press，2007.

——. *Sanctioned Violence in Early China*. Albany：State University of New York Press，1990.

——. "Warring States：Political History." In *The Cambridge History of Ancient China*，eds. Michael Loewe and Edward L. Shaughnessy，587—650. Cambridge：Cambridge University Press，1999.

——. *Writing and Authority in Early China*. Albany：State University Press of New York，1999.

Li Chenyang. "Introduction：Can Confucianism Come to Terms with Feminism?" In his *The Sage and the Second Sex*：*Confucianism*，*Ethics*，*and Gender*，1—22. Chicago：Open Court，2000.

Li Feng(李峰). *Landscape and Power in Early China*：*The Crisis and Fall of the Western Zhou* 1045—771 *BC*. Cambridge：Cambridge University Press，2006.

——. "Succession and Promotion: Elite Mobility during the Western Zhou." *Monumenta Serica* 52 (2000): 1—35.

Li Wai-yee（李惠仪）. *The Readability of Past in Early Chinese Historiography*. Cambridge, MA: Harvard University Asian Center, 2007.

Liu, James, T. C.（Liu Zijian 刘子健）, "An Early Sung Reformer: Fan Chung-yen." In *Chinese Thought and Institutions*, ed. John K. Fairban, 105—131. Chicago: Chicago University press, 1957.

Liu Li（刘莉）. "Ancestor Worship: An Archeological Investigation of Ritual Activities in Neolithic North China." *Journal of East Asian Archaeology* 2, nos. 2—1 (2000): 129—164.

Liu Xiaogan（刘笑敢）. *Classifying the Zhuangzi Chapters*. Trans. William E. Savage. Michigan monographs in Chinese Studies 65. Ann Arbor: Center for Chinese Studies, University of Michigan, 1994.

——. "From Bamboo Slips to Received Version: Common Features in the Transformation of the *Laozi*." *Harvard Journal of Asiatic Studies* 63, no. 2 (2003): 337—382.

Loewe, Michael（鲁惟一）. "The Authority of the Emperors of Ch'in and Han." Rpt. in his *Divination, Mythology and Monarchy in Han China*, 85—111. Cambridge: University of Cambridge Press, 1994.

Louie, Kam（雷金庆）. *Critiques of Confucius in Contemporary China*. New Yokr: St. Martin's Press, 1980.

Lundahl, Bertil. *Han Fei Zi: The Man and the Work*. Stockholm: Institute of Oriental Lanuages, Stockholm University, 1992.

MacCormack, Sabine. "Cuzco, Another Rome?" In *Empires*: *Perspectives from Archaeology and History*, eds. Susan E. Alcock et al. 419—435. Cambridge: Cambridge University Press, 2001.

Maeder, Erik W. "Some Observances on the Composition of the 'Core Chapters' of *Mozi*." *Early China* 17(1992): 27—82.

Makeham, John（梅约翰）. "The Formation of *Lunyu* as a Book." *Monumenta Serica* 44(1996): 1—24.

——. "The Legalist Concept of *Hsing-ming*: An Example of the Contribution of Archeological Evidence to the Re-Interpretation of Transmitted Texts." *Monumenta Serica* 39 (1990—1991): 87—114.

Maliavin, Vladimir V.（马良文）*Gibel' Drevnej Imperii*. Moscow: Nauka, 1983.

Mao Han-Kuang（毛汉光）. "The Evolution in the Nature of the Medieval Gentell Families." In *State and Society in Early Medieval China*, ed. Albert Dien, 73—109. Stanford: Stanford University press, 1990.

Martin, François. "Le Cas Zichan: Entre Légistes et Confuanistes." In *En suivant la Voie royale*: *Mélanges offerts en homage à Léon Vandermeersch*, compiled by Jacques Gernet and Marc Kalinowshi, with the collaboration of Jean-Pierre Diény, 69—83. Paris: École française d'Extrême-Orient, 1997.

Martynov, Aleksandr S. "Kategoriia de-sintez 'poriadka' i 'zhizni.'" In *Ot Magicheskoi Sily k Mora'nomy Imperativu*: *Kategoriia De v Kiitajskoj Kul'ture*, eds. L. N. Borokh and A. I. Kobzev, 36—75. Moscow: Izdatel'skaia firma 'Vostochnaia

Literatura' RAN, 1998.

——. "Konfutsianskaia Utopiia v Drevnosti i Srednevekov'e." in *Kitajskie Sotsial'nye Utopii*, eds. L. P. Deliusin and L. N. Borokh, 10—57. Moscow: Nauka, 1987.

Marx, Karl. (马克思) "The Class Struggles in France, 1848—1850." (1850). Rpt. *Collected Works of Karl Marx and Frederick Engels*, vol. 10, 45—145. London: Lawarence and Wishart, 1978.

Mattos, Gilbert L. (马几道) "East Zhou Bronze Inscriptions." In *New Sources of Early Chinese History: An Introduction to the Reading of Inscriptions and Manuscripts*, ed. Edward L. Shaughnessy, 85—124. Berkeley: The Society for the Study of Early China and The Institute of East Asian Studies, University of California, 1997.

McNeal, Robin P. (罗宾) "Acquiring the People: Social Organization, Mobilization, and Discourse on the Civil and the martial in Ancient China." Ph. D dissertation, University of Washington, 2000.

——. "The Body as Metaphor for the Civil and Martial Components of Empire in *Yi Zhou shu*, Chapter 32: With an Excursion on the Composition and Structure of the *Yi Zhou shu*." *Journal of the American Oriental Society* 122, no. 1 (2002): 46—60.

McNeil, John R. "China's Environmental History in World Perspective." In *Sediments of Time: Environment and Society in Chinese History*, eds. Mark Elvin and Liu Ts'ui-jung, 31—49. Cambridge: Cambridge University Press, 1998.

Meadows, Thomas T. (麦道时) *The Chinese and Their Rebellions, Viewed in Connection with Their National Philosophy, Ethics, Legislation, and Administration* (1856). Rpt. Stanford: Academic Reprint, 1953.

Meyer, Dirk(梅德克). "Structure as a Means of Persuasion as Seen in the Manuscript *Qiong Da Yi Shi* 穷达以时 from Tomb One, Guodian." *Oriens Extremus* 45 (2005): 179—210.

Michael, Thomas. *The Pristine Dao: Metaphysics in Early Daoist Discourse*. Albany: State University of New York Press, 2005.

Moreland, John. "The Carolingian Empire: Rome Reborn?" In *Empires: Perspectives from Archaeology and History*, eds. Susan E. Alcock et al., 392—418. Cambridge: Cambridge University Press, 2001.

Mote, Frederick (牟复礼). "Confucian Eremitism in the Yüan Period." In *The Confucian Persuasion*, ed. Arthur F. Wright, 202—240. Stanford: Stanford University Press, 1960.

Murthy, Viren. "The Democratic Potential of Confucian Minben Thought. *Asian Philosophy* 10, no. 1(2000): 33—47.

Nivision, David S. (倪德卫), "An Interpretation of the *Shao gao*." *Early China* 20 (1995): 177—194.

Nuyen, A. T. "Confucianism, the Idea of *Min-pen*, and Democracy." *Copenhagen Journal of Asian Studies* 14 (2000): 130—151.

Nylan, Michael (戴梅可). "The *Chin Wen/ku Wen* Controversy in Han Times." *T'oung Pao* 80, no. 1—3 (1994): 83—145.

——. "Confucian Piety and Individualism in Han China." *Jour-*

nal of the American Oriental Society 116，no.1(1996)：1—27.

———. *The Five "Confucian" Classics*. New Haven：Yale University press，2001.

———. *The Shifting Center*：*The Original "Great Plan" and Later Readings*. Sankt Augustin：Institut Monumenta Serica and Netteal：Stryler Verlag，1992.

Pankenier，David W.（班大为）"'The Scholar's Frustration' Reconsidered：Melancholia or Credo?" *Journal of the American Oriental Society* 110，no.3 (1990)：434—459.

Parsons，James B. *The Peasant Rebellions of Late Ming Dynasty*. Tucson：University of Arizona Press，1970.

Perenboom，Randall P.（裴文睿）*Law and Morality in Ancient China*：*The Silk Manuscripts of Huang-lao*. Albany：State University of New York Press，1993.

Perelomov，Leonard S.（稽辽拉）*Imperiia Tsin'*：*Pervoe Tsentralizovannoe Gosudarstvo v Kitac*. Moscow：Nauka，1961.

———. *Konfutij*：*Zhizn'*，*Ucheniie*，*Sud'ba*. Moscow：Nauka，1993.

Petersen，Jens østergård. "Which Books Did the First Emperor of Ch'in Burn? On the Meaning of Pai Chia in Early Chinese Sources." *Monumenta Serica* 43(1995)：1—52.

Peterson，Willard J.（裴德生）"The Grounds of Mencius' Argument，" *Philosophy East and West* 29，no.3(1979)：307—321.

Pines，Yuri（尤锐）. "Beasts or Humans：Pre-Imperial Origins of Sino-Barbarian Dichotomy." In *Mongols*，*Turks*，*and Others*，eds. Reuven Amitai and Michal Biran，59—102. Leiden：Brill，2004.

———. "Bodies，Lineage，Citizens，and Regions：A Review of

Mark Edward Lewis' *The Construction of Space in Early China.*" *Early China* 30(2005)：155—188.

——. "Disputers of Abdication：Zhanguo Egalitarianism and the Sovereign's Power." *T'oung Pao* 91, nos. 4—5（2005）：243—300.

——. "Disputers of the *Li*：Breakthroughs in the Concept of Ritual in Preimperial China." *Asia Major*（third series）13, no.1(2000)：1—41.

——. *Foundations of Confucian Thought*：*Intellectual Life in the Chunqiu Period*, 722—453 *B. C. E.* Honolulu：University of Hawai'I Press, 2002.

——. "Friends of Foes：Changing Concepts of Rule-Minister Relations and the Notion of Loyalty in Pre-Imperial China." *Monumenta Serica* 50(2002)：35—74.

——. "Imagining the Empire? Concepts of 'Primeval Unity' in Pre-imperial Historiographic Tradition." In *Concepts of Empire in Ancient China and Rome*：*An Intercultural Comparison*, eds. Achim Mittag and Fritz-Heiner Muetschler, 65—87. Oxford：Oxford University Press, 2008.

——. "Lexical Changes in Zhanguo Texts." *Journal of the American Oriental Society* 122, no.4(2002)：691—705.

——. "The One That Pervades the All' in Ancient Chinese Political Thought：Origins of the 'Great Unity' Paradigm." *T'oung Pao* 86, nos.4—5(2000)：280—324.

——. "The Question of Interpretation：Qin History in Light of New Epigraphic Sources." *Early China* 29(2004)：1—44.

——. "The Search for Stability：Late Ch'un-ch'iu Thinkers."

Asia Major (third series)10(1997): 1—47.

——. "Speeches and the Question of Authenticity in Ancient Chinese Historical Records. " In *Historical Truth, Historical Criticism and Ideology: Chinese Historiography and Historical Culture from a New Perspective*, eds. Helwig Schmidt-Glintzer, Achim Mittag, and Jörn Rüscn, 195—221. Leiden: Brill, 2005.

——. "Subversion Unearthed: Criticism of Hereditary Succession in the Newly Discovered Manuscripts. " *Oriens Extremus* 45(2005—2006): 159—178.

Puett, Michael J.(普鸣) *To Become a God: Cosmology, Sacrifices, and Self-Divinization in Early China*. Cambridge, MA: Cambridge University Press, 2002.

Queen, Sarah A.(桂思卓)"The Way of the Unadorned King: The Politics of Tung Chung-shu's Hermeneutics. " In *Classics and Interpretations: The Hermeneutic Traditions in Chinese Culture*, ed. Tu Ching-I, 173—193. New Brunswick, NJ: Transaction Publishers, 2000.

Rickett, Allyn W.(李克) *Guanzi: Political, Economic, and Philosophical Essays from Early China*. 2 vols. Princeton: Princeton Library of Asian Translations, 1985—1998.

Rosen, Sydney. "In Search of Historical Kuan Chung. " *Journal of Asian Studies* 35, no.3(1976): 431—440.

Roth, Harold D.(罗浩) *Original Tao: Inward Training and the Foundations of Taoist Mysticism*. New York: Columbia University Press, 1999.

——. " Psychology and Self-Cultivation in Early Taoistic

Thought." *Harvard Journal of Asiatic Studies* 51, no. 1 (1991): 599—650.

Rubin, Vitaly [Vitalij] A. "A Chinese Don Quixote: Changing Attitudes to Po-i's Image." In *Confucianism: The Dynamics of Tradition*, ed. Irene Eber, 155—184. New York: Macmillan, 1986.

——. *Individual and State in Ancient China: Essays on Four Chinese Philosophers*. Trans. Steven I. Levine. New York: Columbia University Press, 1976.

——. "Narodnoe Sobranie v Drevnem Kitae vVII-Vvv. do n. e." *Vestnik Drevnej Istorii* 4(1960): 22—40.

——. "Tzu-Ch'an and City-State of Ancient China." *T'oung Pao* 52(1965):8—34.

Sage, Steven F. *Ancient Sichuan and the Unification of China*. Albany: State University of New York Press, 1992.

Sarkissian, Hagop. "*Laozi*: Re-visiting Two Early Commentaries in the *Hanfeizi*." MA thesis, University of Toronto, 2001.

Sato, Masayuki. *The Confucian Quest for Order: The Origin and Formation of the Political Thought of Xun Zi*. Leiden: Brill, 2003.

——. "The Development of Pre-Qin Conceptual Terms and Their Incorporation into Xunzi's Thought." In *Linked Faiths: Essays on Chinese Religions and Traditional Culture in Honor of Kristofer Schipper*, eds. Jan A. M. de Meyer and Peter M. Engelfriet, 18—40. Leiden: Brill, 2000.

Savage, William D. "Archetype, Mode Emulation and the Confucian Gentleman." *Early China* 17 (1992): 1—25.

Sawyer, Ralph D. , tr. *The Seven Military Classics of Ancient China*. Boulder, CO: Westview, 1993.

Schaberg, David C. (史嘉柏) "Confucius as Body and Text: On the Generation of Knowledge in Warring States and Han Anecdotal Literature." Paper presented at the conference "Text and Ritual in Early China." Princeton, October 2000 (unpublished).

———. *A Patterned Past : Form and Thought in Early Chinese Historiography*. Cambridge, MA: Harvard University Asian Center, 2001.

———. "Playing at Critique: Indirect Remonstrance and Formation of *Shi* Identity." In *Text and Ritual in Early China* , ed. Martin Kern, 194—225. Seattle: University of Washington Press, 2005.

———. "Remonstrance in Eastern Zhou Historiography." *Early China* 22 (1997): 133—179.

Schneider, Laurence A. *A Madman of Chu : The Chinese Myth of Loyalty and Dissent*. Berkeley: University of California Press, 1980.

Schwartz, Benjamin I. (史华慈) *The World of Thought in Ancient China*. Cambridge, MA: Harvard University Press, 1985.

Shaughnessy, Edward L. (夏含夷) "The Duke of Zhou's Retirement in the East and the Beginning of the Minister-Monarch Debate in Chinese Political Philosophy." *Early China* 18 (1993): 41—72.

———. "The Guodian Manuscripts and Their Place in Twentieth-

Century Historiography on the *Laozi*." *Harvard Journal of Asiatic Studies* 65, no. 2 (2005): 414—457.

——. *Rewriting Early Chinese Texts*. Albany: State University of New York Press, 2006.

——. "Western Zhou Bronze Inscriptions." In Edward L. Shaughnessy, ed., *New Sources of Early Chinese History: An Introduction to the Reading of Inscriptions and Manuscripts*, 57—84. Berkeley: The Society for the Study of Early China and the Institute of East Asian Studies, University of California, 1997.

——. "Zhouyuan Oracle-Bone Inscriptions: Entering the Research Stage?" *Early China*, 11—12 (1985—1987): 146—163.

Shun Kwong-loi (信广来). *Mencius and Early Chinese Thought*. Stanford: Stanford University Press, 1997.

Sivin, Nathan (席文). "State, Cosmos, and Body in the Last Three Centuries B. C." *Harvard Journal of Asiatic Studies* 55, no. 1(1995): 5—37.

Skinner, Quentin. *The Foundations of Modern Political Thought*. Volume One: *The Renaissance*. Cambridge: Cambridge University Press, 1992.

Slingerland, Edward (森舸澜). *Effortless Action: Wu-wei as Conceptual Metaphor and Spiritual Ideal in Early China*. Oxford: Oxford University Press, 2003.

Smith, Kidder (苏德恺). "Sima Tan and the Invention of Daoism, 'Legalism,' *et cetera*." *Journal of Asian Studies* 62, no. 1 (2003): 129—156.

Stanford Encyclopedia of Philosophy. http://plato. stanford. edu/

contents. html#1 Stevenson, Charles L. "Persuasive Definitions." *Mind* 47 (1938): 331—350.

Tan, Sor-hoon. (谭苏宏) *Confucian Democracy: A Deweyan Reconstruction*. Albany: State University of New York, 2003.

Thompson, P. M. (谭朴森) *The Shen-tzu Fragments*. Oxford: Oxford University Press, 1979.

Tu Wei-ming (Du Weiming 杜维明). "The Creative Tension between *Jen* and *Li*." *Philosophy East and West* 18, nos. 1—2 (1968): 29—39.

——. "The Structure and Function of the Confucian Intellectual in Ancient China." In his *Way, Learning and Politics: Essays on the Confucian Intellectual*, 13—28. Albany: State University of New York Press, 1993.

Underhill, Anne P. (文德安) *Craft Production and Social Change in Northern China*. New York: Kluwer Academic/Plenum Publishers, 2002.

Vasil'ev, Kim V. *Plany Srazhaiushchikhsia Tsarstv* (*Issledovaniia i Perevodv*). Moscow: Nauka, 1968.

Vervoorn, Aat (文青云). "Boyi and Shuqi: Worthy Men of Old?" *Papers in Far Eastern History* 29(1983): 1—22.

——. *Men of the Cliffs and Caves: The Development of the Chinese Eremitic Tradition to the End of the Han Dynasty*.

Vittinghoff, Holmolt. "Recent Bibliography in Classical Chinese Philosophy." *Journal of Chinese Philosophy* 28, nos. 1—2(2001).

Vogelsang, Kai. "Inscriptions and Proclamations: On the Authenticity of the 'Gao' Chapters in the *Book of Documents*."

Bulletin of the Museum of the Eastern Antiquities 74（2002）：
138—209.

Wagner，Donald B.（瓦格纳）*Iron and Steel in Ancient China*.
Leiden：Brill，1993.

Wang Aihe.（王爱和）*Cosmology and Political Culture in Early
China*. Cambridge：Cambridge University Press，2000.

Wang，Enbao，and Regina F. Titunik. "Democracy in the Theo-
ry and Practice of *Minben*." In *China and Democracy*：*The
Prospect for a Democratic China*，ed. Zhao Shuisheng，73—
88. New York：Routledge，2000.

Wang，Hsiao-po（王晓波），and Leo S. Chang（张纯）. *The Phil-
osophical Foundations of Han Fei's Political Theory*. Honolu-
lu：University of Hawai'i Press，1986.

Watson，Burton，trans.（华兹生）*Records of the Grand Histori-
an*. Vol. 3：*Qin Dynasty*. Hong Kong：Chinese University
Press，1993.

Weld，Susan R.（罗凤鸣）"Chu Law in Action：Legal Documents
from Tomb 2 at Baoshan." In *Defining Chu*，eds. Constance
A. Cook and John S. Major，77—97. Honolulu：University of
Hawai'i Press，1999.

——. "The Covenant Texts at Houma and Wenxian." In *New
Sources of Early Chinese History*：*An Introduction to Reading
Inscriptions and Manuscripts*，ed. Edward L. Shaughnessy，
120—160. Berkeley：Society for Study of Early China，1997.

Yates，Robin D. S.（叶山）"The City State in Ancient China."
In *The Archaeology of City-States*：*Cross-Cultural Approa-
ches*，eds. Deborah L. Nichols and Thomas H. Charlton，71—

90. Washingtong，DC：Smithsomian，1997.

——. trans. *The Five Lost Classics*：*Tao*，*Huang-Lao and Yin-Yang in Han China*. New York：Ballantine Books，1997.

——. "Slavery in Early China：A Socio-Cultural Approach." Journal of East Asian Archaeology 3，nos. 1—2(2001)：283—331.

——. "Texts on the Military and Government From Yinqueshan：Introductions and Preliminary Transcriptions." In 艾兰(Sarah Allan)、邢文主编《新出简帛研究》,北京：文物出版社, 2004 年,第 334—387 页。

——. "The Yin Yang Texts from Yinqueshan；An Introduction and Partial Reconstruction, with notes on Their Significance in Relation to Huang-Lao Daoism." *Early China* 19(1994)：74—144.

早期中国研究丛书

（精装版）

图书在版编目(CIP)数据

展望永恒帝国:战国时代的中国政治思想 /
(以色列)尤锐著;孙英刚译. —上海:上海古籍出版
社,2018.9
(早期中国研究丛书)
ISBN 978-7-5325-8977-7

Ⅰ.①展… Ⅱ.①尤… ②孙… Ⅲ.①政治思想史-
中国-战国时代 Ⅳ.①D092.31

中国版本图书馆 CIP 数据核字(2018)第 209590 号

早期中国研究丛书

展望永恒帝国——战国时代的中国政治思想

〔以〕尤 锐 著

孙英刚 译

王 宇 校

上海古籍出版社出版发行

(上海瑞金二路 272 号 邮政编码 200020)

(1) 网址:www.guji.com.cn

(2) E-mail:guji1@guji.com.cn

(3) 易文网网址:www.ewen.co

苏州市越洋印刷有限公司印刷

开本 890×1240 1/32 印张 10.625 插页 5 字数 264,000
2018 年 9 月第 1 版 2018 年 9 月第 1 次印刷
印数:1—3,100

ISBN 978-7-5325-8977-7

K·2547 定价:62.00 元

如有质量问题,请与承印公司联系